A polifonia do sonho

A experiência onírica comum e compartilhada

René Kaës

A polifonia do sonho
A experiência onírica comum e compartilhada

DIREÇÃO EDITORIAL
Edvaldo M. Araújo

CONSELHO EDITORIAL
Fábio E. R. Silva
Jonas Luiz de Pádua
Márcio Fabri dos Anjos
Marco Lucas Tomaz

PREPARAÇÃO E REVISÃO
Hanna Késia dos Santos Lima
Isabelle Vieira Lima

DIAGRAMAÇÃO E CAPA
Airton Felix Silva Souza

TRADUÇÃO
Cláudia Berliner

Título original: *La polyphonie du rêve – l'expérience onirique commune et partagée*
© Dunod
Paris (França), 2002
ISBN: 2 10 006739 7

Todos os direitos em língua portuguesa, para o Brasil,
reservados à Editora Ideias & Letras, 2022.

2ª impressão

Avenida São Gabriel, 495
Conjunto 42 - 4º andar
Jardim Paulista – São Paulo/SP
Cep: 01435-001
Editorial: (11) 3862-4831
Televendas: 0800 777 6004
vendas@ideiaseletras.com.br
www.ideiaseletras.com.br

Dados Internacionais de Catalogação na Publicação (CIP) de acordo com o ISBD

Kaës, René
A polifonia do sonho: a experiência onírica comum e compartilhada / René Kaës
- São Paulo : Ideias & Letras, 2004.
256 p. ; 16cm x 23cm. – (Coleção Psi-Atualidades)

Inclui bibliografia.
ISBN: 978-85-98239-08-9

1. Inconsciente. 2. Psicanálise. 3. Sonhos – Interpretação I. Título II. Série

04-6646   CDD 154.634

Índices para catálogo sistemático:
1. Sonhos : Análise : Psicologia 154.634

Sumário

Apresentação à edição brasileira de *A polifonia do sonho*..................07

INTRODUÇÃO
Três motivos para reavaliar a teoria freudiana do sonho....................13

Primeira parte
OS ESPAÇOS PSÍQUICOS DO SONHO

1. Espaços psíquicos, espaços do sonho..29
2. O espaço onírico originário..49
3. O espaço onírico comum no tratamento psicanalítico................75

Segunda parte
O GRUPO E O SONHO

4. A tessitura onírica dos grupos..95
5. Sonhos e sonhadores nos grupos: explorações clínicas...........115
6. O trabalho psíquico do sonho em grupo.....................................137
7. Os sonhos de grupo:
os processos de figuração do grupo no sonho.............................151
8. Figuras dos grupos internos no sonho...173

Terceira parte
A POLIFONIA E OS DOIS UMBIGOS DO SONHO

9. Os dois umbigos do sonho e o espaço onírico comum............207
10. A trama polifônica do sonho...225
11. A polifonia do sonho compartilhado em *Peter Ibbetson*........237
Bibliografia..245
Índice de sonhos...255

Apresentação à edição brasileira de *A polifonia do sonho*

Paulo Jeronymo Pessoa de Carvalho

Creio ser necessário desde já advertir o leitor a respeito da dimensão da obra que se segue: *A polifonia do sonho*. O objetivo dessa apresentação é ajudar o leitor a dimensionar seus olhos, sua mente e sua capacidade de, antes de tudo, vibrar com a produção desse psicanalista peculiar que é René Kaës. É importante que o leitor não se assuste com as advertências feitas pelo autor já na introdução, na qual este confessa o incômodo e a perturbação que a construção desta pesquisa e deste livro lançaram.

O brilhante percurso psicanalítico e a história de intensos avanços teóricos e clínicos que esse autor nos acostumou a receber nos últimos trinta anos não dispensam uma pequena introdução histórica, sobretudo para o público menos familiarizado com a pesquisa psicanalítica.

René Kaës é um psicanalista que se viu marcado pela questão grupal e aceitou o desafio de pensá-la psicanaliticamente. O começo desse percurso se dá na França, por volta do início da década de sessenta, em que muitas coisas começaram a acontecer. Trata-se de um pensamento psicanalítico que se volta sobre a importante experiência com grupos que vinha se dando desde o fim da Segunda Grande Guerra e que, por meio de um exercício crítico intenso, constrói uma ponte fundamental para a compreensão dessa experiência e para sua reflexão.

Esse percurso, inaugurado pelos esforços de tantos e, em particular, pelos de J. B. Pontalis e depois de Didier Anzieu, estrutura-se no CEFFRAP (centro de estudos franceses sobre formação e pesquisa a respeito de grupos). É desse local institucional coordenado por Anzieu que sairão tantos e tantos trabalhos, ideias e práticas de psicanalistas e psicodramatistas, que se encarregarão de transformar a prática com grupos, quase esquecida pela psicanálise à época. Essa ponte construída permitiu, por um lado, que essas práticas se desenvolvessem para além de uma perigosa repetição ideológica e reificante e pudessem então seguir seu destino de responder às fortes e pertinentes demandas sociais. Por outro lado, permitiu à psicanálise reencontrar a questão grupal tantas vezes presente e tantas vezes escondida; e permitiu que o conhecimento psicanalítico da época fecundasse aquela intensa prática com grupos e que isso, por sua vez, oferecesse à própria psicanálise um caminho de intensa transformação.

É esse o contexto no qual aparece René Kaës. É a partir desse entorno institucional de pesquisa psicanalítica sobre grupos, e também de sua prática como professor universitário e como psicanalista em seu consultório, que esse autor começará, desde o início da década de setenta, a apresentar os resultados de suas investigações com uma intensidade e frequência incomuns. Todos os seus trabalhos, cuja obra mais recente é esta que temos em mãos, trazem a marca da inovação e da coragem intelectual – traço que é comum entre seus colegas do CEFFRAP – e também a marca do brilhantismo: não é possível negar o quanto suas ideias e seus estudos influenciaram o esboço de uma metapsicologia de grupo em diálogo com a metapsicologia psicanalítica. Especialmente seus últimos livros – e este aqui, de forma muito especial – transformam a própria psicanálise como um todo.

No início de seu trabalho, Kaës traça as conexões entre certa metodologia de trabalho com grupos e suas relações com conceitos analíticos pertinentes. As consequências desse encontro são imensas para o desenvolvimento de um pensamento psicalítico a respeito de grupos e de sua prática clínica. Em *Aparelho psíquico grupal* (1976), Kaës apresenta suas primeiras elaborações a respeito de uma metapsicologia de grupo. Essa obra inicia um trabalho fundamental: a intersecção entre a nova metapsicologia psicanalítica grupal e a metapsicologia psicanalítica propriamente dita. Dessa intersecção é que surgirá a parte mais importante de seu trabalho. Seguindo as intuições já presentes em 1976, Kaës se encarregará, nas obras sucessivas, de forjar a fecundação mútua dessas metapsicologias, a estruturação de seus conteúdos e o programa que seguirá até a obra presente, de se transformar a metapsicologia psicanalítica de forma que esta possa conter e tratar das questões grupais e intersubjetivas para assim construir a chamada metapsicologia dos conjuntos intersubjetivos.

Essa tarefa é fundamentalmente desenvolvida em *O Grupo e o Sujeito do Grupo* (1993). Esse é um livro-síntese de sua obra, um aprofundamento de suas propostas de 1976 e uma profunda revisão crítica da relação da psicanálise e do movimento psicanalítico com as questões dos grupos e da grupalidade. É também a enunciação da metapsicologia dos conjuntos intersubjetivos naquilo que ela propõe de mais radical: ser continente à metapsicologia psicanalítica produzida a partir do modelo clínico tradicional, aceitar suas intuições a respeito das questões intersubjetivas e construir uma nova metapsicologia: aquela na qual a classificação de grupo ou grupal já não é mais necessária. Kaës constrói um modelo psicanalítico que contém tanto o sujeito do inconsciente como o sujeito do grupo.

Dando continuidade a suas pesquisas e a seus trabalhos e seguindo suas intuições, René Kaës amplia sua obra com novos tratados. *A palavra e o vínculo: Os processos associativos nos grupos* (1994) é um importante texto que apresenta em detalhes o funcionamento do aparelho psíquico grupal e suas relações com as questões da clínica psicanalítica de grupo: a questão da escuta, da livre associação e da interpretação.

Chegamos assim a seu livro de 2001, *A polifonia do sonho*. São muitos os aspectos a se destacar nesse incrível livro. Este trabalho alcança o ponto máximo de seu percurso. Na transformação da metapsicologia psicanalítica e ao levar em conta o impacto das questões intersubjetivas que a clínica com grupos apresenta, Kaës se volta, então, aos sonhos, matéria-prima da psicanálise como teoria do sujeito. Suas propostas vão ao centro da psicanálise, dialogam com Freud a partir da *Interpretação de sonhos* (1900), questionam suas formulações, acrescentam novas proposições, revisam os modelos, apresentam novos diagramas. Creio, realmente, que não seria exagero afirmar que temos aqui um novo livro dos sonhos. O autor apresenta nesta obra uma vasta revisão bibliográfica a respeito das questões do sonho tanto na clínica convencional como na clínica dos dispositivos plurais (o grupo, a família, os casais etc.); bem como a conceituação de novos modelos tanto no que se refere à tópica como à economia e às dinâmicas psíquicas.

O trabalho que faz este livro é, em larga medida, de síntese. Não somente se propõe a integrar as questões grupais à metapsicologia, como também aceita o mesmo desafio no que se refere às intuições relativas às questões da intersubjetividade propostas por vários psicanalistas importantes nos últimos cinquenta anos. Aponto fundamentalmente as propostas de Bion no que concerne seu modelo da função alfa e da *rêverie* materna. Desde 1962, esta é uma questão presente e, de certa forma, à espera de uma elaboração mais efetiva pelo corpo metapsicológico psicanalítico: refiro-me a suas proposições a respeito da função fundante do outro na construção psíquica do sujeito e da relação dessa função com as dimensões oníricas da personalidade. Ressalto também os trabalhos de Winnicott e suas proposições sobre a transicionalidade e os espaços transicionais. É necessário citar também as propostas de Meltzer a respeito de um novo estatuto do sonho, que extrapola o modelo da realização de desejos e da produção egoísta. Além desses, tantos outros. Seria tanto injusto como impossível enumerar neste espaço toda a série de autores com quem Kaës dialoga em suas construções. Para tanto, remeto o leitor ao livro.

O núcleo de *A polifonia do sonho* é a proposição do modelo do sonho como evento que se abre ao outro (e a mais de um outro), realizando suas principais funções psíquicas. Avançando por sobre a proposta freudiana do sonho como produto egoísta do indivíduo que tem a função de realizar desejos e proteger o sono, Kaës fala do sonho como forma de comunicação arcaica, como produção conjunta de grupos que se investem afetivamente, como função de expressão do sujeito psíquico e da subjetividade dos sujeitos que se apoiam sonhando.

Kaës assevera a proposta freudiana do sonho como o caminho régio para o conhecimento do inconsciente, do sujeito do inconsciente, do sujeito do grupo, para então propor seu modelo para a escuta e o entendimento do fenômeno onírico: o modelo da polifonia, do entretecimento das vozes e das marcas mnêmicas que fazem o sonho de cada sonhador poder ser reconhecido como produção própria – referente a suas questões individuais, a seus desejos e resistências –, mas também como produção comum e compartilhada com um outro – e mais de um outro – e que se refere às questões intersubjetivas em jogo.

As perspectivas abertas são imensas. Não somente para a clínica dos dispositivos de grupo como para a clínica do dispositivo tradicional, da dupla analítica. Também no campo teórico as perspectivas de desenvolvimento, a partir dessas novas formulações metapsicológicas, são muito grandes. As questões que surgem são interessantes e desafiadoras. O que são, nessa nova perspectiva intersubjetiva, os sonhos? Como operam e qual é a dimensão do trabalho onírico? Ressalto uma passagem que ilumina questões desse tipo. No capítulo terceiro, na primeira parte, "Sonhos cruzados no tratamento", Kaës apresenta uma interessante questão de um sonho seu, quando estava analisando uma senhora, sonhado em um contexto específico e que teve um importante efeito no transcorrer desse tratamento. A questão que ele passa a desenvolver é a da dimensão e do estatuto da interferência de seu sonho no processo analítico de sua paciente e naquilo que ele chama de retorno da capacidade onírica da paciente (p. 71, 6º§). Os argumentos de Kaës, utilizando-se inclusive de variados diagramas, nos falam das implicações decisivas de seu sonho, sonhado na noite posterior a uma determinada sessão, para o restabelecimento da capacidade onírica de sua paciente. Ele não se pergunta sobre eventos decisivos que poderiam ter ocorrido na sessão relatada. Ele não se pergunta, mas é legítimo que nós, sob os auspícios deste poderoso trabalho, façamos nossas indagações: qual seria a dimensão onírica do ocorrido *durante* aquela sessão (inclusive para adotarmos uma modo mais bioniano para o termo "onírico")? Qual seria a relação entre esse "sonho" sonhado na sessão, os sonhos que ocorreram na noite seguinte e a correlata restauração da capacidade onírica da paciente? São questões como essas que se abrem a nossa frente.

Outra questão muito especial que René Kaës vem trabalhando pelo menos desde 1994 é a da dimensão fundamental do estatuto metapsicológico do pré-consciente no modelo psíquico do sujeito e do sujeito no grupo. Neste presente trabalho, Kaës acrescenta vários pormenores que são de grande interesse à teoria dos sonhos, dos sonhos em grupo e à clínica psicanalítica. Tanto à clínica individual como de grupo.

Suas propostas partem da compreensão decisiva que faz da função pré-consciente no agenciamento da regressão tópica necessária à produção onírica, na gestão das chamadas condições de figurabilidade e nas de censura. Uma detalhada observação clínica o levará a propor o quanto certos estados de confusionamento ou de crises de angústia agudos se relacionam a estados precários da função pré-consciente (p. 64, 4º§). O interessante aqui é sua proposta clínica: Kaës propõe que a experiência onírica comum e compartilhada, regida por um dispositivo de rabalho adequado, torna possível a inscrição de marcas originárias faltantes e uma consequente restauração do pré-consciente.

Creio ser importante destacar também as questões espinhosas relativas à telepatia e à transmissão de pensamento "desenvolvidas em *A polifonia do sonho*. São questões que levaram Kaës a advertir o leitor da intensidade da perturbação e da estranheza que esse trabalho lhe causou, levantando resistências a encetá-lo, dar-lhe continuidade e formulá-lo". Entretanto, elas apontam para as mais antigas e insistentes intuições freudianas e dirigem nossa atenção para interessantes campos como o de uma antropologia psicanalítica que pode proporcionar, por exemplo, novas compreensões da experiência onírica nas sociedades indígenas, especialmente nos fenômenos de cura xamânica, entre outros.

Gostaria de destacar aos leitores o vasto e importante trabalho de revisão bibliográfica que é ofertado pelo autor. Como é tradicional em seus escritos, Kaës nos apresenta, ao final de seu livro, uma verdadeira fortuna bibliográfica, que é fundamental para que se possa entender seus passos e seguir suas sugestões de pesquisa. Observaria ainda a qualidade exemplar da tradução feita por Claudia Berliner. Seu trabalho se destaca pela seriedade, compreensão e fineza do trato da matéria original na versão em português.

Para finalizar, gostaria de citar, mais uma vez, René Kaës: "A maioria dos dados clínicos que reuni e comentei suscitam remanejamentos na formulação de alguns enunciados fundamentais da teoria psicanalítica dos sonhos e, mais ainda, da concepção do sujeito do inconsciente. Ao menos é o que se espera, caso queiramos entender de que maneira e com que materiais se constitui a teoria na psicanálise. Com efeito, como dar conta dos processos da formação do inconsciente, se mantivermos fora do campo da experiência psicanalítica as modalidades comuns e compartilhadas do recalcamento, da recusa, da forclusão ou da rejeição, modalidades diversas que derivam, todas, das exigências indispensáveis, e algumas são vitais, para estar no vínculo? Como conceber os problemas do processo de apoio da pulsão, se não levarmos em consideração que a subjetividade do outro está desde sempre presente no objeto e na experiência psíquica que se produz no contato com ele? Como pensar o destino dos processos de simbolização, se não integrarmos na teoria o efeito das predisposições significantes que o sujeito encontra, ou não encontra, na atividade simbolizadora do outro, e sobretudo em sua atividade onírica?

A partir do momento em que os modelos do aparelho psíquico não se superpõem mais por completo como espaços fechados e, sobre esses modelos, o da análise, a partir do momento em que novos dispositivos abrem o espaço da psique em espaços comuns e compartilhados, as condições e os conteúdos do conhecimento psicanalítico devem ser pensados de outra forma. Essa aventura, iniciada na segunda metade do século XX, será uma das grandes questões deste" (*A polifonia do sonho*, p. 235).

INTRODUÇÃO
TRÊS MOTIVOS PARA REAVALIAR A TEORIA FREUDIANA DO SONHO

O que Freud pensou sobre o sonho descreve todas as experiências oníricas que a psicanálise relata? Certamente, não. Se "o sonho não é mais o que era", como escrevia J.-B. Pontalis em 1972, é ao menos por três motivos.

• *Um primeiro motivo para reavaliar a teoria freudiana do sonho: o postulado da coincidência entre o espaço onírico e o espaço psíquico interno.*

Freud construiu sua teoria do sonho com base em três principais proposições: o sonho é guardião do sono; consiste na realização alucinatória do desejo inconsciente; a interpretação de sua função e de seu sentido é a via régia para o Inconsciente. A teoria de Freud teve um efeito de ruptura epistemológica na milenar hermenêutica do sonho porque seu aparelho de interpretação do sonho apoiava-se na hipótese do Inconsciente e porque Freud descrevia suas condições de possibilidade e seus processos de trabalho no espaço intrapsíquico.

Entre as condições de possibilidade do sonho, a primeira é que tenha ocorrido o recalcamento constitutivo do inconsciente, a segunda, que o sonhador disponha de meios de figuração dos pensamentos inconscientes do sonho, a terceira exige do sonhador a retirada do investimento do mundo externo.

O contexto prático da descoberta freudiana não é indiferente ao enunciado dessas três condições fundamentais, todas elas relacionadas com a organização do espaço psíquico do sonhador. A matéria-prima do trabalho de Freud foram seus próprios sonhos e os dos adultos neuróticos envolvidos com ele na situação do tratamento psicanalítico.

Chegamos aqui ao primeiro ponto que impõe claramente a necessidade de reavaliar a teoria do sonho. A partir do momento em que Freud constituiu o sonho como a via régia para o conhecimento do Inconsciente, fez corresponder os processos da formação do sonho, as funções que ele cumpre e a resposta à pergunta sobre seu sentido com os limites internos do espaço psíquico. Como demonstra o capítulo 7 de *A interpretação dos sonhos* e as elaborações posteriores confirmarão, não só os processos inconscientes da formação do sonho são os mesmos que agem no Inconsciente e o especificam, mas, por extensão, todo o aparelho psíquico é concebido a partir do modelo do sonho: ambos são espaços fechados.[1] O dispositivo da análise é sua expressão metodológica.

Esse postulado da coincidência entre o espaço onírico e o espaço psíquico interno tem de ser reexaminado à luz dos estudos contemporâneos sobre o sonho: nas últimas décadas, o campo da experiência psicanalítica ampliou-se consideravelmente, transformou-se e se diversificou a tal ponto que nossa concepção do sonho e do espaço psíquico no qual ele se produz precisa incorporar condições de possibilidade e dimensões até então desconsideradas. A clínica psicanalítica da análise individual, bem como a das famílias, dos grupos e dos casais permitiu compreender progressivamente de que maneira o espaço intrapsíquico do sonho se articula com os espaços psíquicos de outros sonhadores: sonhar exige a precedência de um sonhador, cuja atividade onírica é necessária para que se forme num outro a capacidade de sonhar. A perspectiva de um espaço onírico comum e compartilhado abre o espaço onírico postulado como fechado, na mesma medida em que se abre o próprio espaço psíquico: dupla abertura, que determina novas condições da experiência onírica, do trabalho do sonho e de sua interpretação na situação psicanalítica.

• *Segundo motivo: o interesse renovado pelo espaço intrapsíquico do sonho e a abertura para um espaço onírico interpsíquico.*

A ruptura epistemológica realizada pela *interpretação dos sonhos* deixou, portanto, em suspenso ou pôs de lado várias questões. Dois movimentos concorrem para essa evolução. O primeiro decorre do interesse renovado pelo espaço intrapsíquico do sonho dentro do próprio campo do tratamento psicanalítico. O segundo explora a abertura do sonho para um espaço onírico interpsíquico.

A concepção kleiniana do sonho iniciou essa primeira mudança de perspectivas e por isso convém situar desde já suas hipóteses constitutivas. Devemos a M. Klein três conceitos fundamentais que formam a base de sua

---

1 Os trabalhos de A. Green (1972) e de J. Laplanche (1979) esclareceram de forma decisiva essa questão; voltarei a isso no primeiro capítulo. Green destacou a estrutura espacial da experiência onírica: o espaço onírico é um espaço fechado, dotado de profundidade. J. Laplanche, por sua vez, mostrou como Freud dispõe paralelamente a ideia do fechamento constitutivo do inconsciente e a ideia do fechamento do sonho. Embora repensem os postulados freudianos sobre o aparelho psíquico e o sonho, esses trabalhos continuam sendo, em essência, fiéis a sua concepção do fechamento do espaço onírico.

contribuição à teoria do sonho. O primeiro conceito é o da fantasia inconsciente e do sonho como *cena de uma ação*. Embora a ideia de cena interna já estivesse bastante explícita no pensamento de Freud (1919), M. Klein reconsiderou-a sob o aspecto das ações psíquicas que organizam as relações entre os diversos objetos-personagens que se constituíram no espaço interno por meio da identificação projetiva e da introjeção.

O segundo conceito é o de *identificação projetiva*: esse processo organiza os espaços projetados, construídos e habitados no objeto. O objeto não é simplesmente depositado no outro. Produz no outro, que o contém, efeitos emocionais que são o princípio da comunicação interpessoal, o que W.-R. Bion mostrará de forma muito precisa em seguida. A identificação projetiva tem, portanto, uma dupla valência, intrapsíquica e interpsíquica.

Os conceitos de cena de ação, de identificação projetiva e de introjeção geraram a noção de *espaço psíquico*. Costuma-se dizer que o espaço interno se constitui por meio dos processos de introjeção e de identificação projetiva: os objetos internos formados por introjeção, assim como os objetos criados por identificação projetiva no outro, estão contidos num espaço interno no qual suas relações se desenvolvem em movimentos dinâmicos e econômicos. Esse espaço interno está em estreita relação com o espaço psíquico do outro, do qual apenas se diferencia tardiamente e de maneira, apesar de tudo, bastante precária. É o que acontece, entre outras situações, quando os espaços oníricos são permeáveis uns aos outros. Essa concepção das flutuações do espaço interno-externo tornou-se mais precisa com as ideias de W.-R. Bion (1963) sobre as relações continente-conteúdo, as de Sami-Ali (1970, 1974) sobre a inclusão mútua, as proposições de A. Green sobre os limites do espaço psíquico e mais precisamente sobre seu duplo limite (1982), e as de D. Anzieu sobre os envoltórios psíquicos individuais (1985) e grupais (1993).

A despeito das perspectivas que abre, no entanto, para possíveis interferências entre os espaços psíquicos, em M. Klein o sonho continua sendo concebido essencialmente como uma determinação e uma produção intrapsíquica. É concebido como um continente psíquico formado pela introjeção do seio materno e como uma elaboração dos conflitos intrapsíquicos. No entanto, Klein não tira consequências significativas de sua concepção da identificação projetiva que alterem sua concepção do sonho.

Os trabalhos de W.-R. Bion, assim como os de D. Meltzer, inscrevem-se na filiação kleiniana, mas modificam sua orientação. Bion conceberá o sonho como o primeiro estado na formação do pensamento: o sonho dá forma às experiências emocionais, tece laços entre a vida fantasmática e a realidade externa. A ideia de que o sonho é uma forma primária de pensamento e que desempenha um papel decisivo no advento das funções cognitivas elementares deve muito ao interesse que W.-R. Bion dedicou aos distúrbios da formação e do desenvolvimento do pensamento nos pacientes esquizofrênicos. Ele descobre uma função primordial exercida pela mãe para que o bebê elabore a percepção de sua experiência emocional: denomina-a função-alfa e caracteriza-a pelo fato de que a mãe metaboliza e interpreta o que o bebê não pode conter e elaborar. Os elementos que ela produz permitem que ele crie sua própria função-alfa. Depois que o bebê se apropria deles, são esses elementos-alfa que "podem ser armazenados e satisfazer as condições dos pensamentos do sonho" (1962, trad. fr., p. 24). Desse modo, W.-R. Bion define por meio da função-alfa e dos elementos-alfa as condições e os materiais do sonho normal. Ao contrário, os sonhos dos pacientes psicóticos estão saturados dos elementos-beta não transformados. A concepção do sonho como processo de transformação assume então toda a sua dimensão, a um só tempo intrapsíquica e intersubjetiva. Implica a introjeção de um objeto transformacional (BOLLAS, 1989) capaz de modificar a organização do funcionamento fantasmático. A capacidade de devaneio é o operador dessa transformação.

W.-R. Bion denominou de "capacidade de devaneio" o processo que se exerce junto de um outro, nesse caso, junto do *infans*, que ainda não dispõe da capacidade de sonhar nem da capacidade de pensar. Ele define a capacidade de devaneio, no sentido estrito do termo, da seguinte maneira: "o devaneio é um estado de espírito receptivo a todo objeto proveniente do objeto amado, um estado de espírito capaz, em outras palavras, de acolher as identificações projetivas do bebê, sejam elas sentidas por ele como boas ou más. Em suma, o devaneio é um fator da função-alfa da mãe" (BION, *op. cit.*, p. 54).

Com a capacidade de devaneio, W.-R. Bion fez o estudo do sonho voltar-se para as condições intrapsíquicas e intersubjetivas da atividade onírica. Imaginou, então, um espaço que poderia ser chamado de *pré-onírico*: um espaço que é ao mesmo tempo um continente (um envoltório), um processo de transformação dos conteúdos psíquicos e um processo gerador, formados todos a partir da capacidade materna de devaneio. Dessas qualidades psíquicas dependem o espaço e a atividade propriamente oníricos do bebê.

Assim como W.-R. Bion, D. Meltzer (1993) não reduz o sonho a sua função de homeostase do estado fisiológico (o sonho cumpre outras funções além da de ser um guardião do sono pela descarga alucinatória). A vida onírica tem um valor próprio, e D. Meltzer põe a ênfase na vivência da experiência do sonho: o sonho é um modo de existência no qual se afirma o conteúdo afetivo que dá ao sonho sua forma viva, a de uma experiência psíquica específica.[2] Se o sonho, e mais precisamente o processo onírico, é gerador de sentido, é por meio dessa experiência viva que ele o produz.

Outros estudos dedicaram-se a explicar a estrutura da experiência onírica e as relações do sonhador com seu sonho. O sonho é então tratado como um objeto investido pelo sonhador: um objeto parcial, transicional (PONTALIS, 1972) ou fetiche (GUILLAUMIN, 1979), que conota seu valor para o sonhador e, por conseguinte, sua função na transferência. J. Guillaumin especificou as dimensões temporais do espaço onírico, ao passo que outros estudos trabalharam as relações complexas do sonho com as vivências corporais e o espaço corporal (SAMI-ALI, 1974, 1997; RESNIK, 1984; ANZIEU, 1975b). A ênfase colocada por M. Khan (1972, 1975, 1976) no espaço do sonho como *espaço transicional* relançou, a partir de um ponto de vista fundamentado no pensamento de D.-W. Winnicott, a ideia de que a formação do sonho depende da qualidade desse espaço e da capacidade do sujeito de utilizá-lo.

Todas essas perspectivas, e algumas outras que evocaremos mais adiante, puseram a ênfase na especificidade da experiência onírica e na importância primordial da atividade onírica para a economia e para a dinâmica da vida psíquica como um todo. Os psicanalistas descobriram assim uma outra maneira de conceber o sonho, sob o efeito combinado das transformações da prática do tratamento e das teorias que as explicam ou as inspiram.

A evolução da prática psicanalítica é um argumento a mais a favor do segundo motivo para revisitar a teoria do sonho. Foi apenas durante esses últimos anos que a atenção dos psicanalistas se voltou para os efeitos dos sonhos do analista sobre a formação e o tratamento dos eventos psíquicos que ocorrem no campo da transferência-contratransferência, e, mais precisamente, no espaço onírico do analisando. Nesse contexto, o sonho adquiriu um valor determinante de experiência onírica compartilhada a tal ponto que a análise dessa experiência chegou às vezes a prevalecer sobre a de seu conteúdo, sobre a interpretação de seu sentido latente ou sobre sua função de guardião do sono.

Uma das mais importantes contribuições de D. Meltzer foi ter rearticulado de maneira inédita as relações do sonho com a transferência. Para D. Meltzer, a transferência exprime tanto o passado (repetição) como o estado presente do "mundo interno", que tem alguns elementos "arqueológicos" e outros atuais, submetidos a reorganizações *a posteriori* que envolvem o futuro, prefigurando experiências novas. Embora compartilhe desse ponto de

---

[2] Essa é uma proposição que Freud defende explicitamente (G.-W, II-III, p. 463, trad. fr., p. 392 [*A interpretação dos sonhos*]).

vista com outros analistas, D. Meltzer mostrou de maneira notável como o analista põe à disposição do paciente, no espaço do tratamento, a mesma capacidade de "devaneio" que a mãe tem em relação a seu bebê. Num primeiro momento, acolhe os sonhos sem tentar interpretá-los. Acolhe-os sonhando ele mesmo. O psicanalista desenvolve essa capacidade no contato com o próprio paciente, que deposita nele e o faz experimentar emoções, pensamentos e afetos, e cujos efeitos sobre si mesmo o analista tem de conhecer. Essa predisposição intuitiva é elaborada na formação e pelo conhecimento que o analista adquire para cumprir essa função.

Pode-se evocar aqui a noção de um envoltório onírico do tratamento no espaço da transferência e da contratransferência. Vários autores[3] descreveram essa noção ainda que não recorressem a ela: por exemplo, quando, como R. Diatkine (1974), prestam atenção às ressonâncias, às correspondências e trocas de conteúdos simbólicos entre os sonhos do analisando e os do analista. A capacidade de sonhar (e mais particularmente a capacidade de codevaneio do analista), o sonho e a experiência do sonho são afetados pela qualidade do espaço onírico que liga o sonhador ao analista.

W.-R. Bion, D. Meltzer e D.-W. Winnicott em muito contribuíram para a renovação do interesse pelo espaço intrapsíquico do sonho e para sua abertura para um espaço onírico interpsíquico: colocaram em evidência, no que há de mais profundo na relação entre a psique da criança e a psique materna, o que Pontalis denominou de maneira muito feliz "a matriz materna do sonho".[4]

• *Terceiro motivo: a clínica de novas situações de trabalho psicanalítico, fora da análise clássica, com vários sujeitos.*

Um terceiro motivo para voltar a trabalhar sobre a questão do sonho apoia-se no anterior: amplifica-o e vai além dele. Depois de Freud, vários psicanalistas exploraram outras dimensões do sonho a partir de dispositivos psicanalíticos derivados do da análise clássica, adaptados ao tratamento de vários sujeitos e organizados em função de novos critérios. As psicoterapias psicanalíticas pais-filhos, o tratamento psicanalítico dos psicóticos e dos pacientes *borderline* deram lugar a novas concepções sobre os limites do espaço intrapsíquico, permitindo refletir sobre suas bordas e sobre suas interferências com os espaços psíquicos de outros sujeitos.

---

3 Entre os quais se destacam R. Zweibel (1985) e E. Lester *et al.* (1989).
4 Um trabalho produzido a partir do Congresso organizado em Metz, em junho de 2000, sobre "O sonho, cem anos depois" destaca as contribuições mais significativas para a teoria do sonho. Cf. A. Nakov, J. Amati-Mehler, H. Segal, J. Laplanche, J.-P. Tassin, J. Hochmann, J. Puget, J.-M. Quinodoz, R. Kaës (2003).

Essas perspectivas ampliaram-se consideravelmente com as descobertas propiciadas pelos dispositivos psicanalíticos que reúnem vários sujeitos, em grupo, em casal ou em família, mas sempre em presença de um ou mais psicanalistas. Essas novas situações psicanalíticas pluripessoais "fora da análise clássica" foram propostas para tratar de sofrimentos psíquicos e de patologias caracterizadas essencialmente por distúrbios na constituição dos limites internos e externos do aparelho psíquico.

Esses distúrbios exprimem-se nas patologias chamadas precisamente de "estados-limite". Caracterizam-se por graves defeitos nos sistemas pulsionais de ligação e de desligação, por falhas nos envoltórios psíquicos, por faltas de significantes de demarcação e por profundas deficiências dos processos de transformação. Nós os encontramos em ação nas patologias dos processos de transmissão da vida psíquica entre gerações, mas também nos efeitos psíquicos dos traumas coletivos provocados pelas guerras e pela violência de Estado. Em todos esses distúrbios patológicos, estáveis ou transitórios, a base do narcisismo primário, os processos de figuração do originário e da simbolização primária dependem constante e estreitamente da estrutura e da qualidade dos vínculos precoces. Hoje sabemos com bastante certeza que esses processos e essas formações intrapsíquicas só podem constituir-se em suas articulações suficientemente confiáveis com os processos e as formações que se desenvolvem nos espaços interpsíquicos.

Esses novos dispositivos solicitam e põem para trabalhar essas articulações. Eles abriram uma via inédita para o conhecimento das formações e dos processos que formam a consistência do espaço interpsíquico, e que eram inacessíveis ou pouco perceptíveis no contexto do dispositivo *princeps* do tratamento psicanalítico dito individual ou em suas adaptações ao contexto das psicoterapias psicanalíticas tradicionais. O conjunto de dados clínicos novos que disso resultou levou a dar uma grande atenção ao trabalho psíquico exigido de cada um para que se produza uma afinação, uma combinatória ou, ainda – é o conceito que utilizo –, um *emparelhamento* dos espaços e tempos próprios de cada um, de seus objetos e suas fantasias inconscientes, de suas imagos e seus complexos. Estabelecer um vínculo, quer se trate de um vínculo de casal, de grupo ou de família, exige com efeito a constituição de um espaço comum e compartilhado, cuja matéria e fórmula dependem dos investimentos que cada um faz para a formação desse espaço e do próprio vínculo. Desses movimentos de investimento, de identificação, de deslocamento e de alianças inconscientes nascem *uma realidade psíquica e um espaço psíquico irredutíveis a seus elementos constitutivos*. Embora Freud apenas pôde especular sobre a consistência da realidade psíquica própria dos conjuntos plurissubjetivos, os trabalhos teóricos dos psicanalistas que voltaram sua atenção para ela fundaram-se em dispositivos organizados pelas exigências metodológicas da psicanálise e na clínica que aí se manifesta. É precisamente a essa clínica das situações de trabalho psicanalítico com vários sujeitos e aos conceitos que dão conta dela que devemos o fato de poder pensar de outra maneira a experiência do sonho, as modalidades de sua formação e de sua interpretação.

• *Uma dupla abordagem da experiência onírica e do sonho*

Os estudos que acabo de evocar confrontam-nos com uma nova abordagem da experiência onírica e do sonho. Dessa forma, abriram-se dois campos de trabalho. O primeiro introduz o sonho num espaço diferente do espaço intrapsíquico, relativamente fechado, no qual o sonho é essencialmente considerado sob o aspecto de ser produzido por um sonhador singular, segundo determinações internas, processos, conteúdos e sentidos que lhe são próprios.

No segundo espaço, interpsíquico, comum e compartilhado, o sonho se manifesta sob outros aspectos: encontra outra fonte de fomento na atividade onírica de um outro e de mais de um outro, desenvolve efeitos específicos, envolve o sonhador numa experiência de outro tipo. O segundo campo de estudo que assim se desenha interroga de um novo ponto de vista a atividade onírica e o sonho do sonhador singular, os princípios de formação do sonho, suas funções e seu sentido. Empenha-se em compreender a experiência do sonho em seu ponto de articulação no espaço intrapsíquico e no espaço psíquico comum e compartilhado.

A análise da conexão entre esses dois espaços oníricos é o fio condutor desta obra.[5] Antes de desenvolvê-la, gostaria de dizer o quanto este estudo me perturbou em várias ocasiões. Suscitou em mim resistências a encetá-lo, dar-lhe continuidade e formulá-lo. Embora esses estudos estejam assentados em bases bastante seguras, tanto na clínica psicanalítica como nos trabalhos teóricos, as perspectivas que eles abrem, às vezes na contramão das concepções clássicas, retomam debates muitas vezes mantidos numa zona de sombra da investigação psicanalítica: refiro-me às questões espinhosas relativas à telepatia e à transmissão de pensamento. O fato de que cruzem o território de certas abordagens não

---

5 Devido a esse fio condutor, deixei deliberadamente de lado um quarto motivo para reiniciar a pesquisa sobre o sonho. Ele diz respeito aos trabalhos de neurofisiologia e de neuropsicologia dos processos oníricos. Reconheço sua importância no debate contemporâneo sobre o sonho, mas, devido aos meus poucos conhecimentos nesse terreno, não encontrei materiais significativos para incluir na investigação que escolhi empreender. Um artigo conciso de J.-P. Tassin (2000) analisa essas pesquisas, e as de M. Jouvet (1992) e F. Parot (1995, segunda parte), em particular, oferecem uma exposição mais ampla sobre a abordagem neurofisiológica do sonho. Num número da *Revue internationale de Psychopathologie* (1996, [23]: 265-581) dedicado ao sonho, B. e B. Lechevalier iniciaram um diálogo entre o ponto de vista do neurologista e o do psicanalista.

psicanalíticas, como aquelas propostas, muito além de qualquer chave para a interpretação dos sonhos, pelas concepções da experiência onírica nas sociedades tradicionais, sobretudo nos xamanismos, incita-me a inscrever uma parte desta investigação sobre o sonho no campo fecundo da antropologia psicanalítica, mas a proposta desta obra impõe um limite. Enfim, o fato de essa exploração do espaço e da experiência onírica comum e compartilhada terem servido de material para alguns escritores elaborarem sua ficção aumentou meu interesse em dar continuidade a esse estudo, já que as questões que ele coloca podem ser formuladas por meio de diversas expressões, algumas delas fora do campo próprio da prática psicanalítica, mas não fora do de sua competência teórica.

- *Três hipóteses: o espaço onírico comum e compartilhado, o segundo umbigo do sonho, a organização polifônica do sonho*

Enunciemos agora as principais hipóteses que organizaram este trabalho.

- A hipótese de *um espaço onírico comum e compartilhado* obriga a colocar em questão a ideia de um espaço psíquico fechado e a especificar a consistência dos espaços intrapsíquicos, interpsíquicos e transpsíquicos do sonho para tentar articulá-los entre si.[6] Terei de definir seus lugares, suas fronteiras, limites e passagens, precisar sua tópica, sua economia e dinâmica, conceber suas condições e efeitos.
- Se cada sonhador sonha no cruzamento de várias "fábricas de sonhos",[7] no espaço de uma pluralidade de sonhadores cujos sonhos atravessam os sonhos de cada um, suponho um *segundo "umbigo" do sonho*, que coexiste e interfere com o primeiro, descrito por Freud como sendo aquele onde o sonho "assenta no desconhecido" e surge do mais profundo do inconsciente ancorado na experiência corporal. No segundo umbigo, o sonho nutre-se do micélio intersubjetivo e surge do inconsciente ancorado no espaço psíquico comum e compartilhado.
- A noção de *polifonia* do discurso, que tomo emprestada dos trabalhos de Bakhtin, já me foi útil para avançar na análise dos processos associativos.[8] A concepção bakhtiniana da polifonia do discurso implica uma concepção do sujeito urdido e trabalhado pela interdiscursividade. Ele

---

6 Essa hipótese inscreve-se na continuidade de meus estudos anteriores sobre a organização, os processos e as formações do espaço psíquico nos conjuntos plurissubjetivos. Expus seus conceitos e modelos em *L'appareil psychique groupal* (1976), *Le groupe et le sujet du groupe* (1994) e *Théories psychanalytiques des groupes* (1999).

7 Em *O sonho da monografia botânica*, Freud escreve que estamos "numa fábrica de pensamentos", como se fosse a oficina de um tecelão (Freud, 1900, G.-W., II-III, p. 289; trad. fr. p. 246).

8 R. Kaës, 1994, *La parole et le lien*, sobretudo p. 33-50 e 306-312.

é atravessado por uma trama de vozes, de palavras e de falas, que o constitui. A partir dessa proposição, transformando-a no campo da psicanálise, supus que o sujeito do inconsciente é simultaneamente sujeito do grupo, e que se constitui nos pontos de amarração das vozes, das palavras e das falas dos outros, de mais de um outro, dividido entre a realização de seu próprio fim e sua inscrição na rede de seus vínculos intersubjetivos. É esse sujeito que sonha, e seu sonho está organizado de acordo com uma estrutura polifônica. Suponho que o sonho se elabora no cruzamento de várias fontes, de várias emoções, de vários pensamentos e de vários discursos. Essa polifonia do sonho está em funcionamento na sincronia do sonho, em que as figuras provenientes do trabalho do sonho se condensam, se deslocam, se multiplicam ou se difratam. Está em funcionamento na diacronia do sonho, e é possível fazer uma distinção aqui entre as pré-condições do sonho, por exemplo, as condições pré-oníricas que vinculei à capacidade de "devaneio" materno, e o relato do sonho em que a polifonia encontra de modo mais manifesto a questão de seu destinatário e de sua inscrição na linguagem e na cultura. Essa sobredeterminação dos tecidos germinativos do sonho e de sua obra polifônica leva a indagar quem pensa, quem sente e, finalmente, quem sonha no sonho.

Os elementos clínicos e teóricos que deveriam permitir fundamentar essas hipóteses estão reunidos nos capítulos que compõem este livro. O capítulo 1 tentará articular a noção de um espaço onírico fechado com a de uma pluralidade de espaços oníricos abertos uns para os outros. Depois, tentarei descrever um espaço onírico originário (capítulo 2) apoiando-me na análise dos sonhos que surgem em diversos tipos de situações psicanalíticas: no trabalho psicanalítico da análise e das psicoterapias individuais, no trabalho psicanalítico com casais, famílias e grupos. Examinarei em seguida, mais precisamente (capítulo 3), os sonhos que se formam no espaço onírico do tratamento psicanalítico, no analisando e no analista. Teremos então a oportunidade de rearticular as relações entre transferência, transmissão de pensamento e telepatia.

Nos capítulos 4, 5 e 6 retomarei a análise, já iniciada em outros estudos (1976, 1994), sobre os sonhos que surgem regularmente no trabalho psicanalítico em grupo, em família ou em equipes de profissionais de saúde. Exporei a noção de uma tessitura onírica do grupo evocando, para reavaliá-la, a tese de D. Anzieu sobre a analogia entre sonho e grupo. Com base nisso, proporei uma análise da clínica do sonho em situação psicanalítica de grupo. Esses "sonhos em grupo" devem ser compreendidos no espaço psíquico comum e compartilhado e, ao mesmo tempo, como a atividade onírica própria de um sonhador no grupo, que denomino de porta-sonhos e que, sonhando para si mesmo, sonha também na trama onírica de um outro ou de um conjunto de outros. Será então possível qualificar a consistência do trabalho psíquico do sonho em grupo.

Os capítulos 7 e 8 abrirão um novo campo de trabalho: nele, trataremos daqueles sonhos cuja característica de que, neles, o grupo ou o agrupamento de várias pessoas é utilizado como meio de figuração dos pensamentos do sonho. Chamo esses sonhos de "sonhos de grupo". Analisarei sua organização e seus processos a partir da noção de grupos internos e mostrarei a afinidade deles com os sonhos típicos.

Os dois últimos capítulos estão centrados na hipótese do segundo umbigo do sonho, nas características do espaço onírico comum e compartilhado e na noção de polifonia do sonho. Examinarei sua pertinência na clínica dos sonhos, mas também na ficção literária dos "sonhos cruzados". Aliás, é ao romance de G. Du Maurier, *Peter Ibbetson*, que devo a ideia do sonho comum e compartilhado. Mas esse tema é também uma constante da literatura: em Heródoto, nas *Mil e uma noites*, em L. Carrol, J.-L. Borges, J. Saramago, A. Schnitzler e alguns outros. O que a clínica nos ensina, os poetas sabem: para estes que acabo de citar, assim como para Breton e Artaud, todo sonho é atravessado pelos signos e sonhos de desejo de um outro. Assim, coloca-se novamente a pergunta: quem sonha no sonhador? Qual é o autor do sonho? De que vozes ele se faz portador?

No horizonte deste estudo, anunciei várias questões contidas nas três hipóteses que formulei: o espaço onírico comum, plural e compartilhado, o segundo umbigo do sonho, a polifonia do sonho podem esclarecer-nos sobre os processos gerais do sonho? Os sonhos "de grupo" ensinam-nos algo sobre os processos de figuração do sujeito no sonho? Se a formação do sonho, e sem dúvida sua destinação, trazem a marca do encontro com o outro, o outro do objeto e o outro *no* objeto, em que essas proposições modificam nossa escuta da experiência onírica? Um sonho condensa todas essas questões, e de certa maneira foi ele que deu origem ao meu estudo.

- *O sonho leva a sonhar: o sonho das gazelas*

Quando eram pequenos, meu paciente e seu irmão menor dividiam a mesma cama. Brigavam muito, às vezes de modo violento; ficavam muito tristes com isso e com vontade de se reconciliar, "como antes". Essa evocação lhe traz de volta uma lembrança: algumas noites, antes de adormecer, contavam um ao outro seus sonhos da noite anterior com a intenção de sonhar os mesmos sonhos na noite seguinte. A partir dos restos noturnos de seus sonhos, fabricavam restos diurnos comuns. Certa palavra, emoção, imagem tinha a função de engrenar sonhos nos quais reencontravam os mesmos personagens, os mesmos animais que tinham evocado antes de adormecer. Conseguiam muitas vezes realizar seus sonhos, ou talvez, ao contá-los um ao outro, faziam deles um relato que os levava a pensar que tinham atingido seu objetivo. Quando o sonho tinha conseguido uni-los, não brigavam o dia inteiro, como se cada um tivesse a guarda desse sonho e dos objetos que tinham tornado comuns.

Uma noite, antes de adormecer, lembraram de um romance de Édouard Peisson, L'escadron blanc [O esquadrão branco], que adoravam, e prometeram-se um dia irem juntos ao deserto perseguir gazelas, como faziam com as fêmeas de veado que às vezes surpreendiam na floresta. Na noite seguinte, ambos sonharam "quase o mesmo" sonho, que um relata para o outro ao despertar:

> Um pelotão de *meharistas*[9] perdidos no deserto. Para sobreviver, os *meharistas* perseguem um grupo de gazelas. Em meu sonho, desejo que os *meharistas* capturem uma – eles têm fuzis extremamente potentes –, mas que não a matem. Meu sonho termina no momento em que se aproximam da gazela. No sonho de meu irmão, os *meharistas* são socorridos por uma patrulha que saiu à procura deles.

O sonho de meu paciente sem dúvida contém pensamentos já parcialmente simbolizados. Contudo, a especificidade de seu sonho está no que ainda não foi simbolizado quanto aos vínculos com seu irmão. O que permanece obscuro desse vínculo, e que tem raízes tanto nas relações precocíssimas do bebê com a mãe como no complexo fraterno, é o que é levado para a cena onírica pelo segundo umbigo do sonho. O que o sonho de meu paciente realiza *é o desejo de sonhar os mesmos sonhos num espaço onírico comum e compartilhado com seu irmão*. É desse umbigo interpsíquico, que se forma na matriz materna de seus sonhos, que surgem os materiais do sonho.

O desejo de estar no mesmo espaço onírico busca sua via de realização nos objetos oníricos comuns. O espaço onírico comum reproduz a cama compartilhada, traz à tona as questões incestuosas do vínculo que une meu paciente a seu irmão: a estratégia deles mobiliza as induções no trabalho da véspera para que surja no sonho de cada um o desejo de um estar ali com o outro.

As associações levam-nos para o que o sonho comum preserva: o vínculo de amor narcísico homossexual que garante a defesa conjunta deles contra os sentimentos hostis que um tem pelo outro, contra a rivalidade fraterna, contra os pensamentos assassinos dirigidos ao outro: estes são deslocados para as gazelas, que não são mortas. No capítulo 4 de *Totem e tabu*, Freud menciona o

---
9 N.T.: Soldados árabes de tropas coloniais que usam dromedários como montaria.

estudo de Robertson Smith para descrever o que constitui a substância comum que une os membros de um clã: a *Kinship* é continuamente renovada pela refeição feita em comum e assegura que todos são feitos da mesma substância. Acho que o sonho comum e compartilhado é uma expressão onírica da *Kinship*. Como na refeição em comum que cimenta a *Kinship*, a realização noturna da fantasia de sonho comum protege-os da hostilidade pelo resto do dia.

Contudo, cada um dos sonhadores está em contato com "o lugar em que esse umbigo assenta no desconhecido", essa outra parte do inconsciente ancorada na experiência corporal. É nesse sentido que seu sonho é "quase o mesmo sonho" que o de seu irmão. As associações de meu paciente levam-no a suas angústias de castração precoce, a seus desejos com fim passivo e com fim ativo. Convergem para uma experiência traumática que permanecera em estase: nos primeiros meses de vida, teve de ser submetido a uma intervenção cirúrgica, no final da qual anunciaram-no como morto para sua mãe, que se viu novamente tomada pela sideração decorrente do luto inacabado de uma irmãzinha morta em seus braços. Foi em seguida a essa operação que ele foi desmamado, tardia e brutalmente. Nove meses depois nascia seu irmão, despertando nele movimentos de ódio e de amor que o queimavam por dentro. Esses movimentos já tinham sido identificados na transferência. O que chama mais particularmente minha atenção por ocasião dessa lembrança de um sonho de infância é sua busca de um "envoltório de sonho" comum entre mim e ele, que se manifestava por sua demanda de conhecer meus pensamentos íntimos a seu respeito, por exemplo, se sonhava com ele, já que ele sonhava comigo. Acabei supondo que o anúncio de que ele estaria morto pode ter criado um vazio associativo na mãe, uma suspensão de sua capacidade de sonhar seu filho e de incluí-lo de maneira viva em seu espaço onírico. A mãe pensava em sua irmã morta e talvez já num filho substituto, o irmão com quem, certas noites, reencontrava o benfazejo micélio materno quase gemelar, e outras noites, sozinho, o pavor de sua própria morte e do assassinato de seu irmão, tudo misturado.

Tentarei mostrar, no último capítulo deste livro, como a polifonia funciona no sonho das gazelas. Gostaria, por ora, de sublinhar uma outra característica desse sonho: a figuração do grupo no sonho. Fomentado no micélio do vínculo fraterno, o sonho das gazelas põe em cena dois grupos: o pelotão de *meharistas*, forma do grupo dada pela figura do pai militar, e o grupo das gazelas, forma dada pelas figuras do irmão e da mãe. Nessa figuração, entram em ação três processos primários: o deslocamento, a difração dos objetos oníricos e do Ego do sonhador, a multiplicação do semelhante. Segundo este último processo, a potência do pai multiplica-se por meio da figura do grupo.

Já podemos imaginar o que o grupo figura no sonho. Suponho que ele constitui uma das molas de sua polifonia.

O sonho das gazelas também nos lembra outra coisa: o prazer de contar seus sonhos àquele ou àquela que é seu destinatário, o de ouvir os outros contarem os seus, a surpresa de ter tido "o mesmo sonho". Essa é uma experiência provavelmente comum a toda a humanidade, e S. Ferenczi, que desde 1913 pergunta "a quem contamos nossos sonhos?",[10] cita em apoio a essa pergunta um dístico de Lessing:

Alba mihi semper narrat sua somnia mane
Alba sibi dormit: somniat Alba mihi.

"Que Alba durma para si e sonhe para mim" (porque é para mim que ela conta seus sonhos) é uma fórmula notável para descrever esse *micélio* narcísico que envolve duas psiques num espaço onírico compartilhado. Com efeito, nada impede que seja eu quem durma e que Alba sonhe para mim, *a fortiori* se lhe conto meus sonhos. Essa reciprocidade especular indica algo diferente da disjunção do sonho e do sono num mesmo sujeito: no fundo, mais que o sonho, o sono é que seria "egoísta" (FREUD, 1900), uma "produção associal, narcísica" (FREUD, 1925). Quanto ao sonho, ele é sem dúvida uma das matérias-primas da intersubjetividade.

---

10 "Os psicanalistas sabem faz muito tempo que somos inconscientemente impelidos a contar os sonhos à própria pessoa a quem seu conteúdo latente concerne" (FERENCZI, 1913, trad. fr., p. 32).

Primeira parte
OS ESPAÇOS PSÍQUICOS DO SONHO

1. Espaços psíquicos, espaços do sonho

A ideia de um espaço onírico compartilhado e comum a vários sonhadores pode parecer *a priori* contraditória com o procedimento de Freud, que constrói o espaço do sonho como aquele por meio do qual podemos conhecer a realidade psíquica e seu objeto teórico, o Inconsciente. A condição para esse conhecimento é que um recorte estrito separe a psique, como espaço interno, do mundo exterior. É também a condição de possibilidade *princeps* da experiência do sonho: a retirada do investimento do mundo externo é invariavelmente afirmada por Freud.

Essas duas proposições conjuntas devem ser submetidas à discussão. Com efeito, desde a primeira tópica Freud admitiu a ideia de formações psíquicas comuns a vários sujeitos. Seus primeiros estudos sobre a identificação e sobre os sintomas histéricos são prova disso, a análise e a interpretação do sonho do jantar (ou da bela açougueira) vão por esse caminho. Freud imaginou um aparelho para interpretar-significar (*ein Apparat zu deuten*) os pensamentos e as emoções dos outros: esse aparelho, que prefigura o conceito de função-alfa, é um desses dispositivos psíquicos que tornam possíveis as formações comuns e compartilhadas. Os principais processos em ação são os da identificação, das transferências e da transmissão (ou transferência) de pensamento. É sobre essas bases que ele funda sua hipótese da psique de grupo e dos ideais comuns que nele se constituem, e que ele supõe que certas fantasias e certos sonhos sejam comuns ao conjunto da humanidade.

A segunda tópica desenvolverá essas ideias: descreverá de modo mais preciso as aberturas dos espaços psíquicos entre vários indivíduos e mesmo no interior do aparelho psíquico, a tal ponto que o conceito de indivíduo acabará desaparecendo em proveito do de um sujeito atravessado pelos efeitos psíquicos dos conjuntos de que ele é parte constituinte e parte constituída. Assim, quando em *Psicologia das massas e análise do Ego* ele fala dos sintomas histéricos *comuns* a várias moças do mesmo pensionato, atribui essa comunidade a suas identificações *compartilhadas*. Embora essas proposições fossem, essencialmente, especulações, também foram entendidas como convites para abrir o campo dos objetos teóricos da psicanálise e, por conseguinte, para construir dispositivos apropriados a essa descoberta.

Mas, de uma tópica à outra, o espaço psíquico que contém o sonho continuará sendo fundamentalmente um espaço fechado. O processo do sonho e sua organização também suporão um espaço fechado sobre si mesmo, tendo o sonho um fim estritamente individual e sendo os sonhos "absolutamente egoístas".[1] Essa concepção de dois espaços fechados e encaixados está em tensão com uma outra concepção, em germe em Freud, mas que irá consolidar-se nos trabalhos posteriores, a de um espaço psíquico e onírico parcialmente aberto, comum e compartilhado entre vários sujeitos. Para desenvolver essa perspectiva, não é inútil retraçar a gênese e o conteúdo da noção de espaço psíquico, tal como aparece em Freud em sua relação com o sonho.

1. ESPAÇO PSÍQUICO E ESPAÇO ONÍRICO: DOIS ESPAÇOS FECHADOS E ENCAIXADOS

Indiquei na introdução desta obra que a noção de espaço psíquico ganhou em M. Klein e seus seguidores uma consistência e um contorno mais precisos que no pensamento de Freud. Contudo, a ideia de que a psique seja extensa, embora se aplique muito particularmente ao Ego, concerne ao conjunto do aparelho psíquico. O espaço psíquico é um espaço estruturado e auto-organizado, progressivamente disposto como uma topologia: dos lugares, dos limites e das fronteiras entre esses lugares, e, portanto, das relações e das passagens num espaço que se especifica pela realidade singular que nele se produz: a das formações e dos processos propriamente psíquicos do desejo inconsciente. A primeira tópica é concebida segundo esse modelo espacial fechado, mas a segunda também, a despeito das aberturas que introduz, de modo especulativo, para espaços psíquicos extratópicos.

A espacialidade do aparelho psíquico e suas transformações

Em seu seminário de 1979 publicado em 1987, J. Laplanche propôs uma formalização das transformações que Freud introduz em seu modelo do aparelho psíquico. O primeiro modelo é o chamado esquema da "Carta 52" a Fliess, de 6 de dezembro de 1896.[2]

---

[1] "Die Träume sind absolut egoistisch", Freud 1900, G.-W. II-III, 327.
[2] *Aus den Anfängen der Psychoanalyse*, p. 186; *La naissance de la psychanalyse*, p. 154-155. Esse esquema está em *Briefe an Wilhelm Fliess*, carta 112, p. 218.

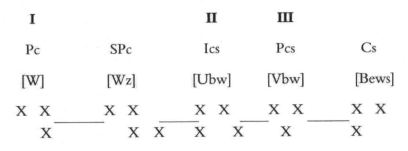

Esquema 1 – Dito da "Carta 52"

Nesse esquema, longamente explicado na carta a Fliess, Freud designa por Pc [percepções; W = *Wahrnemungen*] "os neurônios em que se originam *as percepções*, às quais a consciência se liga, mas que em si não conservam nenhum traço do que aconteceu".

SPc [signos de percepção; Wz = *Wahrnemungszeichen*] designa "a primeira inscrição das percepções, totalmente insuscetível de consciência e que se organiza segundo associações por simultaneidade". Em seu comentário desse texto, J. Laplanche precisa que "Wz designa algo mais inconsciente que o inconsciente, um inconsciente ainda mais originário, caracterizado por depósitos perceptivos inscritos segundo associações de simultaneidade" (LAPLANCHE, aula de 12 de dezembro de 1979, 1987, p. 52).[3]

Ics [Inconsciente; Ubw = *Unbewusstsein*] é "a segunda inscrição, disposta segundo outras relações, talvez causais. Os traços Ics talvez correspondam a lembranças de conceitos, igualmente inacessíveis à consciência".

Enfim, Pcs [Pré-consciência; Vbw = *Vorbewusstsein*] é "a terceira inscrição, ligada a representações de palavra, e corresponde a nosso Ego oficial. Os investimentos provenientes dessa pré-consciência tornam-se conscientes de acordo com certas regras, e essa consciência de pensamento secundária vem certamente *a posteriori* no tempo, provavelmente ligada à revivescência alucinatória de representações de palavra, de modo que os neurônios de consciência seriam também neurônios de percepção e, em si, sem memória".

J. Laplanche nota que o modelo da carta 52 não comporta paredes: é um sistema de memória sem organismo para contê-lo. Observa, contudo, que um organismo de contenção ou de inibição ou de controle aparece no sistema Pcs: o Ego, princípio organizador das lembranças pré-conscientes. É pelo lado do

---

[3] N.T.: *Problemáticas V: A Tina – a transcendência da transferência*, ed. Martins Fontes, São Paulo, 1993, p. 39-40.

Ego e do Pré-consciente que se deve buscar a linguagem. Mas esse modelo do aparelho psíquico não é um modelo do sonho, pois no sonho é necessário um apagamento do Ego. Será somente no capítulo 7 de *A interpretação dos sonhos* que esse modelo será transformado num aparelho fechado.

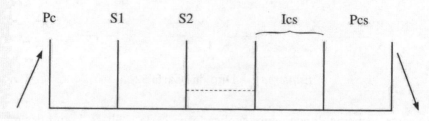

Esquema 2 – Capítulo 7 de *A interpretação dos sonhos*

Comentando esse segundo esquema, J. Laplanche destaca uma nota acrescentada em 1919 a *A interpretação dos sonhos*, em que Freud indica que:

> O desenvolvimento posterior desse esquema desenrolado linearmente terá de levar em conta nossa suposição de que o sistema que sucede ao pré-consciente é aquele a que devemos atribuir a consciência e que, portanto, Pc=Cs (trad. fr., p. 460).[4]

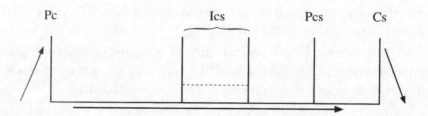

Esquema 3 – O desenrolar do esquema do aparelho psíquico a partir da nota de 1919 (LAPLANCHE, 1979)

Depois, num segundo momento, para dar conta da complexidade inicial desse esquema segundo a indicação da nota de 1919, J. Laplanche o reenrola de modo tal que apareça a oposição das duas extremidades: a percepção e a consciência:

---

4 N.T.: Cf. tradução de J. Laplanche, *op. cit.*, p. 54.

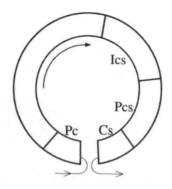

Esquema 4 – O reenrolar do esquema da "tina" (LAPLANCHE, 1979)

O reenrolar do esquema da "tina" faz com que se destaque a tangência dos dois circuitos, o circuito externo, vital, adaptativo, autopreservativo, ao qual vem se conectar um circuito sexual, fantasmático, em grande parte inconsciente (LAPLANCHE, 1987, p. 71 [p. 55-56 da edição brasileira]).

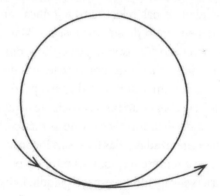

Esquema 5 – A tangência dos dois circuitos (LAPLANCHE, 1979)

Obtém-se, assim, uma representação do funcionamento fechado e autônomo do aparelho do sonho. Esse fechamento é a consequência da desaferentação, da colocação fora de circuito do Ego e do domínio do Inconsciente sobre o Pré-consciente. O espaço onírico, que contém as fontes, o material e o processo do sonho, coincide com o espaço psíquico. É nesse espaço que se produz o *trabalho do sonho*.

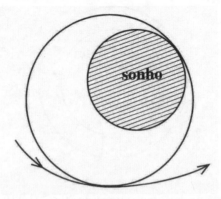

Esquema 6 – O fechamento do espaço do sonho (R. Kaës, conforme o esquema de J. Laplanche)

A nota de 1919 é de fundamental importância, pois exprime as modificações introduzidas por Freud na concepção da segunda tópica. O esquema de 1923 é mais uma representação topográfica do aparelho psíquico. Coloca a ênfase em sua espacialidade e nas relações topográficas entre as instâncias, a função de cada uma dependendo de sua disposição. Mas, a partir de 1919, o que Freud diferencia sobretudo é o sistema percepção-consciência dos primeiros esquemas, situando cada uma dessas polaridades nas duas extremidades do aparelho psíquico. Postula, assim, um trajeto da percepção no conjunto do aparelho psíquico antes que ela chegue ao pólo consciente do aparelho psíquico. As percepções provenientes do exterior chegam no somático. São transformadas em percepções internas organizadas pelas fantasias inconscientes. O modelo do fechamento culmina nessa representação. Portanto, do ponto de vista da concepção do espaço onírico encaixado no espaço psíquico, nada mudou, estando a ênfase colocada nos processos de transformação que afetam a percepção.

O segundo remanejamento importante proporcionado pela virada de 1920 está relacionado com os sonhos traumáticos. A compulsão à repetição desvia o sonho de sua função de guardião do sono e de realização alucinatória do desejo inconsciente: será então o sonho traumático um fracasso do sonho e do trabalho do sonho? A resposta que Freud dá mantém o essencial da teoria: o desejo no sonho traumático não é sofrer o trauma, mas controlá-lo. Depois de Freud, vários autores vão sublinhar a função traumatolítica do sonho. D. Anzieu, por exemplo, quando afirma que os sonhos traumáticos transformam a representação do acontecimento e da experiência traumáticos e que funcionam como microrreparações do envoltório psíquico.

Mas há, ainda, outro ponto em relação ao qual a teoria do sonho não evoluiu: a ideia de que a atividade do Ego é suspensa. Ora, a concepção dos sonhos traumáticos coloca essa ideia em questão: por um lado, pode-se supor que o Ego está ativo e impede o sono, mas também se pode admitir que ele é serenado no momento mesmo em que o sonho realiza o desejo de dominar o trauma. Diferentemente de Freud, Bion e Meltzer mantiveram a importância da função do Ego na atividade onírica: para eles, o sonho é um mecanismo utilizado pelo Ego para ligar os dados sensoriais da experiência exterior à consciência. O sonho efetua a "digestão" dos conteúdos emocionais diurnos, ele liga sensações e representações que não estavam ligadas entre si, integra-as na totalidade da experiência psíquica pessoal, salvaguardando-a.

Todos esses desenvolvimentos não abalam a ideia de Freud de que o sonho se forma num espaço psíquico fechado. Outras questões surgirão quando Freud defender a ideia de que uma parte das fontes do sonho está situada ao mesmo tempo nesse espaço e fora desse espaço, na pré-história do sujeito. S. Ferenczi retomará essa questão com a ideia de que a destinação e o destinatário do sonho fazem parte do trabalho do sonho.

O fechamento do espaço psíquico e do espaço do sonho

Já mencionei em várias oportunidades que Freud concebeu o espaço psíquico do sonho como um espaço *fechado*. Desde o *Projeto*, Freud mostra que uma atividade psíquica e que processos psíquicos persistem no sono. Afirma que nenhuma forma de atividade psíquica desaparece e que elas reaparecem cotidianamente no sonho. Estabelece a relação do sonho com o processo primário, a quádrupla regressão (tópica, dinâmica, temporal e econômica) que o sonho realiza. Sublinha a semelhança do sonho com a neurose, a diferença entre narcisismo do sonho (do sonhador e do herói) e narcisismo do sono (o ideal de inércia), a ruptura das conexões com o mundo externo e o investimento do espaço interno por inibição da motricidade.

A. Green (1972) ressaltou o duplo fechamento do espaço psíquico que o sonho requer: fechamento ao nível do pólo perceptivo (as informações do mundo exterior são suprimidas) e fechamento ao nível do pólo motor (a ação é suspensa). A colocação em suspenso do mundo exterior e do sistema percepção-consciência torna possível a investigação do Inconsciente: abre para o mundo interno, para sua organização, seus processos e seus conteúdos.

Esse duplo fechamento do espaço psíquico, que contém o sonho e que o sonho revela, fica mais claro com *A interpretação dos sonhos*, como demonstraram os estudos de J. Laplanche. O espaço psíquico é estruturado em instâncias e em sistemas, adquire várias qualidades ou funcionalidades.

1. O espaço psíquico é um espaço de *inscrição* de traços perceptivos e de experiências psíquicas, afetivas e representacionais. É um espaço de figuração (*Darstellung*), de representação (*Vorstellung*), de autofiguração (*Selbstdarstellung*), e é um espaço irrigado pelos afetos.
2. O espaço psíquico é um espaço *dinâmico* no qual se produzem conflitos e tensões resolvidos por processos e formações específicos, entre os quais os mecanismos de defesa e as formações de compromisso: o sonho e o sintoma são seus paradigmas.
3. O espaço psíquico é um espaço *econômico*, no qual se aplicam e se deslocam cargas de investimento, por exemplo do Pré-consciente para o Inconsciente.
4. O espaço psíquico é um espaço de *transformação* e de *trabalho* psíquico. Nele se dá uma conversão do sistema das imagens do Inconsciente para o dos pensamentos do Pré-consciente, uma mutação das percepções em lembranças e das lembranças em imagens; essas transformações têm uma orientação progressiva ou regressiva. Esse espaço comporta, portanto, locais de passagem, "onde algo passa e onde algo se passa".

No final de seu estudo, A. Green resume em dez proposições as características do espaço do sonho.

1) É um espaço fechado, onde "se amplia a distância entre percepção e consciência para que nela se insiram Ics e Pcs". *2)* Esse espaço fechado está ele mesmo compartimentado em sistemas e subsistemas separados por divisórias. *3)* É um espaço conflituoso, pluridimensional, com tendência ao compromisso: Ics e Pcs se opõem, assim como desejo de dormir e desejo do sonho, desejo e censura, expressão imagética e expressão ideativa. *4)* Esse espaço é multifocal quanto às fontes do desejo: ou bem, a partir dos restos da véspera, elas vão do Pcs ao Ics, ou partem diretamente do Ics, mas todas elas seguem uma direção determinada. *5)* Esse espaço é vetorizado em dois sentidos: progressivo e, essencial para a formação do sonho, regressivo. *6)* É um espaço de trabalho de transformação energética e simbólica tendo em vista uma descarga: esse trabalho está dominado pela figurabilidade[5] do desejo censurado; ele se torna coerente pela elaboração secundária. *7)* É um espaço de ressurreição dos desejos infantis. *8)* É um espaço governado pelo princípio de prazer-desprazer limitado pelo recalcamento. *9)* É um espaço transicional entre o sono e o sonho, de duração limitada. "O inconsciente é o objeto transicional entre o corpo e o Pcs, assim como este último o é entre o Ics e o Cs", escreve Green. *10)* O espaço

---

[5] Acrescentarei que o próprio espaço é uma exigência da figuração, que o modo de funcionamento do sonho exige um espaço para tornar *visíveis* os pensamentos do sonho.

do sonho é um dos espaços do Inconsciente, "a pluri-regionalidade deste comunica o sonho com as outras formações do Inconsciente, que têm todas por característica transcorrerem na vigília" (GREEN, *ibid.*, p. 176-177).

Os comentários de Green e de Laplanche formam uma base sólida para qualificar o espaço do sonho no pensamento de Freud. O fechamento do espaço psíquico é necessário para que o sonho advenha: nenhum sonho é possível sem ele. Essa hipótese forte determinou o quadro das concepções freudianas sobre o trabalho do sonho, do sonho como cena intrapsíquica, como realização alucinatória do desejo, e, sobretudo, do desejo de retorno ao espaço materno. Correlativamente, o conhecimento do espaço do sonho permitiu conhecer as qualidades do espaço psíquico: elas são homólogas.

O fechamento do espaço psíquico é uma operação epistemológica e metodológica

Ao ler Freud e seus comentadores, é legítimo indagar se a representação de um espaço psíquico fechado não corresponde a uma necessidade epistemológica, para "delimitar apenas o Inconsciente" e para ter acesso a sua lógica interna. Nessas condições, o fechamento do espaço psíquico é também, e ao mesmo tempo, uma operação metodológica voltada para a descoberta das propriedades desse espaço. Para ter acesso a esse espaço *intrapsíquico*, a sua estrutura e a seu funcionamento, a suas formações e a seus processos, para qualificar a realidade psíquica que ele contém, era necessário operar um recorte confinante, recorte que encontrará no método do tratamento e principalmente na interpretação dos sonhos suas vias de acesso conjuntas. Nessas condições, compreende-se por que o modelo do sonho funcionou como a fórmula paradigmática do tratamento e de seu eixo organizador, a transferência.

Portanto, é útil esclarecer que a condição do fechamento *para que o sonho advenha* não implica, de modo geral, que o espaço psíquico seja um espaço *fechado*. Caso admitamos, como Freud propõe em várias passagens de sua obra, que o espaço psíquico está aberto para outros espaços psíquicos, temos de levar em consideração as possíveis consequências dessa ideia sobre a concepção do espaço onírico.

Alguns aspectos da teoria freudiana do sonho e perspectivas contemporâneas

Sem pretender apresentar aqui uma visão de conjunto dessas concepções, gostaria de sublinhar inicialmente que na teoria freudiana do sonho este é trabalhado por e numa multiplicidade de espaços, de tempos, de sentidos e de vozes. Essas proposições foram retomadas e parcialmente desenvolvidas pelos psicanalistas contemporâneos que discutem alguns aspectos da teoria freudiana do sonho e do espaço psíquico.

O sonho é um trabalho e uma experiência psíquica

O que interessa Freud no sonho é o trabalho de sua fabricação, sua lógica interna e seu sentido oculto, ou seja, seus conteúdos inconscientes. Para ele, o sonho não é somente um espaço, menos ainda um conteúdo, ele é um trabalho: "O essencial do sonho é o processo de sua elaboração", escreve ele em *Revisão da teoria dos sonhos* (1932, trad. fr., p. 13). O trabalho do sonho é um trabalho psíquico de ligação e de transformação: a formação da fantasia de desejo, sua regressão para a alucinação são as partes mais essenciais da elaboração do sonho (*ibid.*, p. 27, G.-W. XV, p. 18-19).

O sonho se forma a partir das moções pulsionais ancoradas no somático, das fantasias de desejo e dos restos diurnos ligados a representações pré-conscientes e inconscientes. O trabalho de transformação se dá sob o efeito da censura: transformação das ideias latentes, inaceitáveis ou conflituosas para o Ego, num conteúdo manifesto aceitável para ele. Pelo fato de a censura entre o Pcs e o Ics estar diminuída durante o sono, as relações entre esses dois sistemas se veem facilitadas. O trabalho do sonho se dá segundo processos de deslocamento, de substituição, de condensação, de inversão, a que se acrescenta a difração. Esses "contramestres (*Werkmeister*) do sonho" organizam as operações de deformação e de elaboração dos pensamentos oníricos. O trabalho do sonho inclui as transformações que ocorrem na passagem do sonho sonhado ao relato do sonho. O relato do sonho é nossa única via para o conhecimento do sonho e está submetido a uma elaboração secundária, que é ao mesmo tempo uma autointerpretação e um relato organizado para ser dito a um outro. *O relato do sonho, que implica uma destinação, faz parte do trabalho do sonho.*

Todo o trabalho do sonho está ajustado às funções psíquicas que ele realiza e que Freud vai definindo à medida que seu pensamento se desenvolve: o sonho preserva o sono pela alucinação da realização da fantasia de desejo (*A interpretação dos sonhos*), e, dessa forma, repara a falha ou falta do objeto; o sonho garante uma descarga energética (*Além do princípio de prazer*); o sonho efetua um trabalho de ligação (*Esboço de psicanálise*).

De que maneira essas proposições foram retomadas e parcialmente desenvolvidas pelos psicanalistas modernos e contemporâneos? W.-R. Bion, assim como Freud, destaca a importância do trabalho psíquico realizado pelo sonhador. Mas, assim como D. Meltzer, interessa-se mais pela experiência onírica do sonhador que pelo trabalho do sonho, na medida em que o trabalho de transformação e de ligação não concerne apenas à função homeostática e à função de descarga, mas qualifica, em primeiro lugar, a experiência da *atividade* do sonhador. Para D. Meltzer, o sonhador elabora, por meio do sonho, problemas emocionais e conflitos psíquicos que encontram no sonho uma saída reparadora e criativa: o sonho é também uma experiência que envolve o futuro. Mas o que importa aqui para nossa discussão é sem dúvida que o trabalho do sonho, para trás quanto a suas condições de possibilidade, e para a frente quanto a seu relato, se dá na relação com outros sonhadores.

O sonho é uma cena dos grupos internos

Devido às funções homeostáticas e econômicas que atribuiu prioritariamente ao sonho, Freud de fato não concebeu a cena do sonho de outra forma senão como uma dramatização associada à figuração icônica dos pensamentos do sonho. A ideia de cena não lhe era estranha, mas será somente com os kleinianos que a *cena* do sonho será pensada como representação (ou melhor, como autofiguração) do espaço psíquico do sonhador, de sua tópica e de seus conflitos, de seus mecanismos de defesa, da distribuição de suas cargas econômicas, de seu Ego, de seus objetos e de seus personagens internos. S. Resnik sublinhou que falar de cena e de encenação do sonho "sugere acima de tudo a ideia de uma organização espaço-temporal diferente da realidade objetiva" (1984, p. 13) e que "o mundo interno vive na representação, na *Vorstellung*" (*ibid.*, p. 23), ou seja, na representação teatral.[6]

A ideia segundo a qual o espaço do sonho contém uma encenação dos objetos e dos personagens internos (ou seja, em meu entender, do grupo interno do sonhador) implica os principais processos da identificação, isto é, um modo de presença do outro na psique do sonhador.

O desinvestimento exigido pelo sonho tem por correlato o investimento do espaço materno

Em *Suplementos metapsicológicos à teoria dos sonhos* (1917), Freud coloca mais uma vez a ênfase na função de proteção do sono desempenhada pelo sonho. Mas fala disso em termos que, sem nomeá-la, prefiguram a noção de envoltório do sonho:

---

6 S. Resnik esclarece: "O sonhador é também o público que assiste, ouve e pode até contar, caso dele se lembre, a encenação de seu sonho. Os atores do sonho entram e saem, aparecem e desaparecem como no palco de um teatro" (*ibid.*, p. 23).

> Todas as noites o homem se despoja das vestes com que cobriu o corpo e tira também os objetos de que se serve para compensar as deficiências de seus órgãos: óculos, peruca, dentadura etc. Pode-se acrescentar que, ao se preparar para dormir, despe de forma análoga seu psiquismo, renuncia à maioria de suas aquisições psíquicas e, dessa forma, sob ambos os aspectos, aproxima-se extremamente da situação que foi o ponto de partida de sua evolução vital. Do ponto de vista somático, o sono é uma reativação da permanência no ventre materno (trad. fr., *op. cit.*, p. 163).

O sonho é o produto incestuoso disso?

O estado psíquico de quem dorme é o retraimento: "ele se retira quase totalmente do mundo que o cerca e pára de se interessar por ele" (*ibid.*). O termo des*investimento* é bem-vindo aqui para indicar essa retirada das *vestimentas* diurnas. Falta apenas um passo, mas um passo decisivo, para escutar na metáfora freudiana que o espaço do sonho é provavelmente o espaço do *seio materno* (Bion) ou do *corpo materno*. É nessa medida que J.-B. Pontalis escreve que "o sonho foi para Freud um corpo materno deslocado" (1972, p. 24). Ao introduzir o conceito de envoltórios psíquicos, D. Anzieu retomará a ideia de que o sonho é um envoltório protetor contra estimulações perturbadoras que tornariam inatingível a finalidade do sonho: a realização alucinatória da fantasia de desejo inconsciente. O corpo próprio não tem apenas o estatuto de continente e de fonte do espaço do sonho, como mostraram os estudos de D. Anzieu e de Sami-Ali: o corpo e a psique materna garantem as condições do sonho, abrigam-no e talvez o trabalhem.

O sonho é trabalhado por e numa multiplicidade de espaços, de tempos, de sentidos e de vozes

Espaço fechado no interior do espaço psíquico, o sonho é trabalhado por e numa multiplicidade de espaços, de tempos, de sentidos e de vozes. Embora essa proposição se aplique em primeiro lugar ao espaço intrapsíquico do sonho, veremos que ela qualifica *a fortiori* o espaço onírico comum e compartilhado e que fundamenta a hipótese da polifonia do sonho.

As teses freudianas da *Traumdeutung* situam a fonte, a elaboração, as funções e o sentido do sonho nas relações entre as tópicas de um espaço interno dividido. O trabalho do sonho consiste em tornar figuráveis as formações mais obscuras do inconsciente por meio de uma série de transformações cada vez mais diferenciadas. A dinâmica do sonho repousa nos processos de ligação e de figuração de representações e de afetos separados, ela liga as tópicas inconsciente, pré-consciente e consciente. Organiza-se segundo a lógica das formações de compromisso: as funções reguladoras do sonho se manifestam na comunicação que ele estabelece entre os diversos espaços intrapsíquicos.

J. Guillaumin (1979) mostrou de forma notável como o sonho consiste nas trocas entre os restos diurnos e os restos "noturnos". Dessa comunicação, o sonho é o testemunho e a expressão. Para explicar as relações entre o Ego vígil e o Ego onírico, J. Guillaumin desenvolve a metáfora antropomórfica freudiana sobre suas duas tópicas. Supõe que:

> É como se houvesse uma forma de diálogo e talvez de luta entre o Ego vígil e o Ego onírico noturno (que, contudo, são dois momentos de um mesmo Ego). Pareceria que os dois Egos, ao reconhecerem um no outro, de forma mais ou menos inconsciente, afetos e preocupações defensivas análogos, sem no entanto poderem identificar-se completamente um com o outro devido aos recalcamentos e à censura que tendem a opô-los, entram de certa forma numa relação recíproca de identificação projetiva (*op. cit.*, p. 80).

Essa multiplicidade dos espaços internos do sonho tem por correlato a multiplicidade dos tempos do sonho. O sonho situa-se inicialmente entre os estados do sono e da vigília, entre o passado, o presente e o futuro do sonhador. A temporalidade se dá em seguida dentro do sonho, em sua formação e no desenrolar dos episódios do sonho, através do trabalho da elaboração primária e secundária. Uma terceira lógica temporal é introduzida pelo tempo do relato, que modifica a relação do sonhador com o tempo vivido da experiência onírica. Num artigo de 1985, P. Miner condensava essa proposição: "o sonho é breve, mas dura". Poderíamos também acrescentar – a tese filogenética de Freud o sugere e o trabalho psicanalítico com as famílias o confirma – que alguns sonhos atravessam e exprimem as relações transgeracionais. Todos esses elementos favorecem a polifonia interna do sonho, permeado de ponta a ponta, bem antes de ser produzido e depois de ter sido sonhado, por discursos heterogêneos que formam a matéria do próprio sonho.

Há ainda na obra de Freud uma outra via de abordagem para pensar a abertura do sonho para o espaço interpsíquico. Ela aparece em algumas extrapolações especulativas da teoria, pelo lado dos traços filogenéticos, da transmissão de pensamento e da telepatia. Essas extrapolações abrem perspectivas sobre o tempo e sobre o espaço onírico comum e compartilhado que atravessam o sonho de cada sonhador.

Freud não subestima o fato de que a formação da realidade psíquica se apoie no que é inicialmente exterior à experiência própria do sujeito. Contudo, essa "exterioridade" não é totalmente heterogênea à realidade intrapsíquica. É feita do mesmo material, transforma-se no mesmo material e se diferencia em seguida. O material psíquico não se restringe aos limites da psique individual: é permeado, trabalhado, alimentado e cogerado pela "psique" de massa, pela transmissão e pela herança. Freud tirará disso uma consequência na concepção da segunda tópica: o Inconsciente não é coextensivo ao Id: também o Ego e o Superego estão constituídos dele.

A multiplicidade do sentido do sonho está associada ao próprio esforço de interpretação do sonho, já que qualquer interpretação nasce do encontro com essa polissemia. Aliás, é devido ao caráter inesgotável da interpretação do sentido do sonho que Freud propõe a metáfora, à qual voltarei num instante, do *umbigo do sonho*.

O fato de que no sonho várias vozes se façam ouvir e, geralmente, se figurem em imagens nos remete novamente à multiplicidade das fontes do sonho e, sobretudo, à diversidade dos restos diurnos e noturnos de que ele se serve e que ele transforma. Os processos de figuração por meio da multiplicação do semelhante ou por meio das "pessoas condensadas e misturadas", as da Irma do sonho inaugural da *Traumdeutung* ou as do tio José, atestam essa multiplicidade das figuras e das vozes convocadas pelo sonhador para representar, difratar e ocultar os pensamentos inconscientes do sonho.

Heterogeneidade e politopia do Inconsciente

Se, como acabo de lembrar, uma multiplicidade de espaços, tempos, sentidos e vozes organiza o sonho, a construção freudiana de um espaço onírico fechado num espaço psíquico ele mesmo fechado não significa que esses espaços sejam fechados. Mostrei que há aberturas para três outros espaços: o espaço físico e corporal, o espaço intersubjetivo, o espaço social e cultural.[7]

O espaço psíquico e o espaço onírico aparecem então como espaços relativamente porosos, conectados a esses três outros espaços e gerados a partir deles. O espaço psíquico e o espaço onírico estão desde sua origem abertos para o outro, para mais de um outro. É provavelmente por isso que podemos pensar numa "plurirregionalidade" (GREEN, *op. cit.*) dos espaços do Inconsciente. Essa politopia tem por efeito qualificar o que a meu ver constitui a heterogeneidade desse espaço.

Acho, com efeito, que a noção de uma pluralidade e de uma heterogeneidade das tópicas do inconsciente pode ser compreendida ao mesmo tempo de um ponto de vista intrapsíquico, a partir de seus processos de formação (inconsciente originário e secundário) de suas modalidades de defesa (recalcamento, rejeição, clivagem, recusa...), e de um ponto de vista interpsíquico.

---

7 O modelo do apoio generalizado (KAËS, 1984) permite imaginar as aberturas do espaço psíquico para esses três outros espaços e compreendê-los como processos que exigem um trabalho psíquico apropriado a suas relações de troca, de apoio e de representação recíprocos. Dessa forma, o espaço psíquico encontra nos processos do apoio os modelos de sua própria representação, nos moldes da metáfora ou da metonímia.

O importante é que o Inconsciente, que não precisa ser qualificado aqui de coletivo, inscreve-se logo de partida nos espaços interpsíquicos e transpsíquicos. Esses espaços são determinantes desde o começo da vida psíquica, sobretudo através das alianças inconscientes e do conjunto de fantasias, discursos e pensamentos que precedem a vinda ao mundo do sujeito. É nisso que o sujeito do Inconsciente e o sujeito do grupo (ou do vínculo) são coextensivos. Dependendo do ponto de vista com que seja considerado, o espaço psíquico é, a um só tempo, tópico, ectópico, politópico e heterogêneo. Essa politopia e essa heterogeneidade revelam-se com maior ou menor clareza segundo os dispositivos metodológicos de acesso ao espaço psíquico. A essa heterogeneidade do inconsciente correspondem lógicas diferentes.

2. ABERTURAS DO ESPAÇO PSÍQUICO: A NOÇÃO DE ESPAÇO PSÍQUICO COMUM E COMPARTILHADO

É preciso fazer uma distinção entre o que é comum e o que é compartilhado. O fato de que um traço seja comum a várias pessoas pode ser apenas o resultado de uma distribuição estatística desse traço, o resultado de um denominador comum e implicar apenas valores psíquicos pouco importantes na formação dessa comunidade. A coisa em comum não significa que ela seja psiquicamente compartilhada: não supõe a ação de identificações, de fantasias ou de algum mecanismo de defesa entre essas pessoas. A distinção sartriana entre a série e o grupo esclarece essa distinção: os indivíduos que formam uma fila de espera num ponto de ônibus têm algo em comum (a mesma situação de espera, o mesmo espaço...), mas só formarão um grupo se algum acontecimento suscitar suas identificações, mobilizar suas fantasias, desencadear suas alianças e organizar suas relações. Passam, então, a participar de um espaço psíquico comum *e* compartilhado.

Ter determinado traço em comum não significa, portanto, que ele seja compartilhado. O que transforma o comum em compartilhado é o que ativa o vínculo. Ativar um vínculo é entrar numa lógica do "não um sem o outro" nas trocas tópicas, dinâmicas e econômicas. Uma fantasia comum é compartilhada quando cada sujeito ativa nessa fantasia um lugar correlativo ao lugar de um outro ou de vários outros, aos quais ele se vincula numa cena inconsciente compartilhada em que se distribuem, de maneira complementar ou invertida, esses lugares psíquicos. Cria-se então um processo em que algo de cada um deles combina, concorda, *emparelha* com elementos homólogos da psique do outro.

O que é psiquicamente comum

Embora o que é comum (no sentido fraco do termo) a vários indivíduos seja a condição para que se forme um compartilhamento, é necessário que ocorra uma participação no que é comum. Essa participação supõe que um objeto comum os vincule, num mesmo espaço, a processos e a significantes que os identificam uns aos outros. Compartilham, então (estou falando de participação inconsciente), um cargo (*munus*) com os outros (*cum+munus*), cargo que é da alçada de cada um e que afeta seus vínculos para além da simples aquisição do traço que têm em comum. No entanto, o que é psiquicamente comum aos sujeitos de um vínculo supõe que esses traços comuns tenham sido compartilhados anteriormente: é essa a condição para que se tornem ativos no vínculo que atualiza suas problemáticas e para que possam transformar-se numa experiência inédita. Entrar num espaço comum é já tê-lo compartilhado, assim como encontrar o objeto é reencontrá-lo.

É o que mostra, entre outros sonhos, o sonho das gazelas que relatei na introdução deste livro. A formação de um espaço onírico comum mobiliza nos sonhadores o desejo de reencontrar um espaço que já foi comum a duas ou várias psiques. Mobiliza também defesas contra a realização desse desejo.

Esse espaço é a matriz comum da vida psíquica: o espaço da vida embrionária e dos primeiros meses da vida é o protótipo da experiência que especifica essa comunidade psíquica. Desde as primeiras trocas entre a mãe e o bebê, desde o projeto da maternidade, a mãe inscreve o *infans* em seu próprio narcisismo, funda-o em sua própria psique e no espaço psíquico da família. Os estudos sobre o geracional mostram que o apoio *mútuo*[8] dos narcisismos na relação pais-filhos sustenta a formação de um espaço psíquico comum e compartilhado, que se estrutura nos termos do que P. Castoriadis-Aulagnier (1975) descreveu como o contrato narcísico.

Na teorização de P. Castoriadis-Aulagnier, o pictograma de união-rejeição, que caracteriza o processo originário, descreve o primeiríssimo acionamento da substância comum que vincula mãe e filho juntos num vínculo somatopsíquico compartilhado, o espaço seio-boca. O processo primário consecutivo é a fantasia do envoltório comum. O pensar sobre esse espaço, quando ele se diferencia no momento em que a separação se dá, qualifica o processo secundário. Da mesma maneira, o traço unário, que faz o "como um", também está fundado num vínculo anterior. São processos como esses que prefiguram e organizam os espaços psíquicos nos conjuntos pluripsíquicos.

---

[8] Sobre a revisão do conceito de apoio, cf. J. Laplanche (1970) e R. Kaës (1984).

A noção de espaço psíquico comum, assim como a de fantasia comum, de regressão comum ou de ideais comuns indica essa participação em formações e em processos psíquicos que pertencem a várias pessoas e que as fazem existir e continuar juntas, construir juntas um espaço psíquico comum. Esses processos fabricam o comum a partir da diversidade das formações psíquicas: os operadores desses processos são essencialmente as identificações.

Quando Freud fala de sintomas histéricos comuns a várias pessoas, atribui essa comunidade a suas identificações mútuas e compartilhadas. As identificações primárias (que, como lembra Freud, são anteriores a qualquer relação de objeto), as identificações do Ego (que Racamier descreve como a identificação ao humano) são a base das identificações posteriores. Simultaneamente, o apoio das pulsões e a formação do paraexcitações formam-se e se conformam no contato com o objeto e com o outro no objeto (KAËS, 1995).

O contrato narcisista é um dos elementos constitutivos das alianças inconscientes que, junto com o pacto denegativo, garantem as bases da organização psíquica inconsciente dos conjuntos familiares. Outras formações comuns e compartilhadas participam dela: os complexos familiares, fraternos e edipianos (LACAN, 1938), a fantasmática comum, os ideais e os significantes compartilhados. A. Missenard, também ele adotando a noção de uma psique comum e de partes comuns da psique, propõe repensar o processo de subjetivação nesse espaço:

> a psique comum é a parte de si mesmo de que a criança terá de se separar, em parte através dos sucessivos processos identificatórios que marcarão as grandes etapas de seu desenvolvimento (1985, p. 51).

A noção de espaço psíquico *compartilhado* introduz um diferencial nesse espaço

Portanto, o que se designa como comum também deve ser considerado sob o aspecto de que pode ser *compartilhado* por vários sujeitos. É verdade que o que é compartilhado por vários sujeitos acaba sendo comum a eles. A noção decisiva aqui é a de um *compartilhamento* entendido como divisão de um objeto (ou de um espaço) em partes distintas, tendo em vista uma troca e uma distribuição. Nada diz que esse compartilhamento seja idêntico ou igualitário, cada um participa na formação do espaço comum segundo modalidades que lhe são próprias: em uns, prima a busca da realização do desejo de reencontrar esse espaço, em outros, a defesa contra esse reencontro, em outros ainda, o alívio de suas próprias cargas no vínculo. O que é psiquicamente comum não é obrigatoriamente compartilhado da mesma maneira por todos.

Uma vez compartilhados, o espaço e o vínculo *exigem* e *obrigam*. Exigem, como a pulsão na ordem que lhe é própria, certo tipo de trabalho psíquico. Obrigam a *encargos* e *funções* comuns: sustentar os limites, a unidade e a permanência do grupo, garantir os termos das alianças, dos pactos e dos contratos, manter as representações compartilhadas por todos e os sistemas de interpretação que lhes dá sentido, proteger e honrar os ideais compartilhados, manter num nível suficientemente baixo o narcisismo das pequenas diferenças etc.

Mas também nesse caso essas exigências e essas obrigações podem ser compartilhadas e distribuídas de modo desigual no espaço comum. Os objetos, os vínculos e os espaços psíquicos compartilhados implicam uma *diferenciação* dos lugares e das funções dentro da comunidade. É com base nessa diferenciação do compartilhamento que se organiza o processo de subjetivação como separação da "psique comum".

Nota-se aqui que a concepção do espaço comum é insuficiente se for concebida como uma redução a um denominador comum; há o risco de deixar de lado a especificidade dos movimentos psíquicos que cada sujeito, considerado em sua singularidade, é levado a realizar para coconstituir esse espaço. Um bom exemplo dessa insuficiência e desse risco é quando num grupo, num casal ou numa família, falamos sem qualquer nuança de regressão comum. É possível que a regressão se dê de maneira isotópica, isto é, que os movimentos regressivos de cada sujeito se restrinjam à mesma tópica, à mesma economia e à mesma dinâmica. Mas, caso só se considere esse isótopo, corre-se o risco de deixar de lado o que regride de modo diferencial para cada sujeito, as variações de níveis de regressão (tópica, formal, econômica) e perdem-se de vista os investimentos, as fantasias secundárias, as identificações e os mecanismos de defesa próprios a cada um deles. É precisamente essa diferença de potencial entre a regressão comum e as regressões diferenciais que é o princípio do trabalho psíquico nos dispositivos pluri-individuais.

Outro exemplo permite compreender que as representações das origens são estruturas antropológicas comuns a todos os seres humanos, mas que elas os diferenciam modulando-se em formas psíquicas diversas, que vão das fantasias das origens aos "romances" individuais, familiares e grupais, chegando até as mitologias próprias das grandes áreas culturais. Os grupos fabricam uma representação comum e compartilhada da origem do grupo e de cada um no grupo. A representação de uma suposta origem comum e compartilhada deixa em aberto a questão do que é e do que *não é* comum e compartilhado com outros.

O comum e o partilhado na situação psicanalítica de grupo

Nos dispositivos psicanalíticos de grupo, os processos e as formações psíquicas comuns e compartilhadas revelam-se em primeiro plano, porque são justamente o material de que é feito o vínculo entre os sujeitos. É preciso que esses espaços se constituam para que a análise de sua consistência e de suas funções, para o conjunto e para cada um, seja possível. Damos, então, particular atenção ao processo de reunião ou de emparelhamento das formações da psique de cada um que são exigidas e combinadas na construção do espaço psíquico comum e compartilhado.

Em meus primeiros estudos, a concepção desse espaço foi correlativa à de um *aparelho psíquico grupal*, cujo trabalho consiste em construir, conter e transformar a realidade psíquica do grupo e apoiar a construção dos aparelhos psíquicos singulares. Nessa construção, as propriedades estruturais e funcionais das fantasias originárias, dos complexos familiares, das imagos e da imagem do corpo são particularmente exigidas. Esses "grupos internos" são os organizadores inconscientes do espaço psíquico comum e compartilhado do grupo. Essa perspectiva foi progressivamente se ampliando para formar a base do modelo de um *aparelho psíquico do vínculo*, cujas fórmulas são declinadas no grupo, na família, no casal e nos conjuntos institucionais (KAËS, 1976, 1993, 1994).

Consequências sobre o sonho: o espaço onírico comum e compartilhado

Ao terminar este capítulo, fica clara a ideia de que não podemos mais considerar os sonhos apenas como a realização alucinatória de um desejo em suas funções homeostáticas de descarga. As maneiras de conceber a vida psíquica, o processo do tratamento e o trabalho do analista com o analisando evoluíram desde *A interpretação dos sonhos*. O eixo da investigação deslocou-se para questões que concernem à formação do sonho e suas funções nos espaços psíquicos comuns e compartilhados.

Supus uma pluralidade de espaços psíquicos e levantei a hipótese de que o sonho é fabricado, em parte e em certas condições, nos lugares onde o psiquismo se constitui: no espaço psíquico interno, onde se apoia no corpo pulsional e no desejo inconsciente do sonhador, e no vínculo com o outro, no espaço psíquico comum e compartilhado. A fonte e o sentido da experiência onírica provêm das intrincações desses espaços psíquicos. Essa hipótese não invalida a ideia de que o espaço do sonho seja um espaço pessoal: ela se inscreve, no que se refere a sua fonte, seus conteúdos e suas funções, numa outra experiência. É o que tentaremos descrever.

Escutemos primeiro a história que Heródoto relata em *Polimnia*.

O sonho de Artaban

> "Xerxes prepara uma nova expedição contra os gregos, expõe os motivos desta perante os dignitários do Império e convida-os a lhe darem sua opinião. Recebe o apoio entusiasta de seus generais, mas um homem permanece silencioso, seu tio Artaban, que acaba tomando a palavra apenas para recomendar prudência a Xerxes: convida-o a desistir de uma guerra a que nada o obriga e a dispensar a Assembléia. O Grande Rei irrita-se com isso e decide manter seu projeto. De noite, na solidão e na calma, as palavras ponderadas e firmes de Artaban voltam-lhe à mente e o deixam inquieto, a ponto de duvidar de sua decisão. Em seu sono, porém, aparece-lhe uma visão, a de um homem 'alto e belo', que o incita a manter sua primeira decisão. Apesar da mensagem, no dia seguinte anuncia a seu conselho que desiste da guerra para manter a paz: decisão recebida com alegria pelos persas. É então que a vontade do espectro guerreiro se manifesta de novo na noite seguinte, num segundo sonho: o homem ameaça Xerxes e prediz sua ruína se não fizer a guerra contra os gregos.
>
> Apavorado, Xerxes convoca Artaban, fala-lhe da insistência do fantasma que o visita a cada noite, de seu temor de ofender o deus que o envia e cuja vontade é que haja guerra contra os gregos. Para ter certeza de que tal é a vontade divina e convencido de que essa vontade se imporia a qualquer um que estivesse em seu lugar, Xerxes propõe a Artaban vestir seu traje, sentar-se no trono e em seguida ir dormir em seu próprio leito. Antes de executar a ordem do Rei, Artaban dá-lhe esta surpreendente aula sobre o sonho: 'os sonhos que, errantes, vêm obsedar os homens, não são enviados pelos deuses. Eles são o que eu, um homem muito mais velho que você, vou lhe dizer: aquilo que em geral nos vem obsedar em sonho sob a forma de visões é aquilo em que pensamos durante o dia...'. Mas aceita o teste proposto pelo Rei: se a visão tiver alguma origem divina, que então ela se mostre a ele assim como ao Rei e lhe dê ordens. Tendo adormecido, o mesmo fantasma, que percebeu o ardil e o reconhece como sendo Artaban e não Xerxes, aparece e ameaça-o por sua vez para que se junte ao projeto de Xerxes. Artaban desperta e se precipita ao encontro do Rei, relata-lhe o sonho que o visitou e pede-lhe que se submeta à vontade sobrenatural que se impõe a eles: é preciso fazer essa guerra.

Apesar da fala sensata de Artaban e de sua concepção racional do sonho, o desejo de fazer a guerra ressurge e triunfa. A armadilha identificatória funcionou perfeitamente, apesar das reticências dos dois homens. O conflito que os atravessa, assim como à Assembleia dos conselheiros, resolve-se quando os sonhos coincidem e os sonhadores se encontram no mesmo espaço: o do poder do dia e do desejo da noite.

2. O espaço onírico originário

O feto sonha no ventre materno? Embora os neuropsicólogos tenham registrado uma atividade cerebral que permite pensar que o bebê sonha *in utero*, nada sabemos nem sobre a qualidade da experiência onírica nem sobre o conteúdo desses sonhos, pois o feto não os relata.[1] Supor reminiscências recoloca a questão das marcas precocíssimas e de suas transformações. E, supondo que o feto sonhe, sonhará ele num espaço psíquico comum ao da mãe? Tampouco sabemos. Mas sabemos que a mãe, o pai e o meio familiar sonham o bebê que virá. Sonham "um filho" imaginário, narcísico, edipiano, sonham com um filho divino ou heróico, sonham com monstros ou filhos mortos. Pode acontecer também que o bebê imaginário não encontre nenhum lugar no espaço onírico dos pais.

O berço psíquico do recém-nascido e as origens da atividade onírica

Freud foi o primeiro a nos falar desse espaço onírico pré-natal quando, em *Sobre o narcisismo: uma introdução* (1914), diz que "Sua Majestade, o Bebê" foi sonhado pela mãe quando estava em seu ventre e já antes de se fixar ali por ela, pelo pai e por todo o grupo familiar. O filho é sonhado como portador da esperança de realizar os "sonhos de desejo irrealizados" daqueles que o precederam e o geraram. É sobre esses "sonhos de desejo irrealizados" que o bebê apoia, escreve Freud, seu narcisismo primário. A mãe e todos os outros sonham o bebê imaginário, incluem-no em seus sonhos, atribuem-lhe um lugar. Nesse momento, a psique do *infans* não está separada da de cada um daqueles que, juntos, formam seu *berço psíquico*. A vinda ao mundo de uma criança inscreve-a na organização onírica inconsciente do casal parental e da família. É nessa organização que seu próprio desenvolvimento afetivo, mental e relacional poderá dar-se, segundo linhas de força e estruturas em parte preestabelecidas por seus sonhos comuns. Suas primeiras identificações, seus primeiros vínculos, seus

---

[1] C. Druon (1998) analisou os estudos sobre o sono e a vida onírica em medicina neonatal. Lembra que, por esse motivo, as possíveis hipóteses sobre os sonhos nos prematuros são bastante problemáticas.

ideais, seus mecanismos de defesa, seu pensamento estarão apoiados nesse berço psíquico e por ele.

Inúmeras proposições defendem a hipótese de uma abertura da psique do *infans* para a psique dos outros mais próximos. O que Bion (1963) chamará a função materna de devaneio enraíza-se nesse espaço onírico pré-natal; ela se desenvolve quando se estabelece o processo interpsíquico entre a mãe e a criança: a atividade de devaneio da mãe sustenta a introjeção da função-alfa pelo bebê, que dela se nutre para formar sua própria capacidade de sonhar. A psique da criança contém os traços da capacidade onírica da mãe. Essa proposição, aceita pela maioria dos autores que estudaram o sonho na família[2] e no grupo,[3] também é válida no espaço analítico do tratamento.[4]

Os estudos de D. Meltzer levaram-no a admitir a existência de um estado primitivo da psique, cujos contornos imprecisos e fronteiras mal definidas criam zonas indistintas. Referências nesse mesmo sentido tampouco estão ausentes na obra de M. Mahler. H. Searles, por sua vez, supôs em todo indivíduo uma tendência a estabelecer "relações simbióticas", que demonstram a sobrevivência em cada um de nós de um estado original de indivisão e de indistinção entre si mesmo e os outros. É uma ideia análoga que J. Bleger propõe com o conceito de vínculo sincrético.

Todos esses estudos, incluindo aqueles expostos no capítulo 1, reforçam a noção do que chamarei um berço onírico originário, lugar primeiro do espaço psíquico comum e posteriormente compartilhado. A gênese desse espaço repousa sobre três principais processos: a inclusão da psique do *infans* na psique de um outro ou de mais-de-um-outro, essencialmente a mãe e seu conjunto de referência; a formação de partes comuns à psique dos sujeitos de um mesmo conjunto; a construção de espaços psíquicos comuns a vários sujeitos e compartilhados por eles.

1. O EFEITO DO SONHO MATERNO SOBRE SEU BEBÊ

Relativamente raros, contudo, são os estudos que levaram em consideração a existência e os efeitos dessas hipóteses sobre os espaços oníricos comuns pré-natais e pós-natais. São espaços a que é possível ter acesso nos

---

2 Particularmente A. Ruffiot e E. Granjon.
3 Por exemplo, M. Bernard, R. Friedman, E. Gaburri, R. Kaës, A. Missenard, C. Neri, M. Pines, J. Villier.
4 R. Ogden: "um sonho [...] é gerado no espaço analítico intersubjetivo do sonho" (1996, p. 896 *apud* FRIEDMAN, 1999).

atendimentos mãe-filho, pois geralmente é devido a um distúrbio desse espaço que os pais (a mãe, na maioria dos casos) pedem uma consulta. Trata-se, muito frequentemente, de distúrbios na capacidade de sonhar. Um exemplo permitirá mostrar como o berço onírico originário e os processos que o sustentam falham e podem transformar-se no transcurso de uma psicoterapia.

O despertar do filho morto pelo sonho materno

A. Missenard (1987) comentou o caso de um bebê de quatro meses atendido por L. Kreisler devido a graves distúrbios do sono, acompanhados de agitação, berros e dificuldades alimentares. Nascido em estado de morte aparente, o bebê fora reanimado. Durante a anestesia, a mãe tivera um choque grave e quase morrera. A história que precedeu ao nascimento da criança está excepcionalmente marcada pela morte e por doenças dos irmãos da mãe: ela mesma fizera um aborto um ano antes e sua irmã mais velha perdera um bebê *in utero*. Durante a gravidez, perdera outra irmã por morte violenta e no mês seguinte um irmão contraíra repentinamente uma doença grave. Para prevenir um parto prematuro, tivera de permanecer em repouso durante os últimos meses da gravidez. A mãe diz que não sonha mais.

Durante a consulta, L. Kreisler questionou o diagnóstico do pediatra que acompanhava o bebê quanto ao caráter orgânico dos distúrbios deste, questionamento que a mãe aceitou. Dessa forma, Kreisler abriu caminho para uma exploração do mal-estar *atual* do bebê e da mãe relacionando-o com os acontecimentos ocorridos antes e durante a gravidez. Na consulta seguinte, da qual participaram o pai e a mãe, os distúrbios do bebê tinham desaparecido. A mãe relata então que, por ocasião da morte da irmã, temera abortar e se esforçara para refrear sua tristeza. Depois, conta espontaneamente o seguinte sonho:

> "Uma refeição, a grande mesa familiar onde não falta ninguém. Jeanne (a irmã morta) conversa e ri; ninguém se espanta; no entanto, todos sabem que ela está morta".

Em seu comentário, A. Missenard sublinha a correlação entre o restabelecimento da capacidade de sonhar da mãe e o questionamento por parte de L. Kreisler do diagnóstico organicista sobre a doença do bebê. O retorno do sonho está diretamente ligado à retirada da trava repressiva que ela impusera a sua tristeza por ocasião da morte da irmã. Ao propor à mãe que por trás dessa trava, mantida por sua adesão ao diagnóstico médico, talvez houvesse uma outra realidade – psíquica desta vez –, L. Kreisler tocou na parte dela mesma que fora reprimida e que podia voltar a ficar acessível. O sonho pôde restabelecer o vínculo entre os afetos reprimidos na mãe e a figura da irmã morta e, através dela, de todos os bebês mortos. Seu próprio bebê não encarnava mais a figura do filho morto.

A. Missenard indaga-se em seguida sobre os mecanismos e sobre as modalidades da ação do sonho materno sobre a evolução da criança. Não responde diretamente a essas perguntas, mas traça seu pano de fundo lembrando que a psique do bebê ainda não tem limites próprios, que seu funcionamento, essencialmente psicossomático, está ligado ao lugar que ele ocupa na psique materna. Ressalta, além disso, o caráter "direto, imediato e mais precoce que qualquer relação de objeto" (FREUD, 1923, trad. fr., p. 242) dos vínculos de identificação primária entre mãe e filho. Menciona também o papel desempenhado pelas identificações projetivas empáticas, onde os vínculos se formam a partir da projeção de si no objeto e da identificação de partes do objeto com partes de si. Por fim, lembra a importância dos vínculos do narcisismo primário na unidade dual mãe-filho.

O aparelho psíquico da mãe e do bebê num espaço psíquico comum e compartilhado

Todas essas características são essenciais para compreender as condições que presidem à formação de um espaço onírico comum. Resumo-as no esquema abaixo, que representa o espaço psíquico comum do aparelho psíquico da mãe e do bebê, parcialmente passível de se sobrepor e ser compartilhado.

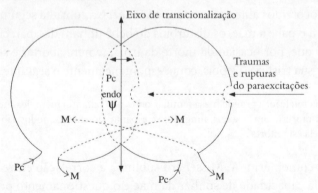

Esquema 7 – O aparelho psíquico da mãe e do bebê num espaço psíquico comum e compartilhado

A parte central do esquema representa um espaço de percepções endopsíquicas parcialmente comuns. Na medida em que a psique do bebê é coextensiva à da mãe, seus limites estendem-se até incluir os do bebê. O processo que une esses dois espaços numa tópica comum é gerado pelo regime das identificações primárias diretas e sobretudo pelas identificações projetivas não patológicas, de modo tal que sejam satisfeitas as exigências do narcisismo primário comum. As identificações primárias e o narcisismo primário estão contidos no espaço central comum.

As identificações primárias e as formações do narcisismo primário podem tropeçar, como é o caso no par mãe-bebê tratado por L. Kreisler, nos efeitos destruidores das vias de descargas psicomotoras (M) da mãe no bebê e do bebê na mãe. Elas são afetadas pela repercussão das experiências traumáticas da mãe no espaço psíquico comum a ela e a seu bebê, dificultando então a formação de um envoltório paraexcitador próprio a cada um. A clivagem entre a mãe e uma parte dela, aquela portadora de desejos de morte de filhos e que seu bebê representava para ela, perturbou seriamente os vínculos precoces necessários para a formação da vida psíquica, de modo tal que eles não puderam se estabelecer de maneira confiável e produzir efeitos de simbolização.

Se, sobre essas bases, tenta-se entender como se constitui o espaço onírico comum, poderíamos dizer que, enquanto a mãe não sonha, o bebê berra e se agita. Ele mesmo nasceu "no trauma" do nascimento. O trauma comum à criança e a sua mãe (as mortes próximas, sobretudo aquelas ligadas ao nascimento, seu próprio risco de morte) compromete, em ambos, a ação do Pré-consciente: no bebê, sua formação, na mãe, seu funcionamento.

O restabelecimento da capacidade de sonhar na mãe

No próximo esquema, assim como no anterior, representei o processo de diferenciação das psiques por um eixo de transicionalização do vínculo paradoxal que caracteriza a unidade dual. Esse eixo se constitui, ou se reconstitui, a partir da intervenção de L. Kreisler e sustenta o restabelecimento da capacidade de sonhar na mãe.

É importante notar que a capacidade de sonhar se restabelece na mãe no âmbito da situação terapêutica estruturada pelo espaço transferencial-contratransferencial (E [Tf-Ctf]). Ao restituir um espaço psíquico à mãe, L. Kreisler restabelece a ligação afeto-representação e a função do Pré-consciente. Na transferência, a mãe sonha e o sonho restabelece a comunicação interna com a figura reprimida do morto (a irmã morta e as figuras dos bebês mortos). O sonho ocorre na mãe no momento em que sua experiência traumática pode ser contida e figurada por meio do sonho, mas sua experiência precisa primeiro ter sido reconhecida, contida e transformada ("pré-digerida") por um outro sujeito, neste caso, o pediatra.

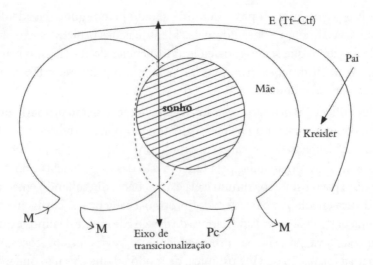

Esquema 8 – O restabelecimento da capacidade de sonhar na mãe

O sonho se dá no espaço psíquico da mãe, com derivação para o espaço psíquico do bebê, que, a partir daí, é transformado por ele: a partir do momento em que o bebê não encarna mais o filho morto para a mãe, o bebê abandona seus sintomas. O restabelecimento do espaço onírico da mãe, pelo sonho que figura a superação da recusa da morte de uma pessoa querida, restabelece, ao mesmo tempo, a criança num espaço psíquico interno apaziguado. Pode-se também dizer que o restabelecimento da função do paraexcitações na mãe (o envoltório de sonho sustentado pelo enquadramento terapêutico, pela palavra de L. Kreisler e pela transferência que a mãe faz para ele) cria as condições interpsíquicas para o desenvolvimento do paraexcitações no bebê. A incapacidade de sonhar da mãe mantinha os agires e a somatização de seu bebê; ao renunciar a seu bebê sintoma, restabelece uma relação simbólica com seu bebê vivo. No mesmo movimento, a mãe restitui um lugar ao pai: esse lugar é ocupado primeiro por L. Kreisler, que fornece à mãe uma representação psíquica de seu mal-estar e do do bebê, e depois pelo próprio pai, que vem à sessão consecutiva ao sonho.

Em seu comentário, A. Missenard lembra que para cada um dos membros do casal e da família, os irmãos e irmãs, eventualmente outros membros da família, a chegada de um recém-nascido provoca movimentos regressivos que põem cada um em contato com as partes infantis de sua própria história, e sobretudo com os mitos familiares nos quais estão representadas as figuras ancestrais e o lugar que os filhos devem ocupar na família. A. Missenard conclui sua análise com uma afirmação que os estudos sobre a transmissão da vida psíquica entre as gerações confirmaram amplamente: o que não pode ser representado na psique materna é deslocado para a psique da criança.

Se o sonho está ligado a essa organização psíquica inconsciente transmitida e compartilhada, abrem-se dois caminhos para a atividade onírica. Pode-se supor que as inscrições que deixaram traços na psique da mãe ou do pai, mas que não puderam ser representados nela e primeiro transformados por um processo de simbolização primária, não podem reaparecer nos sonhos da criança se ela não dispuser do aparelho de transformação que o sonho é. O sonho é substituído pelo sintoma somático: a criança não pode sonhar o que os pais não puderam transformar. Em contraposição, quando os pais, e especialmente a mãe, mas também qualquer outro sujeito que cumpra uma função onírica num espaço comum e compartilhado, podem transformar por seus sonhos as inscrições fantasmáticas que congelam a criança numa cena mortífera, esta ganha acesso a uma outra organização de seu espaço psíquico.

Essa observação confirma uma das funções importantes da psique materna: garantir para o bebê a proteção contra suas excitações e constituir para ele os elementos de um aparelho para pensar os pensamentos (Bion descreve essa atividade como a da função-α). A função de porta-voz que a mãe exerce para o *infans* (Castoriadis-Aulagnier) cumpre essa dupla função de paraexcitações e de construção do aparelho de linguagem. Os estudos de R. Debray sobre a função do pré-consciente parental na estruturação da vida fantasmática do bebê devem ser lembrados aqui.

Todas essas funções contribuem para definir a consistência do espaço psíquico comum e compartilhado. De acordo com os critérios da tópica proposta por P. Aulagnier, eu suporia um espaço originário comum governado pelos pictogramas (positivo ou negativo) de união ou de rejeição das partes somáticas e oníricas comuns, depois um espaço primário caracterizado pela fantasia do envoltório comum da mãe e da criança, em seguida um espaço secundário especificado pelos pensamentos sobre esse espaço quando este se diferencia. Provavelmente é sobre esses pictogramas e sobre essa fantasia que repousam a formação e os efeitos do espaço onírico originário comum.

No começo deste capítulo, supus que a gênese do espaço psíquico comum e compartilhado repousa sobre três principais processos. A análise desse caso esclarece suas qualidades e modalidades específicas. Aqui, a inclusão da psique do *infans* na psique da mãe e de seu conjunto de referência se dá sob a forma de um objeto mortífero com o qual ela não pode sonhar. Existem de fato partes comuns à psique da mãe e do bebê, sujeitos de um mesmo conjunto: mas essas partes comuns são as do trauma que os afeta. Pode-se, por fim, identificar espaços psíquicos comuns a vários sujeitos e compartilhados por eles: é o que subsiste do vínculo entre a mãe e seu bebê, é também o que o terapeuta reanima ao fazer o bebê entrar no espaço onírico materno. Portanto, o sonho aparece como o "lugar da comunicação primordial inconsciente" (segundo a formulação de J. Guillaumin), ao mesmo tempo no espaço intrapsíquico da mãe e no espaço comum e compartilhado que a liga a seu bebê.

2. O ESPAÇO ONÍRICO FAMILIAR

Toda a tradição psicanalítica freudiana afirma que o sonho é uma produção própria e íntima do sonhador, que ele desempenha funções estritamente intrapsíquicas e é prova da organização dinâmica, tópica e econômica do aparelho psíquico individual. Começamos a estabelecer um outro ponto de vista: o sonho exprime também e ao mesmo tempo a organização e o funcionamento do espaço intersubjetivo. Mais ainda: não só esse espaço forma o berço da capacidade de sonhar, como contém também os traços de experiências que não deixaram representações na psique de seus sujeitos constituintes. Os estudos decorrentes do trabalho psicanalítico com famílias e casais dedicaram muita atenção a essas qualidades da experiência onírica nesse espaço matricial da psique.

Os estudos psicanalíticos realizados a partir dos dispositivos de psicoterapia familiar foram precedidos dos trabalhos dos psicanalistas que elaboraram práticas de tratamento e de psicoterapia no âmbito de grupos que congregavam sujeitos que não tinham entre si laços familiares.[5] Foulkes achava que nos grupos terapêuticos conduzidos de acordo com um protocolo psicanalítico, "o indivíduo restabelece as condições de sua rede primitiva de origem, tal como foi vivenciada na família". Nos dispositivos psicanalíticos de grupo, os sonhos foram objeto de grande atenção. Contudo, na medida em que o estatuto e a função do sonho na família concernem em primeiro lugar à construção do espaço onírico originário comum, não vou tratar do espaço onírico grupal neste capítulo, mas sim mais adiante (capítulo 4). Exporei, então, a tese proposta por D. Anzieu a partir de 1965: o grupo é, *como* o sonho, o meio e o lugar da realização imaginária dos desejos inconscientes infantis.

---

5 Os estudos psicanalíticos sobre os grupos forneceram vários conceitos e alguns modelos de inteligibilidade do grupo familiar. Na França, vários autores (A. Ruffiot, J. Lemaire, A. Eiguer, E. Granjon) concordam em conferir ao grupo familiar o caráter de grupo. A família é um grupo humano específico, organizado pelos laços de consanguinidade e de alianças, de geração e de filiação. Um sistema de regras e de interditos estrutura e rege esses vínculos; o romance familiar e o mito da família dão uma versão deles que situa cada um num lugar em relação a um Ancestral ou a um casal fundador. Conhecemos as características e as propriedades desse espaço graças aos estudos realizados no âmbito das terapias familiares psicanalíticas de famílias com sintomatologia psicótica.

O espaço onírico em terapia psicanalítica da família

O grupo familiar forma um espaço psíquico específico, onde se constituem, se depositam, se tecem e se transformam elementos fundamentais da vida psíquica de cada um. A consideração da especificidade desse espaço em relação ao espaço psíquico do sujeito considerado em sua singularidade abre perspectivas inovadoras sobre as relações entre esses dois espaços. A análise do sonho da mãe que faz renascer para a vida psíquica seu bebê que se tornara portador de seus objetos mortos já nos mostrou a importância dessa *conjunção de subjetividade*.[6] Um dos problemas centrais destacados pelos estudos da psicoterapia psicanalítica da família é o dos traços da experiência originária não inscritos no inconsciente do sujeito.[7] A psicopatologia reconhece essa situação nos pacientes psicóticos e psicopatas, em alguns tipos de doentes psicossomáticos e nos anoréxicos graves.

Esses estudos mostram constantemente que o grupo familiar é um espaço de inscrição, fora da psique "individual", desses traços de experiências não submetidos ao recalcamento. A clivagem, a recusa e a rejeição constituem os meios de defesa desses sujeitos. O que se pode pensar agora é que a rejeição para fora da psique "individual" se dá num espaço *extratópico*, pluripsíquico, onde é depositada e onde produz efeitos diversos na psique dos membros da família e em seus vínculos. Pode-se assim imaginar a primeira forma de um aparelho psíquico de dimensão pluripessoal, em certos aspectos interpsíquico e, em outros, transpsíquico. Foi nessa perspectiva que propus o modelo de um aparelho psíquico grupal, organizador de um espaço psíquico comum e compartilhado e dos vínculos entre os sujeitos que o constituem.

Foi esse tipo de aparelho psíquico que despertou o interesse de A. Ruffiot, cujos trabalhos pioneiros realizados na década de 1970 merecem toda a nossa atenção. No modelo que construiu, A. Ruffiot apoiou-se em três conceitos fundamentais. O primeiro, o de *psique pura*, descreve o estado da psique antes de sua ancoragem corporal progressiva. A. Ruffiot toma esse conceito de D. W. Winnicott, que supõe um estado primário de não integração psique-soma durante o primeiro ano de vida do bebê. Essa hipótese renova a questão do

---

[6] Emprego esse termo para descrever a interdependência entre esses dois espaços psíquicos: o do nível do conjunto e dos vínculos que nele se tecem, e o do nível dos indivíduos que formam esse conjunto e que nele constroem sua própria subjetividade. Essa interdependência produz efeitos que o modelo do aparelho psíquico grupal descreve em seus princípios gerais.

[7] Após vários anos de prática, A. Ruffiot propôs a seguinte definição da psicoterapia familiar psicanalítica: "é uma terapia pela linguagem do grupo familiar como um todo, fundada na teoria psicanalítica dos grupos. Visa à autonomização dos psiquismos individuais de cada um dos membros da família por meio da reatualização, graças à transferência, do modo de comunicação mais primitivo da psique e por meio do restabelecimento da circulação fantasmática no aparelho psíquico grupal (familiar)" (1981, p. 45).

narcisismo primário, que só pode ser uma vivência psíquica pura, plena realização alucinatória de desejos. A. Ruffiot observa que nas famílias com sintomatologia psicótica, o modo de existência predominante caracteriza-se pela tentativa de se libertar da corporeidade individual, de negar as diferenças sexuais e intergeracionais. O regime da psique pura seria, portanto, o fundamento da comunicação inconsciente mais primitiva na família.[8]

O segundo conceito utilizado por A. Ruffiot é o de *aparelho psíquico familiar*, que ele constrói com base no modelo do aparelho psíquico grupal. A. Ruffiot utiliza esse conceito para dar conta da formação da realidade psíquica familiar e dos processos de interfantasmatização entre os membros da família; dessa forma, reconhece e nomeia uma entidade específica, a psique familiar. Esclarece que o aparelho psíquico familiar é de tipo onírico, e que o processo terapêutico destaca desse fundo comum as psiques claramente diferenciadas dos membros do grupo familiar.

O terceiro conceito é o de *holding onírico*, graças ao qual A. Ruffiot descreve uma modalidade específica do trabalho terapêutico com as famílias: a resposta onírica de um membro da família a um outro membro da família. Esse terceiro conceito é provavelmente a descoberta mais original de A. Ruffiot, e podemos avaliar sua importância quando ele escreve:

> Em nossas terapias de grupo com funcionamento psicótico, assistimos à emergência progressiva desses traços de sofrimento originário na psique familiar fusional, que é reatualizada pela regressão resultante da associação livre de todo o grupo familiar. Esse fenômeno notável sempre causa espanto nos terapeutas familiares: não é nos relatos que os pais fazem da primeira relação com o mundo da criança que será um futuro psicótico, não é na reconstituição pelos pais ou irmãos e irmãs mais velhos dos fatos traumáticos da primeira infância que reaparecem as representações capazes de preencher o vazio psicótico; é nas produções oníricas de um ou outro membro do grupo familiar que retornam os traços representativos que podem então inscrever-se no psiquismo individual do portador de sintomas psicóticos (1973, p. 17, desenvolvimentos mais extensos em RUFFIOT, 1981).

O papel primordial desempenhado pelas produções oníricas familiares para que voltem a funcionar os processos de interfantasmatização dentro da família levou A. Ruffiot a solicitar os sonhos produzidos nas famílias psicóticas tratadas por ele e a trabalhar com os processos associativos que seu relato provocava.

---

8 A. Ruffiot, e depois dele J.-P. Caillot e G. Decherf (1981), estabeleceram que numa fase intermediária da integração psique-soma, o bebê, antes de habitar seu próprio corpo, habita os corpos de seu meio familiar, sendo este percebido como um todo. A noção de Ego familiar dá conta dessa etapa intermediária. Essa primeira ancoragem do corpo do bebê no corpo familiar define um espaço psíquico comum no qual ainda não estão totalmente diferenciados os corpos e as psiques dos membros da família.

Essa inscrição da *solicitação dos sonhos* nas regras de funcionamento da terapia familiar psicanalítica apenas constata o efeito terapêutico de tornar comuns os sonhos familiares. O conceito de *holding* onírico familiar é sua consequência teórica, e gostaria de expor de forma mais precisa todo o seu alcance.

A. Ruffiot descreve o *holding* onírico familiar como resultado de um processo regressivo para um nível arcaico, por meio do qual a psique dos membros da família "se derrama sem entraves na psique dos outros" (*loc. cit.*). A função onírica dos pais e dos irmãos e irmãs "desencadeia-se para conter a psique sem limites do paciente psicótico: o onirismo familiar, em sua função--alfa renascente tem por virtude re-conter as vivências sem traços da primeiríssima idade, essa vivência real *não experienciada*, não simbolizável, que só se manifesta como puro afeto" (*ibid.*). A. Ruffiot sublinha que o onirismo dos membros da família preenche um buraco na experiência psíquica originária, hiato do pensar e do sonhar que reaparece no delírio e na alucinação:

> Dessa forma, os sonhos familiares vêm dar não só limites, mas também um conteúdo a essa falha primordial no pensar de um dos seus. É como se as psiques materna, paterna e fraterna pusessem ou repusessem à disposição do portador dos sintomas psicóticos sua função-alfa sob a forma de sonhos, de lembranças e de associações, de modo tal que este possa simbolizar neles suas vivências beta corporais brutas (o impensado), sua angústia psicótica crua, seus pesadelos-alucinações, e inscrever traços mentais (do pensamento) no lugar dessa vivência não experienciada. Assim, o aparelho onírico familiar parece destinado a sustentar a mentalização deficiente do paciente psicótico, fortalecendo-a num inconsciente grupal matricial comum a todos os membros da família (*ibid.*).

Um último esclarecimento sobre o originário, noção à qual A. Ruffiot recorre para explicar o pano de fundo sobre o qual se desenrola a fantasmática familiar e grupal. Retomando a hipótese de P. Castoriadis-Aulagnier sobre o originário e a primeira forma de produção psíquica que lhe corresponde, o pictograma, A. Ruffiot (1983) levanta uma hipótese audaciosa: o pictograma só pode inscrever--se no aparelho psíquico individual por um efeito de reflexo na psique grupal familiar. O pictograma "é uma espécie de escrita em espelho ilegível sem o espelho familiar".

Análise de alguns sonhos

A. Ruffiot forneceu vários exemplos da função do onirismo familiar no curso do processo terapêutico da família. Escolherei um, o tratamento de uma família na qual os sonhos maternos permitiram recompor o impensado da infância e do delírio da filha, chamada Cécile. Entre os temas delirantes desta, o tema da filiação imaginária exprimia-se de diversas maneiras. Cito o relato que A. Ruffiot faz (1979, retomado em 1981, p. 88-93): "em meu primeiro delírio, diz Cécile, minha mãe *tinha me perdido* quando eu era bebê, eu a via de tempos em tempos e tinha de reconquistá-la a cada vez. Quanto a meu pai, não o encontrara muito. Fora criada por pessoas estranhas a minha família". Cécile diz também que tem pais adotivos (seu pai e sua mãe reais), mas que seus verdadeiros pais são dois homens: *um é japonês*, o outro, senegalês; que não teve mãe e que a senhora que lhe dá abrigo, sua mãe real, é, na verdade, um homem. Em eco a esses elementos da vivência delirante de Cécile, A. Ruffiot anota dois sonhos maternos:

> "Eu estava num trem. Era de noite, mas estava claro. Todo o mundo dormia, exceto eu. Um senhor japonês estava a meu lado, cochilava em meu braço, como um bebê. Eu tinha uma sensação de comunicação perfeita com ele, sem palavras, uma sensação de bem-estar. Tomava cuidado para não despertá-lo".

Esse sonho é seguido de outro, ainda num trem, numa viagem em companhia de Cécile. A mãe sonha que para numa estação e percebe que Cécile não desceu. O trem parte. Segue-se uma sequência muito angustiante:

> "O que Cécile ia fazer no terminal? Ela vai se perder. Eu corria, havia trilhos por toda parte. Alguém diz para eu sair para o lado, um outro trem estava chegando. Começo a correr de novo para ir telefonar na estação para que digam a minha filha que me espere no terminal. Mas eu tinha de dizer para a telefonista qual a mensagem a ser transmitida. Eu estava muito angustiada, não era da conta dela. Corri para o ponto de táxi; não tinha nenhum. O problema era insolúvel. Acordei suando".

A. Ruffiot observa que os conteúdos dos sonhos relativos aos trens, às estações e aos sentimentos catastróficos de abandono, de perda e de ausência a eles relacionados suscitam um material associativo abundante. A mãe leva seu bebê de três meses junto com ela na estação onde trabalhava. O primeiro ataque delirante de Cécile teve como contexto duas estações onde ficava esperando a mãe com uma sensação de morte de que o delírio mal dava conta. Na análise que propõe, Ruffiot destaca a fusão dos aparelhos psíquicos materno e infantil através das trocas sem fronteiras entre os dois aparelhos de sonhar. O onirismo materno, em sua função-alfa renascente, tem por virtude reconstituir, reconter as vivências sem traços, não simbolizáveis, da primeiríssima idade e dos períodos psicóticos agudos da jovem. Nota que no tratamento individual, essa vivência sem traços só pode reaparecer na transferência e na realidade do analista, e que no âmbito da psicoterapia familiar psicanalítica, pode sair do inefável e ser representável através da atividade onírica dos pais. Os pais e os irmãos e irmãs oferecem suas fantasias e seu espaço onírico para que seu filho psicótico possa projetar nele suas vivências insuportáveis dos primeiros meses da vida e superar as posições psicóticas arcaicas.

É essa a consistência do *holding* onírico. Mas os efeitos deste só podem de fato ser entendidos se admitirmos a ideia de uma gerência interpsíquica, ilustrada pela função do sonho materno para Cécile, condição do restabelecimento da capacidade onírica nesta. Trata-se de uma aliança onírica destinada a reanimar a vida psíquica de ambas.

Gostaria de tecer alguns comentários, não sobre o caso, mas a respeito desse caso. O primeiro concerne à *articulação entre as partes recalcadas e não recalcadas do inconsciente*. A. Ruffiot fala, com razão, de um espaço onírico comum ao se referir ao onirismo familiar, fundamento do aparelho psíquico familiar primário de onde emergem progressivamente as psiques singulares e a integração psique-soma. Estou plenamente de acordo com essa proposição, confirmada, aliás, não só pelo conjunto dos trabalhos psicanalíticos oriundos da terapia familiar, mas também pelo caso da terapia mãe-bebê que relatei acima e pelos estudos que realizamos sobre os grupos, como mostrarei quando a questão for exposta (capítulo 6).

A família, assim como o grupo, funciona sobre um fundo de sonho (é a tese de D. Anzieu), ambos são o lugar do emparelhamento dos inconscientes (é a tese que propus). Esclareço agora que a família e o grupo são o lugar do emparelhamento *do inconsciente recalcado e do inconsciente não recalcado*. O que não pôde ser recalcado por um sujeito e sofreu o destino da rejeição e da recusa pode metamorfosear-se em inconsciente recalcado, graças ao trabalho do sonho dos membros neuróticos do grupo e da família. Essa transformação supõe uma suspensão ou uma dissolução das alianças inconscientes e sobretudo dos pactos denegativos que garantem a manutenção no inconsciente das partes rejeitadas ou denegadas, em benefício de cada um dos membros de uma configuração vincular. Dei alguns exemplos desses pactos nos trabalhos dedicados a essa questão, e M.-Th. Couchoud (1986) mostrou de forma notável, a partir de uma terapia conjunta de uma mãe e sua filha, que esta mantinha seu funcionamento delirante para evitar o trabalho de recalcamento em sua mãe, ao passo que a mãe, por seu lado, alimentava o delírio na filha para conservar o benefício do não recalcamento nela mesma. A emergência de um espaço onírico comum e compartilhado marca o fim dessas alianças, em proveito do que poderíamos chamar uma aliança onírica: essa aliança torna possível o advento do que Ruffiot denomina um espelho onírico grupal. Mas isso pressupõe algumas condições.

Com efeito, falta compreender por que a aliança onírica possui essa virtude. A noção de espelho onírico pode pôr-nos no bom caminho: o espelho oferece uma figuração imagética do objeto, que se pode abrir em duas direções, uma é a da identidade entre o objeto e sua representação no espelho, a outra, mantém a distância entre eles. A imagem no espelho é e não é o objeto. Vários exemplos demonstram o primeiro caso e mostram a confusão entre os sonhos e os sonhadores: nesse caso, a função separadora do espelho não funciona. O relato clínico proposto por A. Ruffiot ilustra o segundo caso: o sonho de um é e *não é* o sonho do outro. Cabe, portanto, indagar-se sobre as condições que tornam possível um funcionamento onírico no qual um possa reconhecer no espelho do sonho do outro uma figuração que esboça o reconhecimento das partes comuns e compartilhadas da psique onírica. É somente sob essa condição que "o excepcional poder de transitividade do sonho que faz vários olhares distintos se encontrarem mirando-se no mesmo poço" (GUILLAUMIN, 1979, p. 41) pode produzir seus efeitos de transformação.

Mas ainda não terminamos de compreender como o sonho realiza no mais alto grau essa experiência de transitividade. Ao reavaliar a teoria do apoio e restituir-lhe seu alcance geral, expus outrora (1984) a noção de um apoio recíproco do apoiado (aqui, a função onírica do bebê) sobre o apoiante (a mãe, o grupo familiar e a atividade onírica deles), e propus a ideia de uma retomada transformadora, no transcurso do processo terapêutico, dos apoios inicialmente deficientes. Essa noção implica certo tipo de investimento pulsional que torne possível, difícil ou impossível o processo de apoio onírico. Isso significa interrogar a articulação entre o investimento pulsional do bebê pela mãe, as condições que presidem ao apoio narcísico mútuo em ambos e a emergência ou a falta da atividade onírica no espaço onírico comum e compartilhado.

Depois de A. Ruffiot, vários psicoterapeutas de família destacaram que o onirismo familiar permite a inscrição dos traços originários na psique do sujeito psicótico, em quem, até então, nada pudera inscrever-se. Os trabalhos de E. Granjon sobre as funções do envoltório genealógico familiar (GRANJON, 1986, 1987) reforçam as hipóteses de Ruffiot sobre o onirismo familiar. Seus estudos destacaram a redução dos relatos operatórios, a-fantasmáticos, quando os sonhos dos membros da família conseguem figurar a fantasia comum e compartilhada por seus membros: os sonhos ganham sentido uns em relação aos outros e se interpretam em suas relações de suporte recíproco.

O sonho como mensagem e como reparação traumática

Um trabalho de M.-F. Augoyard-Peeters (1989) analisou minuciosamente os sonhos e as associações consecutivas ao relato dos sonhos ocorridos durante a psicoterapia psicanalítica de uma família atendida ao longo de muitos anos por uma equipe de terapeutas.

Seu quadro teórico e metodológico baseia-se em grande medida nos trabalhos de A. Ruffiot, sobretudo no conceito de *holding* onírico. O postulado básico, amplamente estabelecido após a leitura de seu estudo, é que a psicoterapia psicanalítica da família mobiliza a comunhão dos sonhos dos membros da família. Essa é uma característica de todos os tratamentos desse tipo, durante os quais os terapeutas constatam regularmente a retomada da função onírica, a comunhão dos sonhos e o desenvolvimento de um trabalho associativo de todos os membros da família sobre os sonhos de cada um.

A hipótese original de M.-F. Augoyard-Peeters é de que os sonhos em psicoterapia familiar psicanalítica são *mensagens* enviadas aos membros do grupo familiar que não poderiam ser formuladas de outra forma. Elas concernem aos traumas infantis carregados de afetos de abandono e de violência, permitem revivê-los e depois trazem progressivamente à tona um desejo de reparação e o prazer do funcionamento mental recuperado. Essas mensagens oníricas estabelecem assim uma comunicação particular, que remete aos tempos das origens da família, lá onde alguns traços não encontraram até então formulações comuns e compartilháveis.

Essa proposição contradiz a ideia de Freud em *A interpretação dos sonhos*, segundo a qual, como já lembrei, os sonhos não comunicam nada. Mas essa contradição já está inscrita no *uso* que o próprio Freud, como uma pessoa qualquer, fazia do sonho, já que não deixou de contar seus sonhos a Fliess e a Marta e, por ocasião da viagem aos Estados Unidos, a C.-J. Jung e a S. Ferenczi. Talvez devamos distinguir entre a função de comunicação do sonho e seu uso na comunicação. Contudo, a posição tomada por M.-F. Augoyard-Peeters vai mais longe, já que ela afirma a concepção de uma *comunicação com destinatário* na formação do espaço onírico e na própria produção do sonho. É justamente essa tese, já proposta por Ferenczi em 1913, que é posta à prova na clínica com que ela trabalha.

Sua investigação leva-a a prestar uma atenção constante e precisa no surgimento dos sonhos, em seu relato, nas associações que suscitam e nos movimentos de repetição e de retomada elaborativa dos sonhos de uns no (e pelo) sonho dos outros. Essa atenção justifica-se pela ideia de que os sonhos perlaboram os traumas precoces vividos por todos os membros da família, individualmente, em suas relações atuais e na cadeia das gerações. Aqui, a autora se apoia na ideia freudiana de que os sonhos dos doentes afetados por uma neurose traumática obedecem essencialmente à tendência à repetição e têm por finalidade o desenvolvimento da angústia ausente por ocasião do trauma e o controle do trauma.

M.-F. Augoyard-Peeters descreve da seguinte maneira a família que deu lugar a seu estudo: os pais, em processo de divórcio, pedem uma consulta no CMPP[9] de uma cidade do interior. Seus dois filhos, Alexis e Romain, apresentam o sintoma de um atraso escolar importante com dislexia no mais velho e enurese no segundo. Graves dificuldades identificatórias parecem estar ligadas à confusão de papéis na família e às graves dificuldades vividas pelos pais em sua vida neonatal e em sua infância: morte precoce da mãe deprimida do pai, depressão do pai na adolescência, transferência precoce da guarda da mãe para outra família, tentativa de suicídio quando da separação do casal. Embora o nascimento dos dois meninos tenha transcorrido sem problemas, Alexis teve de ser hospitalizado com dois meses, e depois de novo com quinze meses; foi um bebê inquieto. Quanto a Romain, amblíope, parece não ter passado por essas experiências. Contudo, as angústias de abandono são intensas em todos os membros da família e foram vivamente reativadas pela tentativa de suicídio da mãe.

Desde o começo do tratamento e muitas vezes posteriormente, o pai parece ser o portador privilegiado dos sonhos da família toda, secundado depois por Romain nessa função de *holding onírico*. Alexis, para quem sempre faltou um espaço de sonho, beneficia-se do continente onírico familiar. Aos poucos, reconstitui sua própria função-alfa, proporcionando dessa forma, para si mesmo, os materiais dos pensamentos do sonho utilizáveis em sua própria atividade onírica.

Contudo, desde a terceira sessão, são os dois irmãos que trazem cada um um sonho muito semelhante: ambos refletem a situação de separação dos pais e seu desejo de que voltem a ficar juntos. O sonho cumpre aqui sua função de espelho familiar. Em seguida, outros sonhos angustiados de Alexis (naufragar, afogar-se, cair, sufocar, ser esmagado) permitirão aos pais reconhecer suas próprias angústias infantis e as de seus filhos, os sonhos funcionando mais uma vez como espelho da família.

As angústias ligadas a experiências ou a fantasias de violência, de abandono e de depressão vão aparecendo pouco a pouco nos sonhos, sobretudo nos do pai, mobilizando progressivamente as fantasias dos membros da família e lembranças recalcadas. Os conteúdos de alguns sonhos são às vezes retomados vários meses depois em sonhos de outros membros da família. Esses sonhos repetitivos, pós-traumáticos, retomados em eco, concernem aos acontecimentos ligados às tentativas de suicídio da avó materna e da mãe, a cenas violentas entre pais, mas concernem também a vivências de abandono

---

9 N.T.: Centro Médico Psicopedagógico, instituições destinadas à profilaxia, diagnóstico e tratamento de distúrbios de adaptação de crianças e adolescentes.

e a fantasias sexuais. A repetição e a reprodução em eco dos sonhos conduzem cada um, e toda a família, para outras vias associativas, que sustentarão as elaborações de suas angústias arcaicas, das fantasias de cena primitiva sádica, em seguida de seus desejos de destruição e de morte dos pais. Os sonhos da morte de seres queridos colocam geralmente em cena os dois irmãos ou um grupo.

Depois, no conteúdo dos sonhos aparece um desejo de reparação dos objetos de ódio danificados e, com esse movimento, o prazer do funcionamento mental substitui a repetição e o modo de pensar operatório. Respondendo inicialmente uns aos outros, os sonhos se individualizam em seguida em termos de conteúdo e de associações, a partir das histórias singulares de cada um dos membros da família e, sobretudo, com a emergência da culpa edipiana e da rivalidade fraterna. A violência é mais bem tolerada e os movimentos de amor, mais bem integrados. Os sonhos de tipo "mensagens" ainda são sonhados, permitem retomar aspectos dolorosos da história de um dos membros da família. É o caso sobretudo dos sonhos do pai *para* Alexis, que, como destacara M.-F. Augoyard-Peeters, sofre precisamente da dificuldade de sonhar, e, em primeiro lugar, de constituir um espaço onírico próprio. Mas é toda a fantasmática familiar, organizada pelos traumas neonatais até então não elaborados, que a família continua revivendo e trabalhando com intensidade por meio dos sonhos de seus membros.

A análise clínica de M.-F. Augoyard-Peeters confirma a maioria das hipóteses formuladas por A. Ruffiot sobre a consistência onírica do aparelho psíquico familiar, e está de acordo com as que expus acima a propósito da terapia mãe-bebê. Coloca particularmente em evidência a função supraindividual do sonho e sua função de transformação das experiências traumáticas precoces quando elas foram compartilhadas por um conjunto como uma família.

No entanto, falta uma dimensão nesse estudo: ele só destaca de maneira secundária a articulação entre a produção dos sonhos e os movimentos de transferência para os terapeutas e para o enquadramento terapêutico. É como se as cargas transferenciais estivessem todas concentradas na própria família. E. Granjon insistiu muito na articulação entre sonho e transferência (1983), mostrando que os sonhos e os relatos de sonhos são os vetores das fantasias inconscientes contidas na mitologia familiar e que evoluem na relação com as transferências para os terapeutas, para o enquadramento da terapia familiar e para o grupo-família

Sonhos num casal

São raros os estudos, no campo psicanalítico, que se dedicaram aos sonhos no casal. Em contrapartida, a ficção literária fez muitas vezes deles um motivo privilegiado: um dos dois membros do casal tem um sonho no lugar do outro, ou então ambos têm o mesmo sonho, ou ainda, separados, encontram-se em seus sonhos e vivem juntos uma vida comum intensa. É o tema do romance de G. do Maurier, *Peter Ibbetson*, e é também o da novela de A. Schnitzler, *Traumnovelle* [*Breve romance de sonho*].

Os analistas de casal mostraram que nos sonhos dos dois parceiros de um casal alguns conteúdos concernem diretamente ao casal, e que no sonho de um estão presentes conteúdos que o outro atua em sua vida cotidiana. A.-M. Nicolò-Corigliano dá o exemplo de sonhos colusivos de um casal em tratamento por sintomas de agorafobia e de crises de angústia e de pânico apresentados pela mulher.[10] Uma sessão começa com o relato de um sonho que ela teve na noite anterior:

> "Ela se vê envolvida pelas águas de um rio que está subindo e corre o risco de ser levada pela corrente. Alguém abriu as comportas de um dique, talvez sua mãe; ela não sabe o que fazer. De repente, como por magia e por milagre, intervêm personagens que a salvam carregando-a nos braços e impedindo-a de se sujar na água preta do rio."

Também o marido conta um sonho:

> "No banheiro, encontra na bacia da privada um cocô grande. Irritado, pergunta-se quem pode ser o autor desse gesto. Tenta limpar jogando uma grande quantidade de água que cai por todos os lados criando como que um pequeno riacho que o envolve."

Cada um dos dois associa a partir de seu próprio sonho: a mulher fala da angústia suscitada pelos relatos de sua mãe a respeito de suas próprias inquietações. Queixa-se do marido grosso, que não consegue resolver seus problemas econômicos, das dificuldades com a sogra e de suas brigas com ela. O marido fala de sua solidão ante as dificuldades econômicas que tem de enfrentar. Queixa-se das reações exageradas da mulher quando ele lhe fala de qualquer coisa. Esta protesta e o repreende.

A terapeuta interpreta a natureza colusiva do conteúdo dos dois sonhos: a mulher se sente "carregada" pela água do rio, o marido sonha com a "invasão" da água no banheiro. As emoções de ambos estão transbordando, a mulher não consegue enfrentar as angústias suscitadas por sua própria mãe e as preocupações de seu marido, que ela espera que resolva magicamente seus problemas; o marido está paralisado pela expectativa da mulher, rejeitado por ela quando é invadido e "transborda", sem poder recorrer a ela. As relações deles com as

---

10 Texto inédito. *Sur les fonctions du rêve dans la famille*, cf. Nicolò-Corigliano (2001).

respectivas mães, vividas como invasivas, são um elemento comum do casal, e a relação colusiva entre eles reforça essa relação, suscita raiva, identificação projetiva e sentimento de exclusão.

Na análise que faz dessa sessão, A.-M. Nicoló-Corigliano nota a transferência da mulher para o casal de terapeutas: espera encontrar neles mágicos capazes de salvá-la sem colocá-la em contato com os sentimentos sujos que a atormentam.

3. QUESTÕES

A análise dos sonhos que aparecem na clínica psicanalítica da família ou na do casal levanta alguns problemas, mas traz ao mesmo tempo algumas respostas para as questões que tentamos formular e, se possível, resolver neste livro.

A distinção entre produção e utilização do sonho no espaço onírico comum e compartilhado

Parece-me importante distinguir entre a *produção do sonho* compartilhado ou comum na medida em que está incluído e é fabricado no espaço onírico familiar, e a *utilização do sonho* tal como aparece no relato do sonho e nos efeitos que produz nos espaços psíquicos familiar e individual. A insuficiência dessa distinção decorre em parte da dificuldade de discriminar, na noção de uma realidade psíquica comum e compartilhada, os processos que produzem essa realidade e os processos que nela se desenvolvem.

Ao relacionar o modo de produção do sonho com o aparelho psíquico familiar (ou grupal), é necessário explicar os processos de sua formação, e sobretudo as modalidades de formação do inconsciente que, embora seja o de cada sujeito, é também em parte o que todos têm em comum. Em seguida, é preciso explicar as modalidades do retorno das formações que se tornaram inconscientes no trabalho do sonho, especificando as modalidades e as formas desse trabalho, uma vez que estão marcadas pelo trabalho da intersubjetividade. A clínica mostra que um membro da família ou do casal pode sonhar os mesmos conteúdos que os outros membros da família, o cônjuge ou o parceiro. Mas mostra também que o trabalho de elaboração do sonho e os mecanismos de defesa a ele associados podem ser modificados por processos próprios a cada sujeito dentro de seu conjunto.

Quanto à utilização do sonho no vínculo intersubjetivo e no espaço psíquico comum, ela pode obedecer a estratégias diversas: a clínica apresentada nos trabalhos que expus até agora destaca sobretudo funções de apoio e de *holding* onírico, de mensagem, de perlaboração e de restauração das funções psíquicas do Ego e do Pré-consciente. Mas o relato dos sonhos também pode ser posto a serviço das tendências voyeuristas e exibicionistas, ou a serviço do desejo de intrusão ou de sideração. H. Segal indicou sonhos cujo relato é feito para suscitar nos outros emoções e controlar suas reações: é o caso, em particular, dos relatos de sonhos de cenas de violência e de sexualidade cruas. Conhecemos bem esse tipo de utilização no tratamento.

O sonho como mensagem

A noção do sonho como mensagem é interessante, talvez menos por seu suposto conteúdo e sim pela intencionalidade que indica: uma destinação, um destinatário e, portanto, o esboço de uma polifonia (no sentido de Bakhtin), sobretudo quando os sonhos "se respondem". Já sublinhei o caráter problemático da noção de intencionalidade nas produções do inconsciente, e o quanto a posição de Freud sobre esse tema é totalmente desprovida de ambiguidade.

Contudo, não sendo o sonho apenas uma produção do inconsciente, mas também do pré-consciente em toda a fase do trabalho do sonho e da figuração dos pensamentos do sonho, podemos perguntar-nos se a noção de mensagem não é, na clínica evocada, perfeitamente pertinente. Além do fato de que é nesse nível intrapsíquico que se organiza a intencionalidade, é também no nível da organização psíquica intersubjetiva que ela recebe impulso e que se manifesta.

Mas é preciso buscar nas formações mais arcaicas da psique o princípio dessa comunicação. Para explicar essa dimensão do sonho como mensagem, A. Ruffiot e seus discípulos recorreram aos trabalhos de J. Bleger sobre o núcleo aglutinado. J. Bleger (1975) supôs que a psique do bebê está constituída, antes da formação da posição esquizoparanoide descrita por M. Klein, de um núcleo aglutinado, cujo destino é ser depositado no outro, na mãe, posteriormente no casal e na família e em seguida em qualquer grupo e em qualquer instituição de que sejamos membros. Notemos aqui que com a noção de depósito e de depositário, a representação de uma extraterritorialidade da psique está implícita em J. Bleger. Esse núcleo de "psiquismo indistinto", que persiste sob a forma de um núcleo psicótico "normal" em todo sujeito, é uma formação da psique arcaica que, fora da tópica interna, constrói uma extensão ectópica da psique. Esse núcleo está na base do que J. Bleger denominou comunicação sincrética entre os sujeitos de um conjunto. Segundo A. Ruffiot, ela está no princípio da função da comunicação inconsciente e da função de mensagem do sonho. Penso que esse núcleo de psiquismo indistinto contribui para formar o espaço psíquico comum e compartilhado.

O compartilhamento das cargas traumáticas pelo trabalho do sonho no espaço onírico comum

Vários estudos evocados neste capítulo associam a instauração de um espaço onírico comum e a experiência traumática. Foi o caso da mãe do bebê tratado por L. Kreisler, da família tratada por A. Ruffiot e do caso cuja evolução Augoyard-Peeters relatou. Essa associação coloca várias questões, e em primeiro lugar a da conjunção regular dessa associação. Uma abordagem diferencial da função do sonho em terapia familiar psicanalítica sem dúvida permitiria especificar em que famílias, para que membros desta e em que enquadramento terapêutico o sonho cumpre a função de revelação e de reparação dos traumas infantis precoces que os clínicos lhe atribuem.

Mas a primeira questão é a dessa associação. Quanto a isso, M.-F. Augoyard-Peeters inspira-se no conceito de "alucinação onírica primordial" de A. Garma (1970): para o psicanalista argentino, o sonho não é uma realização de desejos, mas a consequência de conflitos psíquicos inconscientes. O sonho é "uma alucinação que aparece durante o sono e que faz reviver, dramatizando-os, conteúdos psíquicos traumáticos recalcados que o Ego adormecido não pode nem controlar nem expulsar" (*op. cit.*, trad. fr., 1981, p. 24). O trauma do nascimento está na origem do que A. Garma chama a alucinação onírica primordial, na qual está a experiência do bebê enceguecido pela luz. Contudo, nota A. Garma, todos os sonhos supõem uma regressão a situações traumáticas anteriores que levam até a alucinação onírica primordial; eles se organizam em torno do traço perceptivo de imagens visuais penosas, dos distúrbios respiratórios e das compressões sofridas pelo recém-nascido por ocasião do nascimento.

Ainda que os sonhos tenham como pano de fundo essa experiência traumática, a referência à alucinação onírica primordial de A. Garma não dá conta das experiências traumáticas de natureza sexual e da estrutura traumática que disso resulta no aparelho psíquico (JANIN, 1996). Além disso, responde apenas parcialmente à questão da associação entre sonho e trauma nas situações clínicas evocadas, a menos que se suponha que esse traço comum à humanidade sustentaria em cada um uma identificação ao outro enquanto representante de sua própria experiência traumática.

Mas essa ideia levanta outra questão, a das condições necessárias para que se exerça a capacidade de sonhar quando o sujeito está sob efeito do trauma infantil precoce. Entre essas condições, a confiança na capacidade do outro de ser o depositário do trauma e de pensá-lo é essencial. É uma maneira de tornar *comuns* as cargas traumáticas e, de certo modo, de se aliviar delas compartilhando-as. Aquilo que cabe propriamente ao sujeito só pode ser reconhecido por meio desse desvio e nesse deslocamento. É uma função análoga que o sonho cumpre quando ele é essa "mediação entre as consciências" de que fala J. Guillaumin, e que a noção de comunicação (segundo A. Garma) inclui.

A restauração do Pré-consciente

Em estudos anteriores (KAËS, 1994), tentei mostrar como o processo associativo grupal restaura a função deficiente ou inexistente do pré-consciente. Temos agora a oportunidade de observar que a mesma restauração se dá pelo *holding* onírico. Quando o pré-consciente é deficiente, as excitações de origem externa ou interna não podem ser elaboradas e ligadas a representações e a imagens. Segue-se disso uma livre circulação de materiais arcaicos no espaço psíquico, fonte de angústia e de dor, de sobrecarga econômica, de ataque aos paraexcitações. Observamos processos análogos no caso do bebê e da mãe tratados por L. Kreisler. Estabelecemos que o sonho torna possível a inscrição de marcas de uma vivência originária, sempre que ele se produza num espaço psíquico comum e compartilhado, regido por um dispositivo de trabalho adequado.

Ter o mesmo sonho. A dimensão incestuosa do espaço onírico originário

Para além de todas essas funções do sonho, há um aspecto que aparece constantemente: a dimensão incestuosa do espaço onírico originário. Uma contribuição para essa hipótese, cuja importância teremos a oportunidade de verificar em outros sonhos, nos é dada pela clínica dos casos relatados neste capítulo: os sonhos se individualizam quando a problemática edipiana começa a se organizar na família, no casal e em cada sujeito. O que organiza o espaço onírico compartilhado e os sonhos comuns em sua dimensão incestuosa decorre sem dúvida da ocorrência, na maioria dos casos (e essa maioria é uma forma de reserva), de uma separação traumática precoce, cujos efeitos alimentam o vínculo incestuoso. O envoltório onírico comum à mãe e ao filho, ou ao casal de irmãos e irmãs, rasgou-se, e o sonho volta a tecer o espaço onírico originário, reencontra nas condições do enquadramento terapêutico as marcas até então não elaboradas da separação: os sonhos as atualizam e revelam o desejo de não separação, em geral de reintegração do sonhador no espaço onírico da mãe.

Compartilhar o mesmo sonho é, então, o aspecto essencial da realização do desejo, tanto quanto aquilo que a cena do sonho figura. Já sugeri, a propósito do "sonho das gazelas", que sonhar o mesmo sonho que o outro é sonhar na mesma matriz onírica, no mesmo sonho que você, que sou eu, na barriga da mamãe onde os dois irmãos inventam para si uma gemelaridade imaginária. Ao discutir esse sonho, ressaltei o quanto essa regressão incestuosa do desejo homossexual dos dois irmãos os protegia de seus sentimentos hostis recíprocos.

A clínica do tratamento analítico lança outra luz sobre essa questão. Eis um exemplo: trata-se aqui de um sonho de grupo que põe em cena o desejo do espaço onírico comum perdido. Florence está numa transferência paradoxal em relação a mim: ao lhe fazer bem, faço-lhe mal. Nessa fase do tratamento, ela não sonha mais e me responsabiliza por isso. Na verdade, ela diz que não sonha mais desde a adolescência, desde que a droga lhe permite "sonhar fora", no e com o grupo de jovens toxicômanos que continua frequentando.[11] Contudo, ela traz às vezes para a sessão lembranças, vagas e nostálgicas, sonhos antigos, de sua infância: são sonhos em que vaga sozinha numa casa abandonada, e em que muitas vezes chama a mãe.

Um dia, depois de um longo trabalho sobre suas angústias precoces de separação e de desmoronamento, recupera sua capacidade de sonhar e me relata o seguinte sonho:

> "Estávamos bem, todos juntos, garotos e garotas numa grande cama, uma cama familiar de certa forma; a gente nem pensava em fazer amor, estava fora de questão."

Nas associações que se seguem ao relato do sonho, ela mesma estabelece a relação entre a experiência da droga e a satisfação substitutiva que o sonho lhe dá, mas sublinha também a proibição que incide sobre a sexualidade genital. Fala mais uma vez de sua experiência no grupo de seus "irmãos e irmãs na droga", mas dessa vez pondo os verbos no passado:

> "Quando a gente se encontrava, era como no sonho, a gente ficava ali se esquentando, a gente se comunicava pelo calor. O essencial era se tocar e se sentir solidário... a droga... é como um alimento que a gente tinha engolido todos juntos, a gente se sentia uma única boca, dava às vezes a impressão de estarmos encaixados uns nos outros como bonecas russas, solidários, ... Solitários, é terrível, depois... A poção se esgota rompendo o encantamento... Uma cama em que toda a família estaria reunida sob os lençóis... ocorre-me esse verso de Eluard: '...em minha cama concha vazia...', é de 'Liberdade', não é?".

Tentamos entender como esse sonho de grupo é a busca do corpo materno caloroso no qual ela não teria de viver nenhuma separação; em seguida, ela passa por um longo período de insônia, e depois tem sonhos em forma de

---

11 P.-C. Racamier destacou a falência da função onírica e do espaço próprio ao sonho no psicótico. Ele supõe que a atividade onírica só pode acontecer no sono contra o corpo da mãe. No psicótico, que não pode sonhar assim, o espaço de sonho não está suficientemente estruturado. Seus "sonhos" não puderam ser sonhados dentro: o sonho fora (ou a "trans-sonhação") é a saída. Florence não é uma psicótica, recupera a capacidade de sonhar "dentro" do espaço interno do sonho, contra o corpo da mãe, mas o sonho não basta, a droga é seu sonhar fora.

flashes, sonhos de conchas brancas, de paredes de lençóis brancos, de balões brancos. Esses sonhos a deixam feliz, e ela não associa "por medo de romper o encantamento", depois, de novo, mais nada, "a fonte secou". Nas sessões seguintes, mostra-se muito agressiva comigo, o sonho do grupo e o que ela me disse sobre ele a angustiaram muito: o sonho a pôs novamente em contato com sua grande dor, da qual ela não queria saber mais nada, no contato impossível com sua mãe interna fria, com o pânico do abandono. A análise da transferência abre caminho para a interpretação da clivagem, da imago do seio materno. Muito mais tarde, ela me dirá que o que buscava na droga era "comungar no mesmo sonho branco".

Os sonhos brancos de Florence evocam o artigo de B. Lewin (1949), "O sono, a boca e a tela do sonho". Nesse estudo, B. Lewin considera que o sonhador ou aquele que dorme está num contato unificado com o seio, "ele se identificou com ele" num movimento regressivo ao narcisismo primário. Nos sonhos de Florence, a tela do sonho aparece de duas maneiras. No sonho do grupo reunido na cama familiar, ela é ao mesmo tempo o continente formado pela introjeção do seio materno (M. Klein): o continente dos desejos inconscientes que formam os conteúdos visuais do sonho, e a tela sobre a qual são projetados. Lewin destaca que esse pano de fundo branco é a metáfora do seio introjetado à noite no momento do adormecimento: ele inclui a evocação do prazer do saciamento. É o que o sonho lhe dá: o prazer de "ficar aquecido, de se comunicar e comungar pelo calor. O essencial era se tocar e se sentir solidário... a droga... é como um alimento que a gente tinha engolido todos juntos, a gente se sentia uma única boca". A fantasia de um incesto oral é aqui o organizador do sonho.

Mais tarde, diante de sua solidão, Florence sonha com uma tela branca, sem qualquer outro conteúdo representativo: B. Lewin acha que tais sonhos são o próprio sono infantil, sustentado pela alucinação do seio. A proposição de J.-B. Pontalis sobre o sonho: "Todo sonho, enquanto objeto na análise, faz referência ao corpo materno" partilha desse ponto de vista:

> Sonhar é antes de mais nada tentar manter a impossível união com a mãe, preservar uma totalidade indivisa, mover-se num espaço anterior ao tempo (1972a, p. 263).

O sonho no espaço psíquico comum e compartilhado

No final de seu estudo de 1972, A. Green afirmava que o sonho é o protótipo de um pensamento descoberto por Freud, um pensamento sem acumulação e sem transmissão possível. Concluía:

O sonho não se compartilha, o mundo exterior sim. O espaço do sonho é um espaço pessoal (*op. cit.*, p. 179).

A proposição de J. Guillaumin (1979) abre uma outra perspectiva: na medida em que o sonho é sempre "uma concretização da consciência singular", ele é ao mesmo tempo "particularmente apto a fornecer o suporte para uma mediação entre as consciências" (*ibid.*).

Neste capítulo, desenvolvi a hipótese de que parte das fontes do sonho, de seu conteúdo, de sua destinação e de seu destinatário tem sua origem no espaço psíquico originário. A família induz a sonhar e fornece, com a capacidade de sonhar, os materiais do sonho. Essa proposição baseia-se no que introduzi com o esquema nº 6, a ideia de que o circuito externo sobre o qual o sonho está em derivação (para retomar a fórmula de Laplanche) inclui o espaço onírico originário, cuja substância psíquica é a do espaço onírico comum e compartilhado. Fazendo trabalhar essa hipótese, juntamos elementos para sustentar a hipótese do segundo umbigo do sonho e a de sua polifonia. Falta explorar como ela pode esclarecer a experiência onírica compartilhada no tratamento individual.

A história de dois homens que sonham

Eis o que conta J.-L. Borges na história de dois homens que sonham:

> Os sonhos são um dos temas preferidos das *Mil e uma Noites*. Admirável é a história dos dois homens que sonhavam. Um habitante do Cairo sonha que uma voz lhe ordena ir para a Pérsia, para a cidade de Ispahan, onde um tesouro o espera. Enfrenta os perigos dessa longa viagem e, tendo chegado em Ispahan, deita-se, esgotado, no pátio de uma mesquita para descansar. Sem que o saiba, está entre ladrões. Todos são presos e o cádi lhe pergunta por que veio para essa cidade. O egípcio explica. Então o cádi ri a bandeiras despregadas e lhe diz: 'Homem insensato e crédulo, três vezes sonhei com uma casa no Cairo no fundo da qual há um jardim, e nesse jardim, um quadrante solar, mais longe uma fonte com uma figueira e sob a fonte encontra-se um tesouro. Nunca acreditei nessa mentira. Não quero te ver em Ispahan! Pega essa moeda e vai embora'. Nosso homem volta para o Cairo: reconheceu no sonho do cádi sua própria casa. Cava sob sua fonte e encontra o tesouro (BORGES, 1979, "Las Mil y una Noches", *Conferencias*).

Como costuma acontecer nos sonhos cruzados, comuns e compartilhados de J.-L. Borges, atravessamos sem nos darmos conta da fronteira entre os sonhos e a realidade, o sonhador está no sonho de um outro, estranhamente, para nosso prazer de nos encontrarmos de volta num sonho infinito, inquietante. Mais inquietante ainda, já que, de seu sonho, o sonhador traz alguns objetos que persistem na "realidade" da vigília.

3. O espaço onírico comum no tratamento psicanalítico

M. Neyraut descreveu um tipo de sonho dos analisandos cuja particularidade é referirem-se à situação psicanalítica, mas "nunca reproduzir de maneira perfeita as condições materiais da análise. O sonhador muda a posição do analista (ele não está em seu lugar), a organização do espaço, o divã se transforma em cama, o consultório em quarto [...], várias pessoas estranhas ou familiares assistem à sessão", o próprio analista é desdobrado ou auxiliado, muda de sexo, fala quase sempre (1974, p. 244). Esses sonhos, esclarece M. Neyraut, extraem os elementos de seu enigma de toda a primeira infância dos pacientes e são geralmente inacessíveis à lembrança. São manifestações clínicas de uma neurose de transferência e de uma transferência positiva: revelam uma "dramatização da neurose em torno da situação psicanalítica", uma transgressão imaginária das regras desta, sendo a sua especificidade a de traduzir que uma "ponte simbólica se estabeleceu entre as condições da análise e uma determinada relação infantil" (*ibid.*, p. 245). M. Neyraut sublinha que os sonhos de sessão estão "*adiantados* em relação ao conteúdo das sessões": por sua complexidade e sua organização, são um bom indicador da integração do processo analítico e da evolução da neurose de transferência.

Um aspecto desses sonhos nos interessa ainda mais. M. Enriquez pesquisou o que acontece, na contratransferência, quando é o analista que tem os sonhos de sessões. Destacou a preciosa ajuda que foi para ela sonhar com seus pacientes desarmônicos "nos momentos em que eles [a] punham à prova no limite do suportável" (1984, p. 244). Seus sonhos de sessões tinham as características descritas por M. Neyraut nos analisandos que têm esse tipo de sonho: assim como no analisando, a proibição de contato deixa de ser respeitada, o espaço íntimo é invadido. Os sonhos de sessões remetem o analista à condição de paciente e lhe dão "a medida de seus conflitos psíquicos suscitados ou despertados pela situação analítica e implicados em seu engajamento com a psicanálise". Preservam-no também "dos riscos de atuar ou desinvestir, tão tentadores nos tratamentos difíceis"; dão prova "de um esforço e de um desejo de reunir, de reatar o processo e a situação, em suma, de rearmonizar o tratamento" (*ibid.*, p. 244-245).

1. OS SONHOS CRUZADOS NO TRATAMENTO

Neste capítulo, gostaria de expor as condições e os processos que fazem os sonhos do analista e os do analisando surgirem, na situação psicanalítica, num espaço onírico comum e compartilhado. Em ambos os exemplos que vou apresentar, trata-se de sonhos de sessão, no primeiro caso, o de minha paciente, no segundo, o do analista, que, ainda por cima, tem esse sonho durante a sessão.

O que não se pode dizer, é preciso sonhar

A senhora A. está em análise faz alguns meses e não consegue falar de um drama pelo qual passou, faz vários anos, com a morte de sua filha na adolescência. Diz sonhar apenas raramente, mas, nos últimos tempos, tem tido sonhos com bastante frequência, são sonhos pós-traumáticos, repetitivos, uma cena onde revê a filha desfigurada depois do acidente. No sonho, é como se ela estivesse num espetáculo, fora da cena, não sente nada e, quando o relata, repete *que não consegue falar nada a respeito*, que gostaria de conseguir chorar ou berrar. Faz algum tempo, é assaltada por ideias suicidas e às vezes invadida pela culpa em relação à filha, recrimina-se por não ter sabido protegê-la. Gostaria muito que eu me colocasse no lugar dela, para conhecer seus pensamentos e reencontrar uma dor que diz nunca ter realmente sentido. Um dia, bem no fim da sessão, *anuncia que irá passar o dia no túmulo da filha, é o dia do seu aniversário*. Observo-lhe essa coincidência entre o túmulo e o aniversário da filha e *não consigo lhe dizer mais nada*. Estou inquieto e desalentado. Sinto-a à beira de um possível desmoronamento. Depois que ela vai embora, ocorre-me esse pensamento, que se impõe em duas versões entre as quais hesito: "vou pensar nisso" ou "será preciso pensar nisso". Não são duas ideias idênticas: a segunda é uma injunção sem sujeito, ao passo que a primeira me implica como o portador desse projeto.

A noite seguinte, tenho o seguinte sonho:

> "Estou dando uma conferência, rodeado de colegas de quem gosto e que me escutam com atenção, com exceção de um deles, que sinto hostil a mim: ele cochicha com seus vizinhos, desvia a atenção deles e me põe em dificuldades. Depois percebo entre o público uma jovem elegante, vestida de branco.

> Reconheço-a imediatamente como sendo a filha de minha paciente: portanto ela não está morta; fico feliz, mas a angústia se instala no lugar do prazer de vê-la viva. A mãe dela chega e a chama por seu primeiro nome, um nome duplo (um feminino, o outro, bivalente, como Marie-Dominique). Temo que a filha lhe responda e comece a falar".

Na sessão posterior a esse sonho, minha paciente me conta que não foi ao cemitério e que teve dois sonhos estranhos. O primeiro é um sonho de sessão:

> "Estou sozinha num cômodo de seu apartamento; sobre uma poltrona, seu terno bem passado, muito bonito, luminoso; num armário entreaberto, roupas de baixo de sua mulher, suponho eu, calcinha e sutiã. Um cão está perdendo sangue, ninguém faz nada".

As associações se organizam em torno da fantasia de uma cena sexual da qual ela está excluída e que a excita: se nossas roupas de baixo estão ali, é porque minha mulher e eu estamos nus no quarto ao lado. O sangue evoca as regras de sua mãe, a cachorrada: o sexo e a morte.

O segundo sonho me é relatado assim:

> "Estou com minha segunda filha na borda de uma falésia; minha filha cai e quebra as pernas, mas encontro-a ao pé da falésia, miraculosamente curada. Levo-a para uma casa onde morei com minhas duas filhas e o suposto pai da que morreu. Alguém telefona ameaçando minha filha sobrevivente. A faxineira chega e me acusa de não cuidar da segurança de minha filha. Chega um sujeito berrando, saio para fazê-lo parar, grito o nome (duplo) de um homem que condensa o nome do pai de minha filha morta, o nome do marido de minha mãe e o seu. Minha filha desapareceu, encontro-a no banheiro, ferida, nua e molhada".

Embora a relação entre seu primeiro e seu segundo sonho deva ser levada em consideração, minha atenção voltou-se inicialmente para o segundo sonho. Noto inicialmente o efeito do relato do sonho da senhora A. sobre mim: ele provocou uma certa confusão, como se tivéssemos compartilhado o mesmo espaço matricial, incestuoso. O sonho provavelmente me surpreendeu devido às várias similitudes com meu próprio sonho, mas também por suas diferenças. Fiquei surpreso com o fato de que o processo associativo, tão pobre e estereotipado há tantos meses, tivesse se reativado durante a sessão, sem dúvida por intermédio do sonho de sessão, que indica, como mostra M. Neyraut, a atividade da neurose de transferência, cujo processo evoluirá positivamente nas sessões seguintes. As associações da senhora A. tornarão possível a análise dos deslocamentos e das substituições dos personagens do sonho, o trabalho com seus desejos edipianos a levará a desvendar suas fantasias de assassinato e depois de reparação em relação à filha morta. Sua incerteza sobre o pai desta e sua culpa em relação a sua gravidez impediram-na de dizer à filha a verdade sobre sua origem.

Meu próprio sonho ocorreu na noite seguinte à sessão em que me preocupara com minha paciente, na véspera da sessão em que ela relata seu próprio sonho e alguns dias antes de uma sessão de supervisão dessa análise. As fontes imediatas do sonho são, portanto, múltiplas, entrelaçadas num campo transferencial-contratransferencial complexo, no qual se ativam fantasias, afetos e autorrepresentações antigas em ressonância com os de minha paciente.

Elaboração do sonho do analista com os sonhos do analisando

Retomo, pois, a análise de meu sonho, integrando os efeitos *a posteriori* que produziu em mim o relato do sonho de minha paciente. Identifico primeiro o afeto que desencadeou meu sonho e que surgiu de minha aflição de não conseguir dizer-lhe o que poderia restabelecer nela um processo de pensamento. Trata-se de um afeto em ressonância com sua própria impotência: *ela não consegue falar nada a respeito, não consigo dizer-lhe mais nada*, como provavelmente não conseguiria na próxima supervisão. Em meu sonho, consigo falar, já que estou dando uma conferência, mas meu discurso é impedido por um colega hostil que figura meu próprio conflito interno e minha dificuldade em resolvê-lo. Esse afeto compartilhado na impotência, de que não sou consciente, organiza o espaço transferencial-contratransferencial que forma a matriz ou o umbigo intersubjetivo do sonho. A análise do sonho me põe na pista do efeito que sua resistência e seu sistema de defesa produzem sobre meus próprios pensamentos inconscientes. Retomo contato com um episódio doloroso de minha vida, a perda precoce de um de meus próprios filhos. No sonho, eu conseguia devolver-lhe sua filha, eu que não pude impedir a morte de meu filho. Meu sonho me revela o pacto denegativo que estava se instalando entre mim e ela: recusa e onipotência contra a dor da depressão e da perseguição. *Disso não se deve falar*: da morte do filho, mas sobretudo da impotência de impedi-la. Seu afeto gelado mobiliza meus próprios afetos de luto. Meu sonho satisfaz, além disso, meu desejo de realizar seu desejo: colocar-me em seu lugar. Satisfaz-o pela via da identificação a seu desejo de reparar essa perda e, assim, ser ao mesmo tempo o herói salvador e o pai dessa filha ressuscitada. Em meu sonho, venço sua impotência e a minha. A escuta e a análise de seu próprio sonho trabalham meu próprio sonho e separam as partes compartilhadas, mas não idênticas, de nossos espaços psíquicos: a recusa da morte de sua filha se articula com a intensidade e com a culpa de seu desejo edipiano, realizado na ocultação da identidade do pai.

Outros aspectos são comuns ao sonho dela e ao meu: em meu sonho, o nome duplo (que eu conhecia) de sua filha reaparece no nome duplo que ela cria em seu sonho, o do pai, que contém o meu, e que cria um vínculo entre a filha dela e o meu filho, assim como cria um vínculo, em outro registro, com as transferências cruzadas e sua consistência edipiana.

A questão é compreender se e como meu sonho tem alguma incidência sobre o retorno de sua atividade onírica. Em que condições e segundo quais processos se dá a instalação de um espaço onírico comum e compartilhado?

Retomemos alguns aspectos significativos da clínica: um trabalho de luto está em estase nela: ela está invadida pela culpa e pela angústia de desmoronamento associada à experiência traumática. Essa fase penosa desperta em mim afetos dolorosos, uma preocupação com ela (relacionada com meu filho morto). São esses afetos que desencadeiam meu sonho, e provavelmente o dela. A análise desperta nela, assim como em mim, experiências de ameaça de desmoronamento: o sonho, aqui, é o objeto de socorro contra essa ameaça, ele a inclui em seu espaço e lhe dá uma figuração no drama que a suscitou.

Mais tarde compreenderei que minha identificação inconsciente com seu Ego paralisado diante de seus objetos que sofrem suscita em mim a obrigação "de pensar nisso", pois é também o que se impõe a mim como o que tenho de pensar de novo e que não sei. Mas existe também meu desejo de pensar nela, desejo cuja consistência inconsciente o sonho revela. Como no caso da mãe do bebê tratado por L. Kreisler, estou momentaneamente confrontado com uma falha de representação, a única coisa que se manifesta é o afeto depressivo ante minha dificuldade de dizer o que deveria ter-lhe dito. O trabalho do Pré-consciente está em "pane" nela e em mim.

Suponho que meu sonho não ocorreria naquele momento e com aquele conteúdo se ao mesmo tempo não houvesse a injunção interna que me é feita de ter de "pensar nisso" e meu desejo de pensar nela, em seu sofrimento. Suponho também que o que desencadeia meu sonho é provavelmente também, em parte, o que suscita o dela: a percepção de minha inquietação e de minha resistência.

Meu sonho é meu jeito de pensar em mim e de pensar nela. Põe em cena a dificuldade e a ferida narcísica. Deixo provisoriamente de lado o que representa o grupo perante o qual falo.[1] Direi apenas que realizo diante de um auditório, e com os recursos figurativos que ele comporta, meu desejo de

---

[1] Esse sonho de sessão, como costuma acontecer, tem algumas características que o assemelham aos "sonhos de grupo", isto é, a sonhos cuja característica é que o grupo ou o agrupamento de várias pessoas são utilizados como meio de figuração dos pensamentos do sonho. Sobre esses sonhos de grupo e sua afinidade com os sonhos típicos, cf. capítulo 8, p. 173-204.

falar (quero ser escutado), e meu desejo de não falar, meu conflito estando ligado ao que representa reencontrar o filho morto. A realização do desejo de reparação é bem real no encontro com sua filha; lido dessa forma com minha culpa e com minha aflição diante da morte de meu filho, mas essa realização abre a problemática contratransferencial edipiana desse desejo: ela aparece quando entendo meu temor de que a filha dela fale, sem dúvida para dizer publicamente algo que a identificaria como um filho incestuoso. Embora tivesse ficado claro para mim que ali havia um problema para sua mãe, meu sonho indica que havia também um problema para mim.

Estranhamente, o sonho dela trabalha figuras quase idênticas, o que faz pensar que meu Pré-consciente "percebeu" claramente o drama de minha paciente, mas que forças de resistência se opõem, até o momento do sonho, a que minhas percepções se tornem conscientes. Se centrar minha análise no Pré-consciente e na contratransferência, é assim que represento o espaço psíquico comum e compartilhado que se estabeleceu naquele momento da análise:

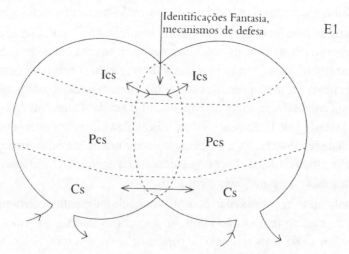

Esquema 9 – O espaço psíquico comum na análise da sra. A.

Meu sonho modifica a situação e o espaço psíquico introduzindo, pelo trabalho do pré-consciente e o retorno de minha capacidade de pensar, um espaço onírico que se constatará ser comum. Esquematizo-o da seguinte maneira, tomando como eixo meu sonho:

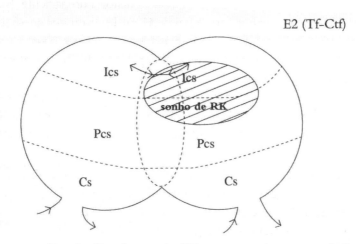

Esquema 10 – Análise da sra. A.: "Vou pensar nisso, eu sonho"

Esse esquema transforma-se da seguinte forma quando tomo por eixo o sonho da sra. A. no espaço onírico comum e compartilhado:

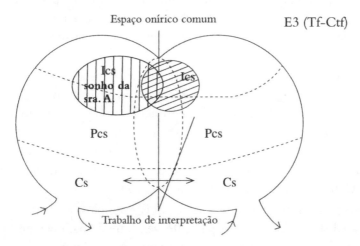

Esquema 11 – Análise da sra. A.: "Ele pensa nisso, portanto posso sonhar"

Um sonho da analista em sessão

A análise de um segundo sonho fornece-nos elementos suplementares para explorar o espaço onírico compartilhado no tratamento, e sobretudo os sonhos de sessão da analista. Trata-se de um sonho relatado a meu colega A. Missenard (1987) por uma analista, Jennie, que supervisionava com ele a análise de um de seus pacientes. Num período em que ela sente seu analisando chato nas sessões, Jennie conta que, durante uma sessão, adormeceu por um instante e teve o seguinte sonho: "Gérard estava com a cabeça na concavidade de meu ombro".

Esse sonho lhe parece edipiano e a remete à história do paciente. Na infância, circunstâncias sociais afastaram o pai de Gérard por muitos anos; ficou então sozinho com a mãe, em seguida seu pai voltou, e depois morreu bastante rapidamente. O material predominante nesse período do tratamento é ilustrado por sonhos de mar revolto, com ondas assustadoras, em que ele está num caminho escarpado, em situação de perigo. Faz-se necessária uma operação de salvamento. A transferência é positiva, é bastante intensa, mas contida. Disso sem dúvida decorre sua incapacidade de sonhar outras fantasias além dessas representações assustadoras de mar.

A. Missenard levanta a hipótese de que o sonho da analista responde à insistência das imagos maternas ameaçadoras,[2] pré-genitais, com uma encenação edipiana. "Ao paciente caberia a expressão da resistência e, à analista, a figuração da transferência em seu sonho". A. Missenard supõe que um sonho assim constitui na psique da analista, "uma elaboração da problemática do caso de modo quase análogo, quanto a seus efeitos, ao que teria sido o mesmo sonho se o paciente o tivesse sonhado (e ousado exprimir)". Esclarece que, desse ponto de vista, o analista "funciona como uma parte da psique do paciente, como numa relação de trocas transicionais entre uma mãe e seu bebê". Transformações ocorreram, em seguida, na vida social, profissional e amorosa do paciente.[3]

A. Missenard se pergunta se, para que o sonho da analista tenha tido efeitos clínicos e dinâmicos sobre a evolução do paciente, bastou que seu desejo inconsciente tenha se tornado representável no pensamento da analista. Não só "o sonho traduz o desejo inconsciente do paciente que se encaixa na psique da sonhadora que, literalmente, tem para ele o sonho que ele por si só não pode ter. O sonho da analista exprime, no caso, o desejo edipiano do paciente, mas também a contratransferência da analista".

Esse ponto é fundamental: nesses dois exemplos, podemos considerar que a analista sonha com seu paciente, sem dúvida para ele, no lugar dele. Mas é igualmente certo que eu também sonho para mim mesmo, assim como a psicanalista sonha para ela mesma. Se for essa a consistência do espaço onírico comum, o trabalho da analista incide sobre a psique comum que se desenvolveu entre eles. É o que, justamente, A. Missenard precisa ao propor que "o sonho da psicanalista concerne à organização psíquica inconsciente que se

---

[2] N.T.: Em francês, mar (*mer*) e mãe (*mère*) são palavras homófonas.

[3] Notemos que o analisando sonha em seguida que se vê sendo recebido por sua analista numa recepção: mais uma vez, aparece um sonho de grupo.

desenvolveu entre os dois membros do casal psicanalisando-psicanalista: o sonho é sua simbolização".

2. SONHO, TRAÇOS HERDADOS DOS ANCESTRAIS, TELEPATIA E TRANSMISSÃO DE PENSAMENTO

O sonho sobre os traços herdados dos Ancestrais

É digno de nota que Freud tenha-se interrogado sobre a transmissão do material psíquico no cerne da atividade mais íntima, a do sonho precisamente. Desde a *Traumdeutung*, Freud considera que o sonho é um retorno e uma via de acesso a traços herdados dos Ancestrais. Estaria assim contradizendo a proposição segundo a qual o sonho é "o retorno à matéria-prima dos traços narcísicos que constituem sua base"? Não, se aceitarmos a hipótese filogenética, que ele sustentará até seus últimos escritos. A ideia que ele reitera em 1932 no artigo sobre o ocultismo de que o sonho é a realização de um desejo de retorno às origens, o reencontro de um modo de funcionamento psíquico primitivo, não esgota a questão.

Ao abrir a perspectiva filogenética, Freud nos leva a supor um tempo primeiro do sonho – extrassubjetivo – cujo efeito e sentido são produzidos num tempo segundo – subjetivo – a partir desses traços. Dois tempos para dois lugares psíquicos distintos; sustentados pela exigência de trabalho psíquico que lhes é própria, mas que permanecem em relações de continuidade e se cruzam no ponto nodal do *a posteriori*. O tempo primeiro é aquele anterior ao tempo e espaço próprios do sujeito singular, poderíamos dizer "fora de si", embora seus efeitos se transmitam tanto melhor quanto mais sua estrutura e sua localização no conjunto tornem possível, se não inevitável, o encontro.

Contudo, como mencionei a propósito da tópica "extratópica", o que é exterior ao sujeito nem por isso lhe é estranho, embora o que a ele retorna de dentro possa se revestir para ele da experiência da estranheza. Desse ponto de vista, o sonho seria o retorno no sujeito do que ficou em estase nesse tempo primeiro constitutivo do sujeito: nesse sentido, o sonho lhe pertence na medida em que, pelo fato de ele estar contido na "psique de massa", o sujeito é tecido "numa fábrica" de sonhos. É justamente assim que Freud concebe o sujeito: é herdeiro dos sonhos de desejos irrealizados dos pais, constitui-se sobre os traços e as formações substitutivas que circulam na cadeia intergeracional e nos conjuntos, na "psique de grupo".

Os esboços especulativos freudianos trazem-nos ainda outra proposição. O aparelho para interpretar-significar, cuja noção ele introduz no final de *Totem e tabu*, é um aparelho para produzir transformações e significações para o sujeito e para o todo, cuja importância já destaquei várias vezes. O sonho, ao se inscrever na temporalidade da cadeia genealógica e na do sujeito singular, no ponto crucial de encontro delas no inconsciente, é um elemento desse aparelho para interpretar-significar.

Os desenvolvimentos especulativos de Freud colocam várias questões que merecem certo destaque. Quem e o que sonham no sonhador, se traços do passado, que pertenceram às gerações precedentes, podem inscrever-se na psique de seus descendentes, sem que estes o saibam, como se eles tivessem se tornado seus depositários e talvez os elos de um sentido que não foi transmitido às claras? Na medida em que se trata de reconstruir um passado cuja história não nos foi transmitida, ou, mais precisamente, sobre a qual não operaram os processos de historicização, estamos lidando com elementos que adquiriam a qualidade de objetos enigmáticos. São esses objetos que sem dúvida estão no centro de mal-estares e de repetições, cujo sentido nos é tanto mais obscuro quanto mais intensos forem seus efeitos dolorosos.

Na falta de uma transmissão "às claras", sempre problemática, podem os sonhos ser considerados mensagens codificadas dessa transmissão? O sonho seria o veículo (e a forma) da transmissão de traços da realidade psíquica que concerniu a outros sujeitos, com quem o sonhador tem vínculos de uma qualidade particular, enigmática e vital. Não devemos desconsiderar a ideia de que seja possível, ao acolher esses sonhos, ao analisar o que neles insiste e ao levar em consideração a repetição que os relança, reconstruir os traços de um passado silenciado, de outro modo inacessível.

De qualquer forma, ainda é preciso haver um sonhador para sonhar esses sonhos, e devemos tentar compreender qual o interesse dele e para quem ele sonha. Será o caso de dizer, então, que o sonhador realizaria o desejo (o seu) de ser o sonhador de um desejo de um outro e que lhe concerne fundamentalmente em sua existência? É o que levam a pensar os dois casos que relatei no âmbito do tratamento. O sonhador poderia ser o porta-sonhos de um outro, de um conjunto de outros, assim como se constituem nos grupos, nas famílias e nas instituições porta-vozes, porta-sintomas, porta-sacrifícios e várias outras funções fóricas. Foi o que revelou a análise dos sonhos em psicoterapia familiar psicanalítica. A observação de S. Ferenczi sobre o destinatário do relato do sonho, implicado no conteúdo latente do sonho, indica-nos uma direção, mas será que avançamos o suficiente nessa direção? Também é preciso que alguém se constitua em destinatário do sonho, e a questão está em entender o que significa receber um sonho, ou ao menos ser, como escreve A. Missenard, o ouvinte de uma "mensagem destinada aos bons entendedores", ou seja, "àqueles que a escutam com as antenas de seu desejo inconsciente" (1987, p. 78-79).

Sonho, telepatia e transmissão de pensamento

Mencionei o interesse ambivalente de Freud pelo ocultismo, a telepatia e a transmissão de pensamento (FREUD, 1922, 1932). Para levar em consideração o "núcleo real de fatos ainda não reconhecidos" pela psicanálise, recorreu ao sonho para "extrair de toda a confusão do ocultismo o tema da telepatia" (1932, trad. fr., p. 50). Se escolhe o sonho é porque "o sono parece particularmente favorável à recepção da mensagem telepática". Definido esse projeto, Freud mostra que não é o sonho (telepático), mas sua interpretação, ou seja, o trabalho psicanalítico, que traz "algumas visões novas sobre a telepatia" (p. 54). Propõe, portanto, "desconsiderar o sonho para interessar-se pela indução ou transmissão de pensamento". Mas entende-as "como se se tratassem de produções subjetivas, de fantasias, ou de sonhos fornecidos pelos próprios pacientes" (p. 58). Nas páginas que se seguem, evidencia-se o embaraço de Freud, aquém da prudência e das "regras de discrição às quais deve-se ater estritamente". Nos casos *princeps* que apresenta, o do astrólogo e o do grafólogo, mostra, sem nomeá-la, a grande importância da capacidade do clínico para identificar o desejo de seu cliente e tirar disso predições conformes a esse desejo. As "produções subjetivas" inscrevem-se assim numa relação intersubjetiva, na qual entra em jogo uma fina percepção dos desejos do outro e, mais precisamente, dos processos de identificação; o que Freud, curiosamente, não menciona. A análise da transmissão de pensamento na situação analítica leva Freud a assinalar a "relação de intimidade bastante grande" que o liga a seu paciente e o papel ativo que ele mesmo desempenha para suscitar a atenção enciumada de seu paciente aos pensamentos de seu analista. Depois de ter examinado toda uma série de argumentos que tornariam plausível uma explicação que não recorresse à transmissão de pensamento, Freud conclui que a balança acaba pendendo para o lado dessa hipótese. A fome do leitor não fica saciada, e é só numa menção a um trabalho de H. Deutsch que ele fica sabendo que esta, diante de tais fenômenos, "estudou sua determinação por meio das relações de transferência entre pacientes e analistas" (*ibid.*, p. 74).

Portanto, a transferência: se há transmissão de pensamentos (*Gedankenübertragung*) é porque há transferência (*Übertragung*). Freud dá a dica, citando H. Deutsch, mas não a desenvolve, não voltará a ela, falará de novo de suas antigas reticências em relação ao ocultismo e da concepção científica que atribui à psicanálise e que o leva a aceitar a telepatia, "inserindo o inconsciente entre o físico e o até então chamado psíquico". É interessante notar que toda a demonstração implica uma inserção do inconsciente na intersubjetividade e no psíquico. Mas Freud retorna aqui, em 1932, a posições já ultrapassadas faz mais de vinte anos. Contudo, algumas associações abrem (ou reabrem) algumas vias de investigação: Freud sugere que "esse tipo de transmissão psíquica direta" poderia estar implicado na formação da "vontade coletiva dos insetos que vivem em grupo". Supõe que talvez tenha sido esse "o modo primitivo, arcaico, de comunicação entre os seres, que cedeu lugar ao método por sinais recebidos por meio dos órgãos sensoriais". Comunicação arcaica, como aquela que existe nos grupos de insetos, nas multidões apaixonadas, na criança e no sonho, subsiste em segundo plano e se manifesta em certas circunstâncias.

O final da conferência é decepcionante: "voltemos à psicanálise, nosso ponto de partida", conclui Freud, em busca de um terreno mais firme. Não podemos deixar de notar que Freud subutiliza sua própria teoria ao tratar da transmissão de pensamento e dos sonhos numa espécie de resistência a sua "obscura percepção" de que a experiência onírica pertence a um mundo intermediário; de que ela não só é um encontro entre o Ego e objetos internos, mas também entre o Ego e os outros sonhadores. Mas deixemos de lado as reticências de Freud e seu desvio pela sociedade dos insetos e sublinhemos o que ele nos mostrou sem nomeá-lo explicitamente: um espaço interpsíquico no qual a transmissão de pensamento, comunicação arcaica, apoia-se na identificação e, na situação psicanalítica, na transferência. A partir daí, é necessário e possível reintroduzir o sonho no espaço da transmissão de pensamento e da transferência.

3. O SONHO NO ESPAÇO DA TRANSFERÊNCIA-CONTRATRANSFERÊNCIA

O interesse e a desconfiança de Freud no que diz respeito à transmissão de pensamento e aos sonhos compartilhados sem dúvida levaram-no a subutilizar os recursos de sua teoria para explicá-los. Portanto, cabe indagar como seu trabalho se integra de maneira mais precisa no espaço psicanalítico, tanto mais que ele mesmo nos dá um exemplo que a isso se refere. Temos de tentar compreender como a experiência onírica, o sonho e especialmente o sonho compartilhado se inscrevem no espaço transferencial-contratransferencial, questão esta tantas vezes percorrida, sobretudo sob o ângulo da relação essencial entre sonho e transferência.

A analogia estrutural entre sonho e neurose de transferência há muito já foi notada, nos termos da regressão, como modalidade da realização dos desejos inconscientes infantis. A essa analogia estrutural soma-se uma relação mais estreita que coloca em questão a fonte do sonho e sua função na transferência. Por causa dessa relação essencial entre sonho e transferência, a própria transferência é uma experiência que implica um espaço psíquico compartilhado. Sob um aspecto decisivo, esse compartilhamento do espaço psíquico é organizado pela transmissão inconsciente (ou a transferência) dos pensamentos (*Gedankenübertragung*), como bem mostra Freud em sua "Conferência" de 1932 sobre *Sonho e ocultismo* (G.-W., XV, 42): há transmissão de pensamento na transferência. A essa asserção, agrego a de J. Lacan: "a transferência é um fenômeno em que estão incluídos juntos o sujeito e o psicanalista" (1964, *in* 1973, p. 210), proposição já desenvolvida por M. e W. Baranger (1960).

Essa proposição concerne em grande medida à destinação do sonho. Já recordei que S. Ferenczi foi o primeiro a notar que Fliess era o destinatário privilegiado dos sonhos de Freud: concluiu daí que aquele para quem se contam os sonhos é aquele para quem eles estão destinados. Pode-se pensar que o sonhador organiza seu sonho tendo em mente o destinatário do sonho, o que já constitui um argumento a favor da polifonia do sonho, já que o sonho ganha no mínimo um duplo sentido, o de ser uma produção própria do sonhador e o de incluir algo do outro em sua arquitetura.

O mesmo acontece com os sonhos do psicanalista: alguns de seus sonhos incluem, como destinatário, objeto de cuidados, de amor ou de ódio, um(a) de seus(suas) analisandos(as). Devemos, contudo, constatar que raros são os estudos sobre a contratransferência do analista e sua própria atividade onírica.[4] No entanto, temos algum outro instrumento mais fino e mais seguro a nossa disposição? Mais raras ainda são as indagações sobre *as condições* que tornam possível o sonho contratransferencial. O que aprendemos até agora ao longo deste trabalho tenderia a privilegiar a capacidade de sonhar do analista como restauração de seu narcisismo danificado por sua impotência, pelas feridas que pode ter sofrido por parte de seus pacientes ou por seus próprios movimentos de ódio em relação a eles. O sonho é reparador do Ego e do outro interno, mas a condição do trabalho do sonho é que "o Ego seja reparado" (PONTALIS, 1972b, p. 270).

Os psicanalistas desenvolveram bastante tardiamente uma concepção do espaço psicanalítico que pudesse dar conta dos processos comuns e compartilhados e de sua especificidade. Referindo-se à teoria do campo, M. e W. Baranger sublinharam a partir de 1960 a implicação inevitável do psicanalista na qualidade de coprotagonista da situação psicanalítica. Psicanalista e analisando

---

[4] Menciono aqui os trabalhos de Diatkine citados na introdução, aos quais convém acrescentar os estudos de Solms, Zweibel, Lester *et al* sobre o sonho e a contratransferência, e os estudos de Sandler e de Hamilton, sobre o pré-consciente do analista.

formam um casal inextricavelmente ligado e complementar, eles participam do mesmo processo dinâmico.[5] O campo bipessoal gerado por essa díade cria-se no momento da sessão entre os dois sujeitos, no interior da unidade que eles constituem; ele é radicalmente diferente do que cada um deles é separadamente, tem qualidades e dinâmicas próprias e que são, em parte, independentes dos dois sujeitos envolvidos na relação.

O modelo do campo como construção comum inclui o processo de transformação da estrutura e de seus constituintes. O conceito de *commuting*, que C. Neri (1997) utiliza para pensar essa passagem e essas relações, explica a mudança de sentido efetuada com os outros. A questão que a teoria do campo coloca é a da interpretação, de seu conteúdo (o que J.-P. Valabrega denomina o transferido) e de sua destinação.

O sonho e a transferência são transmissões de pensamento

Essa ideia de que a transferência é transmissão de pensamento também diz que o sonho é transmissão de pensamento: foi sob esse ângulo que tentei entender os sonhos dos analistas, relacionando-os com a posição (contra) transferencial deles na situação psicanalítica.

No primeiro exemplo, as coisas, a meu ver, deram-se da seguinte maneira: a história dolorosa e impensada de minha paciente me põe em contato com partes dolorosas homólogas às dela, e sobre as quais ainda pesam os efeitos da culpa recalcada. O sonho é a realização de meu desejo de reparar a mim e a ela através da encenação de minha própria restauração narcísica. Temos essa experiência em comum, mesmo que cada sonho tenha sua especificidade.

Nesse momento da análise, a formação do espaço onírico comum repousa sobre a identificação: sobre minha identificação com seu objeto enlutado, com sua impotência. Meu sonho é minha maneira de fazer retornar o impensado compartilhado sobre uma cena onde ele se torne figurável, e de sair da identificação em espelho.

Enquanto eu conduzia aquela análise, ainda não conhecia os trabalhos de D. Meltzer sobre o "mundo vivo do sonho". Ao ler sua obra, tomei-a como uma espécie de autorização para pensar aquela experiência. Como sublinhei desde a introdução, a contribuição decisiva de D. Meltzer foi ter articulado de maneira original as relações entre sonho e transferência. Para ele, a transferência exprime tanto o passado (repetição) como o estado presente do "mundo interno" do sonhador, e nesse mundo interno alguns elementos são "arqueológicos" e outros,

---

5 Posteriormente, e com inflexões diferentes, M. Neyraut (1974), J.-P Valabrega (1980), F. Perrier (1984) e J. Guillaumin (1979) destacaram as características próprias a esse espaço.

atuais. D. Meltzer mostrou de forma notável, a partir de sua própria experiência, como o psicanalista põe à disposição do paciente a mesma capacidade de "devaneio" que a mãe tem em relação a seu bebê. Acolhe os sonhos que seu paciente depositou nele e que o fazem experimentar emoções, pensamentos e afetos, cujos efeitos sobre si mesmo o analista tem de conhecer, sem procurar interpretá-los num primeiro momento. Meltzer trabalha menos no sentido de interpretar os símbolos e mais no sentido de localizar sua origem, seu "umbigo", seu ponto de ligação com o desconhecido.

O sonho de minha paciente corresponde também ao que C. Bollas (1987) designou como sonho transformacional. Esse tipo de sonho forma-se pela introjeção do analista enquanto objeto transformacional, o que implica que também o psicanalista, em sua atividade onírica, é agente de um processo de transformação no analisando e nas relações entre eles. No contato com o analisando, recebe e transforma em seu próprio espaço interno as emoções e os pensamentos dele: meu sonho transforma, põe em cena e em pensamento os diversos componentes da experiência emocional e os conteúdos do espaço psíquico comum e compartilhado.

A propósito da incapacidade de sonhar: a fantasia incestuosa na formação do espaço onírico originário

Eis-nos, portanto, novamente levados a indagar as condições de emergência do sonho comum e compartilhado na situação analítica. São as mesmas condições da capacidade de sonhar e da formação do espaço onírico originário na relação mãe-filho. Na situação analítica, a identificação, a preocupação materna primária, o *holding* onírico são os principais processos que informam a contratransferência onírica do analista.

Podemos examinar essas condições de um ponto de vista negativo, indagando a incapacidade de sonhar, quer ela se manifeste no analisando ou no analista, ou nos dois ao mesmo tempo, através das resistências que eles possam pôr em funcionamento contra essa atividade.

Os estudos sobre o espaço do sonho e sobre os mecanismos postos em funcionamento na atividade onírica dos pacientes não neuróticos (aqueles qualificados de "estados-limite" ou de psicóticos) mostram-nos que a atividade de ligação e de transformação depara neles com certos obstáculos que afetam sua atividade onírica. Esses pacientes sofrem de distúrbios na estruturação dos limites internos e externos do aparelho psíquico, de graves defeitos na constituição dos envoltórios psíquicos, do paraexcitações e dos significantes de demarcação, de falhas ou defeitos na formação ou no funcionamento dos sistemas de ligação intrapsíquica, de deficiência dos processos de transformação. Nos neuróticos, o trabalho de ligação, realizado pelo aparelho do sonho, entre os objetos internos, os afetos e os pensamentos, entre o desejo e a defesa, entre as instâncias e entre os sistemas, entre os processos primários, secundários e terciários, todo esse trabalho implica transformações intrapsíquicas. Além daquelas impostas pela censura interna própria ao sonhador, o que supõe um espaço onírico suficientemente estruturado, existem outras, as que a qualidade do espaço onírico interpessoal torna possíveis.

A análise dos sonhos "brancos" de Florence levou-me a retomar a noção de "trans-sonhar" proposta por P.-C. Racamier (1976). Partindo da analogia que Freud estabelece entre o sonho e o delírio (mesmos procedimentos: condensação, deslocamento, símbolos, mesmas tentativas de realizações de desejos inconscientes), Racamier lembra que o delirante não distingue entre sonho e realidade. Mostra como, no psicótico, o fracasso da função onírica e do espaço próprio ao sonho o leva a desenvolver a alucinação para realizar uma função defensiva, cujo fim é substituir o paraexcitações deficiente. Sobre essa base, P.-C. Racamier descreve o que ele chama de "trans-sonhar": quando os sonhos não puderam ser sonhados "dentro", são sonhados "fora". Ante a ameaça de um perigo interno, esses pacientes tentam ou deslocar os limites para o exterior ou encolher e retrair seu espaço interno, sacrificando, por clivagem ou por forclusão, uma parte desse espaço. Sonhar "dentro" torna-se impossível, a menos que sejam reconstruídas as bases de uma relação intersubjetiva que reestruture as funções psíquicas no espaço interno. Com efeito, essas patologias são essencialmente patologias das falhas do narcisismo, do originário e da simbolização primária. É por isso que são correlativamente patologias do vínculo intersubjetivo.

Essa proposição de P.-C. Racamier aproxima-se nesse sentido da de M. Masud Khan (1972, p. 285): "minha experiência clínica leva-me a pensar que os pacientes, quando não podem instituir esse tipo de espaço em sua realidade interior, procuram utilizar seu espaço social e suas relações de objeto para 'atuar' (*act-out*) seus sonhos". Mesma posição em J.-B. Pontalis: "quando o conflito é incessantemente atuado na cena do mundo, a entrada na cena do sonho nos é impedida" (1972b, p. 27).

A análise de Florence confirma essa insuficiência da estruturação do espaço e da tela do sonho, o impedimento consecutivo de sua capacidade de sonhar (ela sonha "fora" com a droga) e a restauração dessa capacidade no trabalho de análise, com o primeiro sonho, o da cama que contém as crianças. Lembro aqui a forte observação de P.-C. Racamier: "nunca dormimos sozinhos, e sim totalmente encostados no corpo difusamente investido da mãe": é nesse sono contra o corpo da mãe que a atividade onírica pode dar-se. Mas creio que também podemos observar que essa mesma proximidade é responsável pela dificuldade de sonhar, quando sobre ela pesa uma fantasia incestuosa. Compartilhar o mesmo espaço onírico não é algo "inocente".

Em certos tratamentos marcados pela dificuldade de constituir esse espaço, em decorrência de sua periculosidade para os pacientes, cheguei a recorrer a um modo de intervenção inspirado em minha prática do psicodrama psicanalítico. Propunha ao paciente imaginar, em vez do "sonhar fora", roteiros que pudessem ser representados se estivéssemos numa situação de psicodrama. A aquisição da categoria lúdica do fazer de conta, o deslocamento da cena do real para o espaço psíquico, e, sem dúvida, minha preocupação de nos aproximarmos de uma atividade que seria "como num sonho" tornaram possível a retomada da atividade onírica. Segundo essa mesma inspiração, a psicodramatização do sonho possibilitou que as associações sobre o relato do sonho se tornassem mobilizáveis e que os sonhos assim dramatizados no espaço transferencial-contratransferencial atual manifestassem os pensamentos do sonho. Esse processo tem, além disso, o mérito de tornar possível uma diversidade de versões do sonho e, ao multiplicar os pontos de vista do sonhador, sustentar o processo associativo e identificar seus obstáculos.

Neste capítulo, tentei mostrar que o espaço psíquico comum e compartilhado em que surgem os sonhos cruzados do analista e do analisando está organizado por operações rudimentares de transmissão ou de transferência de pensamento, de indução recíproca, de depositação e de identificação projetiva. As características desse espaço colocam o problema do acolhimento, da continência e da transformação dos sonhos de um pelo espaço psíquico de um outro, ou de mais de um outro. E, nos casos que estudamos, pelo analista.

Segunda parte
O GRUPO E O SONHO

4. A tessitura onírica dos grupos

Com *A interpretação dos sonhos*, Freud fez do sonho um assunto privado, descobriu seus princípios de funcionamento e propôs uma concepção sólida de sua função intrapsíquica: o sonho é a realização alucinatória de um desejo inconsciente; de um desejo da véspera e de um desejo sexual infantil recalcado.

Nos grupos constituídos como artefato metodológico para o trabalho psicanalítico, o sonho se manifesta com características diferentes daquelas que prevalecem na análise. Alguém sonha no grupo, faz dele um relato que endereça a outros, e o relato desse sonho suscita diversos movimentos psíquicos nos membros do grupo: ele é falado, rejeitado, ignorado. Geralmente, inicia-se um processo associativo, um processo interdiscursivo, polifônico, tecido nas modalidades e nos conteúdos das transferências, nas resistências e nos recalcamentos, mas também nas representações até então inacessíveis e para as quais o trabalho das associações abriu caminho até o pré-consciente.

1. CONVERGÊNCIAS ENTRE GRUPO E SONHO

Antes de explorar no próximo capítulo as manifestações clínicas do sonho, o estatuto do sonhador e o destino do sonho nesse tipo particular de situação de grupo, considero útil ampliar a formulação e estabelecer que o espaço psíquico dos grupos nos quais são produzidos e enunciados os sonhos já é ele mesmo um espaço onírico. Ampliando ainda mais o campo, poderemos pensar que essa tessitura onírica do grupo é apenas uma versão do fundamento onírico do vínculo intersubjetivo.

Para começar, vou basear-me na tese enunciada em 1966 por D. Anzieu quando ele estabelece a analogia entre grupo e sonho. Essa tese nos permite compreender que a estrutura do grupo e do sonho, seus espaços psíquicos e seus processos são parcialmente superponíveis: o grupo e o sonho, sob diferentes formas, são espaços do imaginário onírico.

O grupo é *como* o sonho porque é o lugar da realização de desejos inconscientes e, por isso, da manifestação dos efeitos do inconsciente. O ponto de vista que defendo é que essa realização e essa manifestação produzem-se em dois espaços psíquicos articulados entre si: no sujeito singular, indissociavelmente sujeito de sua própria divisão estrutural e, desde a origem, sujeito do vínculo; no grupo, espaço de uma realidade psíquica irredutível à de seus sujeitos considerados isoladamente.

De forma mais ampla, o grupo é um espaço para devanear e para imaginar, lugar da ilusão e do ilusório. Contudo, mais precisa ainda é a ideia de que fazer vínculo de grupo (mas também de casal e de família) exige que se constitua um espaço comum e compartilhado: os membros de um grupo se comunicam por seu Ego onírico (Guillaumin), e que é dessa maneira que se constitui a matéria onírica do grupo. A analogia entre grupo e sonho implica também processos psíquicos comuns – já mencionei aqueles decorrentes do processo primário: condensação, deslocamentos, multiplicação, difração, figuração, encenação e dramatização.[1] Todos esses processos se combinam segundo um princípio organizador de pensamentos do sonho (a representação-meta) e dos vínculos de grupo (os organizadores inconscientes, particularmente os grupos internos).

Na clínica das situações psicanalíticas de grupo, o sonho é uma atividade, um processo e um objeto notavelmente investido pelos membros do grupo. Um poderoso motor de prazer é relatar aos outros seus sonhos, escutá-los e sustentar sua elaboração. Conhecemos por certos grupos onde se sonha muito, e outros nos quais os sonhos não se formam, ou se formam pouco, e não são contados. Essas diferenças devem-se a diversas variáveis, algumas relacionadas com o investimento do ou dos psicanalistas na atividade onírica, outras, com as características do espaço onírico do grupo.

Em suma, se levarmos em consideração as especificidades do espaço onírico grupal, disporemos de uma nova forma de abordar o sonho, seus princípios de formação, suas funções e seu sentido, tanto no espaço psíquico do sonhador como no do vínculo.

2. A TESE DE D. ANZIEU: A ANALOGIA ENTRE GRUPO E SONHO. UMA REAVALIAÇÃO

Começarei relembrando a tese proposta por D. Anzieu em 1966 sobre a analogia entre grupo e sonho: gostaria de analisar suas implicações, desenvolver suas

---

1 A respeito da dramatização no sonho e no grupo, sobretudo nos psicodramas psicanalíticos de grupo, cf. R. Kaës, 1986 e 1999.

consequências e discuti-las. Sua proposição foi, com efeito, um dos pontos de partida dos estudos psicanalíticos sobre o grupo na França. Ela foi se enriquecendo com o passar dos anos com noções e conceitos fundamentais, como a ilusão grupal (1971). Posteriormente, seus trabalhos sobre os envoltórios psíquicos, seus desenvolvimentos sobre o envoltório grupal e sobre o envoltório onírico permitiram aprofundar a analogia entre grupo e sonho.

O grupo é *como* o sonho...

Em 1966, D. Anzieu propõe, a partir do modelo do sonho, um modelo de inteligibilidade do grupo, concebido como uma entidade psíquica específica: o grupo é, *como* o sonho, o meio e o lugar da realização imaginária dos desejos inconscientes de seus membros, de seus desejos infantis e de seus desejos da véspera: "os sujeitos humanos vão a grupos da mesma maneira que, em seu sono, entram a sonhar". O modelo do sonho implica que os fenômenos que se desenrolam nos grupos se assemelham a conteúdos manifestos e que eles derivam de um número limitado de conteúdos latentes; neles, os processos primários, encobertos por uma fachada de processos secundários, são determinantes.

Essa é a substância da tese. Disso, D. Anzieu tira três consequências decisivas:

1. O grupo, quer cumpra de modo eficaz a tarefa que lhe foi designada, quer esteja paralisado, é um debate com uma fantasia subjacente.
2. Como o sonho, como o sintoma, o grupo é a associação entre desejos inconscientes que buscam uma via de realização imaginária e defesas contra a angústia que essas realizações suscitam no Ego dos participantes. D. Anzieu retira assim da psicologia social o que até então era chamado de "dinâmica dos grupos" e a inscreve no quadro da primeira tópica freudiana.
3. O grupo é "uma tópica projetada", uma cena de projeção das tópicas internas.

D. Anzieu defende nesse texto duas perspectivas diferentes: a primeira é a do "sujeito humano que entra em grupos da mesma maneira que em [seu] sono entra a sonhar"; a segunda presta mais atenção aos "fenômenos que se manifestam nos grupos", sendo estes últimos considerados como entidades específicas, caracterizadas basicamente por seu "debate com uma fantasia subjacente" e regidos pelos processos primários. Essas duas perspectivas não são articuladas em 1966, e tampouco o serão em seguida. A inspiração dominante da proposição é mostrar que é possível pensar psicanaliticamente o grupo com base no modelo do sonho. Implicitamente, D. Anzieu admite a noção de uma realidade psíquica do grupo, mas não a explicitará de maneira mais precisa. Seja como for, essas duas perspectivas colocam problemas fundamentais para a teoria do sonho, do sujeito e do grupo.

Pode-se dimensionar melhor a originalidade da tese de D. Anzieu ao situá-la entre os outros estudos da época. Na França, em 1963, J.-B. Pontalis estabelece o valor de *objeto* psíquico que o grupo constitui para seus membros. Essa proposição contribuirá para distinguir um primeiro espaço propriamente psicanalítico para a economia dos investimentos pulsionais e das representações de que o grupo é objeto. Desde o começo dos anos sessenta, também vemos desenharem-se duas inflexões nessas duas referências *princeps*: a de Pontalis, preocupado em preservar a relação do sujeito com o grupo, e a de Anzieu, mais interessado em construir um espaço psíquico de grupo, um espaço caracterizado por seu material onírico.

O texto de 1966 tem uma dimensão estratégica importante. D. Anzieu mostra que o grupo pode constituir um objeto legítimo da investigação e da prática psicanalíticas, e nisso procede como Freud: assim como a interpretação do sonho, o grupo abre caminho para o conhecimento da realidade psíquica e de seu objeto teórico, o Inconsciente. Se o sonho é o modelo de inteligibilidade do aparelho psíquico individual, não o será também da realidade psíquica que prevalece no grupo? A analogia entre sonho e grupo seria uma nova via privilegiada de acesso ao Inconsciente (cf. o título de sua obra de 1975: *O inconsciente e o grupo*). E talvez ele fosse, além disso, um novo princípio de inteligibilidade do aparelho psíquico: embora D. Anzieu não formule essa questão, abre a possibilidade de que ela o seja.

O grupo como "cena" onírica e a noção de tópica projetada

Enquanto a maioria dos terapeutas de grupo que naquela época se interessavam pelo sonho se dedica a definir sua utilização no processo terapêutico, D. Anzieu afirma que o grupo é uma *outra* cena da representação e da realização do desejo inconsciente. Esse deslocamento da cena intrapsíquica onde o sonho é elaborado para a cena do grupo onde é representado dá um novo destaque a duas ideias expostas por Freud. A primeira, considerada desde *Totem e tabu* e sobretudo em *Psicologia das massas e análise do Ego*, é a de uma continuidade entre o espaço intrapsíquico e o que chamo os espaços psíquicos comuns e compartilhados. A segunda reforça a análise freudiana do estado de multidão ou de massa como formação coletiva onírica (hipnótica, dizia Freud) regida pelos processos primários. Poderíamos considerar, por retrospecção, que é este o estatuto da horda primitiva: um sonho de grupo, transformado em mito, que trataria da questão da origem e da causa dos laços de grupo.

A ideia do grupo como cena onírica é precisada por D. Anzieu com a noção de tópica projetada. O grupo é um espaço de projeção das instâncias da tópica intrapsíquica. É seu receptáculo (o envoltório, dirá ele mais tarde) e sua cena (seu espaço de representação, de dramatização e de figuração). É isso o que precisarei em minhas próprias investigações, e foi provavelmente dessas trocas que se nutriu parte de meu modelo do aparelho psíquico grupal.

A noção de tópica projetada foi objeto de nossos primeiros debates em 1964 e nós a colocamos à prova em 1965, em nossa experiência comum do "Grupo do paraíso perdido" (KAËS; ANZIEU, 1973). Estávamos de acordo quanto ao interesse teórico e clínico da noção de tópica projetada, mas tínhamos posições diferentes quanto à concepção desta. A concepção do grupo como cena e como tópica projetada é para D. Anzieu unidirecional: o movimento vai do sujeito, membro do grupo, para o grupo, cuja realidade psíquica está constituída desse material projetivo. Defendo uma posição bidirecional: não basta pensar a ideia da tópica projetada; o grupo sem dúvida recebe os investimentos e as projeções dos sujeitos, mas há motivos para levar em consideração a maneira como se ligam, se combinam, se emparelham e se transformam essas "depositações" psíquicas no espaço grupal. Suponho, além disso, que os termos em que se dão as trocas entre grupo e sujeito singular implicam a participação do grupo na formação do sujeito do inconsciente e, no que concerne ao sonho, na própria formação de seu espaço onírico

Implicações e desenvolvimentos da analogia entre grupo e sonho

O campo de investigações originais aberto por D. Anzieu sobre o grupo como espaço de realização do sonho deixou várias questões em suspenso, algo que é próprio de toda ideia inovadora. Entre essas questões, vale a pena destacar a do desejo dos sujeitos no conjunto dos sujeitos com os quais eles formam o grupo, a do trabalho do sonho em situação de grupo, a das condições necessárias para que se forme o envoltório grupal do sonho, e a do redobramento da cena do sonho na cena do grupo. Esta última questão poderia ser formulada da seguinte forma: ao supormos que o grupo, como o sonho, é um aparelho de transformação psíquica para seus sujeitos, que função desempenham o sonho e seu relato no processo do grupo, qual o efeito do sonho de um para a psique do outro? Outra questão importante: que relações, do ponto de vista da tópica, da economia e da dinâmica psíquica, se estabelecem entre a cena intrapsíquica do sonho e seu deslocamento para a cena do grupo? Para responder a essas questões, parece-me indispensável indagar previamente qual a concepção do sonho presente na analogia entre grupo e sonho.

Que concepção do sonho está em jogo nessa analogia?

Como lembrei no primeiro capítulo, A. Green (1972) e J. Laplanche (1979) mostraram que, desde suas primeiras investigações sobre o sonho, desde o *Projeto*, Freud concebe o espaço psíquico como um espaço *fechado*. O espaço é fechado por uma necessidade epistemológica, para "delimitar apenas o Inconsciente" e ter acesso a sua lógica interna. Essa necessidade encontrará no método do tratamento, e sobretudo na interpretação dos sonhos, suas vias de acesso conjuntas.

Percorrendo o mesmo caminho que Freud, D. Anzieu ressalta o necessário fechamento do espaço psíquico para que se produza o sonho: para que o grupo seja esse "debate com uma fantasia subjacente", o dentro tem de se fechar para o fora, tem de acontecer uma retirada do investimento corporal pela consciência, é indispensável uma regressão tópica e formal. O momento "onírico" torna-se possível não só pelas expectativas de realização, por intermédio do grupo, dos "sonhos de desejos irrealizados"[2] de seus membros, mas também pela criação da ilusão grupal, outra modalidade do fechamento psíquico sustentada pela fantasia compartilhada da coincidência entre os espaços intrapsíquicos e o do grupo.

Supondo que seja esse o sentido da posição de D. Anzieu, entende-se por que, em 1966, ele não propõe incluir em seu campo teórico a análise do funcionamento do sonho no grupo. Não se trata tanto de pensar a *experiência onírica* privilegiada pelo grupo e sim de conceber o grupo como cena externalizada dos sonhos individuais, ou seja, como um lugar do Inconsciente ao mesmo tempo ectópico e ligado à tópica interna projetada nele. Por esses mesmos motivos, a concepção de um espaço onírico comum e compartilhado não foi uma preocupação dele, assim como tampouco o foi a hipótese do apoio da capacidade de sonhar de um na atividade onírica do outro ou de mais de um outro, embora tenha retomado, especificando-as, as proposições de W.-R. Bion sobre a capacidade materna de "devaneio".

Caso queiramos pensar relações entre os espaços oníricos singulares e aqueles que se manifestam no grupo, além da tese que explica sua tessitura onírica, é necessário transformar a representação clássica do fechamento do sonho como modelo do aparelho psíquico e desenvolver outras proposições. Nessa perspectiva, os conceitos de ilusão grupal e de envoltório grupal dão sua contribuição para esse projeto, mas ainda deixam a questão muito aberta.

---

2 Para retomar a bela expressão de Freud (1914) a respeito do apoio do narcisismo de "Sua Majestade, o Bebê" sobre o negativo do narcisismo parental.

A ilusão grupal e o sonho

A noção de ilusão grupal deu aos psicanalistas, em 1971, um operador teórico-clínico identificável em qualquer organização do vínculo intersubjetivo. D. Anzieu descobre que a experiência fundamental que ocorre nos grupos é a de uma coincidência entre a expectativa do objeto (o objeto-grupo) e a realização dessa expectativa no próprio espaço do grupo. Para descrever as representações e os investimentos que tornam possível a experiência da ilusão grupal, D. Anzieu privilegiou a crença compartilhada por todos os membros do grupo de que o grupo que eles formam é o melhor possível, com o melhor coordenador que existe.

Como mostrou J.-C. Ginoux (1982), D. Anzieu utiliza o conceito de ilusão em registros opostos: ora se refere a Freud, ora a D.-W. Winnicott. Contudo, a inspiração winnicottiana é a mais explícita. Ela recorre ao conceito de espaço transicional. Sabemos que o próprio do espaço transicional é fazer coexistirem, sem crise nem conflito, o dentro e o fora, o Eu e o não-Eu, os outros e o Si-mesmo, o meu e o não-meu, o já presente e o ainda não advindo. Essa coexistência é um momento paradoxal fecundo: supõe uma experiência subjetiva e intersubjetiva de tolerância e de confiança: *intersubjetiva*, pois essa experiência exige da mãe que ela não invada o espaço onde se forma a ilusão da criança. A experiência de espaço transicional consiste em poder experimentar a ilusão fundadora de uma *continuidade* entre a realidade psíquica e a realidade externa, em explorar sem conflito suas flutuações e seus limites. Mas contém também o tempo da desilusão, e nesse sentido é o prelúdio da diferenciação dos elementos paradoxalmente mantidos juntos na continuidade. A criança só terá acesso à necessária diferenciação se a experiência decisiva da ilusão pôde se dar. O mesmo ocorre no espaço grupal: na medida em que a experiência da ilusão é possível nele, o grupo é o lugar de uma experiência prévia à simbolização e à diferenciação, já que, como D.-W. Winnicott supõe no que se refere ao espaço cultural, temos "um lugar onde pôr o que encontramos".

Entre o sonho e a ilusão, podem estabelecer-se muitas relações: o grupo só é "como um sonho" se a experiência da ilusão grupal for possível nele. Mas também se pode afirmar que é só porque o grupo está investido como um lugar e um meio de realização dos desejos inconscientes que ele torna possível a expectativa crédula da coincidência entre as fantasias de desejo dos membros do grupo. Será possível decidir o que vem primeiro? Caso essas questões tenham algum sentido, não se podem furtar a uma reflexão sobre o que diferencia o grupo como sonho, o grupo como ilusão compartilhada e o grupo como espaço transicional. No jogo e no sonho, não são os mesmos registros processuais que entram em funcionamento, nem são idênticos os efeitos de trabalho psíquico que se produzem em cada uma dessas formações. Mas isso ainda é algo por estabelecer.

Envoltório grupal, envoltório do sonho

Depois que D. Anzieu introduziu a noção de "eu-pele" (1974), e depois o conceito de envoltório psíquico (1976), a analogia entre o grupo e o sonho tornou-se mais precisa com as representações do envoltório grupal e do envoltório do sonho. Como todo envoltório, o envoltório grupal e o envoltório do sonho cumprem, cada um, três principais funções: de saco continente, de barreira de proteção e de membrana filtrante. O envoltório grupal traça o "duplo limite" descrito por A. Green: com suas duas faces, o envoltório grupal é uma fronteira entre o mundo externo e o mundo interno, entre o fora do grupo em relação ao qual funciona como barreira de proteção, e o intragrupo onde desempenha o papel de uma barreira de contenção.

O envoltório do sonho também se caracteriza por essas três funções, mas tem, além disso, uma função reparadora no que se refere aos microtraumas da véspera, uma função de restauração da capacidade de sonhar e uma função de filtro entre os restos diurnos produzidos no vínculo e os restos noturnos de cada sonhador. A introdução do conceito de espaços psíquicos comuns e compartilhados permite inscrever esse desenvolvimento numa problemática que restitui ao sonhador sua subjetividade no grupo.

De acordo com a analogia entre grupo e sonho, pode-se supor que no grupo o envoltório onírico sustenta e repara o envoltório grupal. Mas também se pode pensar que a experiência da ilusão e a formação do envoltório grupal são algumas das condições necessárias para que o grupo contenha os sonhos "dos sujeitos humanos que entram no grupo assim como entram a sonhar". Portanto, eis-nos de novo diante desta questão: sob que condições teóricas o grupo é um análogo do sonho, sob que condições clínicas cumpre ele essa função? Só a clínica psicanalítica grupal pode nos dar elementos para responder a essa questão.

Uma questão em aberto: o sonho e o sonhador no grupo

Em 1966, D. Anzieu não tem a intenção de estabelecer o sujeito em sua subjetividade de sonhador no grupo. Mas a questão se coloca: se o grupo é um dos lugares da realização onírica de desejos inconscientes recalcados na infância e na véspera, se seu material e seu envoltório têm a tessitura do sonho, o complemento teórico e clínico da analogia entre grupo e sonho deveria levar a considerar o sonho e seu sonhador em suas relações com o grupo.

Cabe perguntar, então, em que consiste o desejo dos sujeitos que desejam sonhar juntos no grupo, graças ao grupo e ao que ele representa para seus membros. Exploraremos as fontes do sonho que são encontradas-criadas no espaço onírico comum, como se dá o trabalho do sonho no espaço intrapsíquico e no do grupo. Indagaremos sobre o redobramento figurativo da cena do sonho na cena do grupo, as distâncias que suscitam seu deslocamento e sua projeção, mas questionaremos também as condições que tornam possível sua reapropriação no espaço interno. Indagaremos, por fim, a função que o sonhador cumpre no grupo, porta-sonhos de outros sujeitos impedidos de sonhar, herói e poeta do grupo, secretamente estimulado por uma mãe que lhe oferece sempre sua capacidade de "devaneio" e cujo papel o grupo pode desempenhar. Mas esse sonhador no grupo é também um sonhador singular que transforma sua própria parte obscura na cena íntima do sonho.

Todas essas questões têm um alcance que extrapola em muito o contexto problematicamente definido pela analogia entre grupo e sonho. Sua pertinência estende-se, como começamos a estabelecer, para o contexto do tratamento, para o espaço psicanalítico atravessado pelos sonhos cruzados do analista e do analisando. Para avançar nessa exploração, é indispensável fazer referência ao método que a torna possível.

3. A SITUAÇÃO PSICANALÍTICA DE GRUPO

O sonho, para Freud, assim como para qualquer analista na situação da análise, é aquele que lhe é relatado por seus pacientes no divã. São também, para Freud em primeiro lugar, seus próprios sonhos que lhe fornecem o material de sua investigação. A análise e a interpretação dos sonhos pressupõem a regra fundamental: o método da associação livre, no campo das transferências, é o elemento essencial. A análise que Freud fez de seus próprios sonhos depende das vicissitudes da autoanálise, mas também dos relatos que Freud comunica a alguns de seus próximos, fora do contexto da análise propriamente dita. Em todos os casos, contudo, o sonhador é sempre um sujeito singular, cujas associações são sempre escutadas pelo analista, o destinatário do sonho, como as de um sujeito singular.

A situação psicanalítica de grupo comporta características diferentes das da análise, e é legítimo levantarmos a hipótese de que a formação do sonho, seus materiais e seu relato dependem dessa situação. Descrevi em várias publicações (1972, 1982, 1993, 1994) o objeto teórico, o método e a clínica da situação psicanalítica de grupo. Vou relembrar algumas de suas principais características, indicando de que maneira elas podem dar especificidade à tessitura onírica do grupo e à atividade onírica no grupo.

Uma situação psicanalítica é instituída por um psicanalista quando ele instala um enquadramento[3] e um dispositivo apropriados para tornar possível a experiência do inconsciente, a consciência de suas formações e de seus processos, o reconhecimento dos efeitos de subjetividade que ele define. O analista que institui essa situação faz parte dessa situação. Uma situação psicanalítica é sempre um método de tratamento do sofrimento psíquico e um método de investigação de seus efeitos.

Nessa situação, põe-se em andamento um processo psicanalítico: esse processo torna manifestas, trabalha e transforma as formações psíquicas em sofrimento psíquico, as mesmas que motivaram a demanda e a oferta da psicanálise, no encontro singular do psicanalista com o analisando.

Essas duas características estão presentes na situação psicanalítica de grupo? Sem dúvida nenhuma, desde que se admita que um enquadramento e um dispositivo específicos, instituídos por um ou vários psicanalistas, tornam possível nele a experiência do inconsciente, a manifestação de suas formações e de seus processos, um trabalho de elaboração que dê acesso a formas de subjetividade correspondentes. Nessas condições, a situação psicanalítica de grupo concerne ao sujeito do inconsciente em suas relações com a realidade psíquica de grupo e no grupo. Toda a questão consiste em dotar-se dos meios para reconhecer o duplo aspecto da realidade psíquica inconsciente que nele se mobiliza e apreender seus pontos de articulação. Os modelos teóricos que dão conta disso são em número limitado e, sobretudo, são modelos diferentes daqueles propostos pela metapsicologia oriunda apenas da experiência da análise.

Com efeito, se admitirmos que a situação psicanalítica de grupo nos dá acesso a processos psíquicos de dois níveis, aqueles que organizam a psique do sujeito e aqueles que organizam a psique do grupo, disso resulta uma clínica específica, da qual as construções conceituais da psicanálise não podem dar conta por meio de uma pura e simples transposição para a situação de grupo dos modelos oriundos da análise individual. Para perceber a necessidade de construir proposições teóricas apropriadas, é indispensável descrever as características morfológicas da situação psicanalítica de grupo, a fim de identificar seus efeitos, tanto sobre os espaços da realidade psíquica que ela determina como sobre os processos analíticos que nela se manifestam.[4]

---

3 Sobre o enquadramento e o dispositivo, cf. J. Bleger (1966).

4 Sobre as características morfológicas do grupo (em termos mais gerais, das configurações de vínculos pluri-individuais), e sobre os efeitos que elas conferem aos dispositivos metodológicos

Algumas características da situação de grupo e suas incidências sobre o espaço onírico do grupo

Sem entrar em detalhes, e deixando algumas proposições pontuais para desenvolvimentos posteriores, gostaria de chamar a atenção para sete características. As três primeiras estão ligadas à morfologia do dispositivo, as quatro seguintes são próprias da situação psicanalítica de grupo.

1. A pluralidade

O grupo reúne vários sujeitos. O caso mais frequente é aquele em que vários sujeitos estranhos uns aos outros se encontram no momento da sessão inicial. Cada um se vê confrontado, face a face, com vários outros, que são para cada um objetos de investimentos pulsionais, de emoções, de afetos e de representações diversos, em ressonância ou em dissonância uns com os outros. O encontro plurissubjetivo faz de cada um para cada outro um interlocutor e um estranho, uma imagem de seu Ego e uma representação de seu não-Ego. Nessa situação, produz-se uma excitação interna e mútua que se mantém num jogo complexo de proteções e de identificações recíprocas. Os participantes vivem experiências passageiras de transbordamento e de falência da capacidade de associar os estímulos excitantes com representações. Essas experiências são potencialmente traumatogênicas se os dispositivos paraexcitadores forem insuficientes. Estão reunidas, portanto, algumas condições que concorrem para a formação do inconsciente originário, desde que se admita a hipótese de Freud de que o originário provavelmente se constitui *por ocasião* da ruptura do paraexcitações. Nessas condições, mecanismos de defesa conjuntos e comuns entram em funcionamento: identificações de urgência, renúncia, consentida tacitamente e sem que ninguém se dê conta, a realizações pulsionais diretas, alianças defensivas inconscientes (pacto denegativo, em particular).

Formar grupo e estar em grupo suscita uma tensão fundamental entre as exigências de contribuir para a unidade do grupo e para a manutenção do narcisismo grupal, e as do sujeito singular em seu desejo de ser um fim em si mesmo e de se diferenciar dos outros. É de se esperar que o sonho e o relato do sonho, produção pessoal, mas a partir de então compartilhável, acompanhem essa oscilação e mobilizem essa tensão.

A estrutura plural dos grupos possui, por fim, a propriedade de tornar disponível para os participantes a experiência da diversidade, da plasticidade e

---

correspondentes, o leitor poderá consultar minha obra *La parole et le lien: Les processus associatifs dans les groupes* (1994). Ver, também, *Les théories psychanalytiques du groupe* (1999).

da assimetria dos níveis de regressão e de maturação. A variedade dos objetos e dos fins pulsionais, os antagonismos e as complementaridades das instâncias, as polaridades entre desejo e defesa, a encenação fantasmática, são propriedades do aparelho psíquico grupal.

2. O emparelhamento psíquico dos vínculos de grupo

É, com efeito, com base nessa característica (a pluralidade) e nos movimentos psíquicos que ela suscita que se produz certo *arranjo inconsciente das zonas psíquicas em que um emparelhamento e uma afinação dos vínculos são possíveis*: esse arranjo forma a matriz do espaço comum e compartilhado. Desde os primeiros instantes da vida dos grupos, o recalcamento, a recusa ou a clivagem das representações perigosas trabalham para a produção conjunta do inconsciente e desse espaço. Esses mecanismos de defesa, coconstruídos, formam o princípio das alianças inconscientes. Os conteúdos (inconscientes) dessas alianças retornarão nas modalidades das transferências e do trabalho associativo, segundo as vias e os conteúdos próprios a cada um, mas também segundo os processos e as produções psíquicas do grupo enquanto todo.

Na formação desse emparelhamento psíquico dos vínculos, quer se trate da relação primária, do casal, da família ou do grupo, já sublinhei o papel fundamental que desempenham as diversas formas e modalidades das identificações inconscientes. Suas funções são decisivas na formação do espaço onírico comum e compartilhado. Num estudo sobre o sonho nos grupos, R. Friedman (1999) insiste na importância da identificação projetiva como processo relacional inconsciente. Segue nisso as contribuições de M. Klein e de W.-R. Bion: a identificação projetiva comporta uma dupla dimensão, projetiva e identificatória, e visa três objetivos: construir uma relação de objeto através da comunicação (projeção) de uma mensagem, produzir efeitos sobre um "outro" significativo por meio dessa mensagem, transformar o *Self* através do processo que esse outro realizará em seu lugar. É de se esperar que esse processo ocupe um lugar decisivo nos momentos em que o relato de um sonho contenha representações e afetos insustentáveis: as ressonâncias identificatórias nos membros do grupo comportam todas as nuanças da identificação projetiva e agem no interior daqueles que a recebem.

Um dos efeitos do emparelhamento psíquico no grupo é construir o grupo como espaço unificado e coesivo. Também aqui a identificação (primária, "anterior a toda relação de objeto") desempenha um papel central: garante a inclusão de cada um num "estar junto", por um traço que cada um tem em comum e que todos devem compartilhar. "Cada um" não significa aqui uma diferenciação das pessoas, mas antes a parte indiferenciada da pessoa: poderíamos dizer que "cada um" conta como um elemento da unidade do grupo, pois esta prevalece sobre qualquer diferenciação. É por isso que o comum e o compartilhado se superpõem numa relação de obrigação. Trata-se de estar junto, semelhantes no grupo-um.

Referindo-se ao processo grupal, H. Kohut descreveu a transferência idealizadora e as identificações que suportam o "grupo de dois" formado pelo líder-hipnotizador-terapeuta e o paciente e que constituem a unidade e a permanência do vínculo (1971, ed. fr., p. 85-86). A noção de *Self* grupal ou *Self* de grupo deriva dessa concepção.[5] A busca de uma unidade suficiente é perceptível na fase inicial do grupo, mas ela é retomada cada vez que movimentos de divisão ou de diferenciação o ameaçam. O *Self* grupal unificado está, ao mesmo tempo, sempre ameaçado de fragmentação. A atividade onírica inscreve-se nessa tensão em equilíbrio instável entre o narcisismo do indivíduo e o narcisismo grupal: não só o *Self* grupal contribui para formar a tessitura onírica do grupo, como os sonhos alimentam em contrapartida o narcisismo do grupo e o dos sonhadores. J. Villier (1985, p. 61) sublinhou esse movimento nos grupos analíticos: as transferências para o psicanalista e para a psicanálise como principal via de acesso ao inconsciente pela interpretação dos sonhos colocam os participantes numa espécie de obrigação de sonhar: recebem em troca uma confirmação narcísica do grupo. Pode-se, portanto, dizer que, sobre a trama da tessitura onírica (e, portanto, narcísica) do grupo, o sonho e seu relato funcionam como elo dos vínculos de grupo e reforçam a unidade narcísica grupal.[6]

3. A disposição espacial é homóloga ao espaço de figuração e de dramatização dos pensamentos do sonho

Nos grupos, a pluralidade soma-se ao face a face com que estão confrontados os participantes. E esta é uma das principais diferenças para com a situação psicanalítica do tratamento individual, embora essa diferença hoje já não seja mais tão radical, e experiências de grupos em que os participantes

---

[5] A noção de *Self* grupal foi proposta e utilizada por diferentes autores, entre os quais A. Abraham e D. Anzieu. Kohut a construiu a partir de seus estudos do *Self*, que descreve como uma estrutura que assume a totalidade da pessoa através do pólo do investimento narcísico e assegura seu sentimento de permanência e de unidade. A noção grandiosa de *Self* comum descreve um grupo imortal, cujo *líder* é idealizado, e no qual os membros do grupo são necessários para a manutenção do grupo imortal e dos ideais, onipotentes e megalômanos.

[6] Na verdade, essa proposição não é específica da situação psicanalítica grupal, embora comporte efeitos específicos nessa situação. Podemos ampliá-la com base nas pesquisas antropológicas sobre o sonho. Mais uma vez, o sonho contribui de forma notável para a edificação do *Self* grupal.

ficam dispostos, não face a face, mas de costas uns para os outros, tragam novas concepções sobre os processos associativos além da atenuação dos efeitos espetaculares e especulares do face a face (KAËS, 1994).

Em várias oportunidades sublinhei que a disposição espacial dos participantes e dos analistas num face a face plural propicia a mobilização de três experiências fundamentais. A primeira é a do *face a face materno primário*, sobretudo as experiências transcorridas durante as relações de cuidados e de alimentação e que reativam modalidades táteis, visuais, mímicas e olfativas da comunicação arcaica. A segunda é a do *face a face especular*, que ativa as modalidades identificatórias especulares e reativa as angústias de fragmentação, a sensação de sinistro diante do duplo, a agressividade ante o rival e o intruso. A construção de um corpo individual e grupal unificado, integrado e coesivo é uma das saídas para lutar contra essas angústias. Enfim, a experiência do *face a face da sedução* amorosa e do acasalamento é reativada com a revivescência das emoções libidinais sexuais e narcísicas. A dimensão plural dessas experiências de face a face incita à colocação em cena dos afetos, dos objetos e das representações associados à fantasmática originária da cena primitiva, nodal em qualquer grupo.

Esse aspecto característico da disposição espacial face a face é importante para a formação da tessitura e do espaço onírico do grupo. Comporta elementos favoráveis à encenação da fantasia, que encontra na estrutura morfológica do grupo uma configuração particularmente propícia para sua emergência: lugares correlativos, atributivos (inclusive autoatributivos), distributivos e permutativos organizam-se numa ação e numa cena psíquica, cujos termos e cujo teor vão buscar seu material na tessitura onírica do grupo, ao mesmo tempo que a organizam. O face a face e a pluralidade dispõem um espaço e materiais para a roteirização e a dramatização: esse espaço e esses materiais são homólogos aos processos do sonho que levam à figuração icônica dos pensamentos do sonho. Não surpreende que os efeitos de roteirização e de dramatização sejam maximizados no grupo de psicodrama.

4. A regra fundamental e o processo associativo interdiscursivo

A pluralidade tem uma incidência direta sobre o trabalho da associação livre e sobre a organização dos processos associativos. Nos dispositivos psicanalíticos pluri-individuais, a regra fundamental é enunciada, mas tem como particularidade o fato de ser dita a vários sujeitos simultaneamente reunidos.

Em *La parole et le lien* (1994), tentei compreender de que maneira, em situação de grupo, os enunciados verbais (e, de forma mais geral, os enunciados de significantes de demarcação: mímicas, posturas, gestos) estão inseridos numa pluralidade de discursos que se ordenam segundo dois eixos: sincrônico e diacrônico. No que concerne às associações verbais, os enunciados de um sujeito estão sempre situados no ponto de encontro de duas cadeias associativas: uma é comandada por suas representações-meta individuais, a outra pelas representações inconscientes organizadoras dos vínculos de grupo e pelo conjunto dos enunciados já produzidos pelos outros sujeitos. Uma *interdiscursividade* organiza as associações e contextualiza os enunciados segundo esses dois eixos. O modo de funcionamento do processo associativo nos grupos é, portanto, mais complexo do que aquele que funciona na análise individual. Assim, os processos associativos, a dinâmica, a economia e a tópica das transferências seguem cursos específicos nos grupos e se organizam segundo modalidades que utilizam todas as potencialidades do campo constituído por essa presença plural e simultânea.

A análise do processo associativo nos grupos levou-me a formular a ideia de que, no discurso do grupo, "o inconsciente inscreve-se várias vezes em vários registros e em várias linguagens". Cada aparelho psíquico individual é sede de um trabalho psíquico singular, mas esse trabalho é atravessado pelos processos e pelas formações psíquicas que se desenvolvem de maneira relativamente autônoma no espaço grupal.

5. *O regime das transferências e a regressão*

O grupo é um lugar de emergência de configurações particulares da transferência: o sonho e mais ainda o relato do sonho, oferecido à escuta do psicanalista e de todos os outros membros do grupo, é um excelente indicador dos movimentos transferenciais que nele se produzem. O dispositivo pluri-individual suscita uma atualização e uma "visibilidade" das "conexões de transferência" que Freud intuíra durante a análise de Dora.

As transferências, multilaterais, são difratadas para os objetos predispostos a recebê-las no grupo: analista(s), mas também membros do grupo, o grupo, o fora do grupo. Notemos que as transferências também se organizam de acordo com essa modalidade, *mutatis mutandis*, num dispositivo de trabalho psicanalítico com um casal ou uma família.[7] Para um mesmo sujeito, todas essas transferências estão conectadas entre si, e uma parte essencial do trabalho do psicanalista é perceber essas conexões para poder, no momento adequado, interpretá-las. Diremos, portanto, que, para cada sujeito considerado em sua singularidade, o dispositivo de grupo permite difratar sobre a

---

7 Cf. capítulo 2, p. 65.

cena sincrônica do grupo conexões de objetos de transferência constituídos na diacronia.

Essa característica das transferências em situação de grupo caracteriza uma das contribuições específicas da abordagem grupal para a compreensão da transmissão psíquica. É uma caracterização importante, já que nos convida a voltar a trabalhar sobre uma questão antiga: as relações que o sonho mantém com a transmissão de pensamentos. O dispositivo de grupo torna possível e legível o desdobramento sincrônico, na transferência, dos nós diacrônicos formados na intersubjetividade; atualiza e torna representáveis os processos de transmissão de material psíquico no espaço comum e compartilhado. Esse espaço permite conhecer as relações que o sujeito mantém 1) com seus objetos inconscientes e entre eles, 2) com os objetos inconscientes dos outros e entre esses objetos.

Os movimentos transferenciais são indissociáveis dos movimentos de regressão, e temos de examiná-los considerando que eles são ao mesmo tempo individuais e comuns, muitas vezes compartilhados. Na fase inicial do grupo, os movimentos regressivos são intensos, colocam os participantes em contato com processos arcaicos que se desenvolvem em três níveis distintos:

- os que afetam o indivíduo no grupo (por exemplo, a experiência do vazio e do branco, o sentimento de irrealidade, da coisa inqualificável e do sinistro, as formas arcaicas da imagem do corpo e do Ego arcaico, os processos de incorporação, de descorporalização e da excorporalização, os significantes formais e os significantes de demarcação);
- os que concernem aos vínculos primários (um sujeito e um outro ou mais-de-um-outro, por exemplo, os processos de identificação arcaicos, as relações de inclusão mútua, os pictogramas de união-rejeição);
- os que concernem ao processo grupal em sua especificidade, por exemplo, a ilusão grupal, ou o objeto-grupo arcaico.

Esses movimentos regressivos, que, como já disse, podem ser síncronos ou heterócronos, individuais, comuns ou compartilhados, não são próprios da fase inicial, podem-se dar nas fases posteriores do processo grupal. Sobre essas bases, a analogia proposta por D. Anzieu entre sonho e grupo poderia ser precisada da seguinte maneira: assim como o sonho possui o poder de diagnóstico dos distúrbios orgânicos que no estado de vigília sentimos de maneira menos viva (FREUD, 1917), também o grupo favorece a emergência amplificada de sensações psíquicas atenuadas no estado de vigília. Freud atribui essa amplificação ao fato de que o sono pressupõe a retirada dos investimentos psíquicos do mundo exterior e sua volta para o Ego. O movimento regressivo temporário permite "perceber precocemente certas modificações orgânicas que, no estado de vigília, ainda teriam passado despercebidas por certo tempo" (*ibid.*, p. 165).

6. *Quando vários analistas coordenam o grupo: a intertransferência*

Quando vários psicanalistas estão associados no trabalho psicanalítico em situação de grupo, devem levar em consideração os efeitos de transferência que incidem sobre cada um deles e sobre a entidade que eles representam para os participantes. Mas também têm de trabalhar com suas transferências mútuas. O campo transferencial-contratransferencial em situação de grupo exige, pois, levar em consideração *intertransferências*. Chamei de intertransferência o movimento das formações psíquicas induzido nos psicanalistas na situação de grupo por seus vínculos transferenciais mútuos e, correlativamente, pelos efeitos que as transferências dos participantes induzem em suas contratransferências. *A análise intertransferencial* é uma prescrição para o exercício da função psicanalítica nessa modalidade do dispositivo de grupo. A análise intertransferencial tem por objeto deslindar os *lugares transferenciais alocados por cada psicanalista ao outro psicanalista* na situação de grupo e os efeitos contratransferenciais desses lugares no espaço grupal. Esse aspecto particular da técnica distingue a situação psicanalítica de grupo da da análise individual.[8]

7. *As modalidades da interpretação*

J. Villier (1985, p. 50-51) observou que o grande valor atribuído ao sonho em psicanálise acentua-se ainda mais na situação psicanalítica de grupo. Lembra, com outros autores (HERMANN, 1972), que a interpretação do sonho é um atributo específico do psicanalista: no grupo, apropriar-se desse atributo seria vivido como uma transgressão, uma condenação à morte do psicanalista. Dá o exemplo de uma sonhadora que só consegue compreender sozinha seu sonho no momento de sair do grupo.

A situação de grupo obriga a pôr em funcionamento uma estratégia da interpretação diferente da da análise individual. Em relação a esse ponto, a maioria dos autores considera que a interpretação deve visar os processos do grupo e não um participante em particular: proceder de outra forma seria instaurar uma análise individual em grupo e estabelecer uma relação privilegiada com um membro do grupo. Seria, acima de tudo, sair do enquadramento da situação psicanalítica de grupo. O princípio é este: as vias da interpretação

---

8 Sobre a intertransferência e a interpretação no trabalho psicanalítico grupal, cf. R. Kaës, *in* KAËS, R.; MISSENARD, A. *et al.* (1976, reeditado em 1982).

estão em ressonância polifônica com os processos associativos dos membros do grupo. De acordo com minha prática, pode mostrar-se necessário trabalhar com um participante um ponto nevrálgico de seu sintoma quando se constata que ele está incluído nos processos do grupo e quando a interpretação endereçada ao grupo é ineficiente. Convém, então, articular dois níveis da interpretação, a que se endereça ao sujeito em sua relação com os vínculos de grupo, e a que se endereça ao grupo na medida em que ele esteja suficientemente interiorizado como conjunto por cada um. Teremos oportunidades de encontrar na clínica dos sonhos em grupo (próximo capítulo) o interesse dessa proposição a respeito da interpretação do sonho no grupo.

Tentei mostrar neste capítulo que as características morfológicas do grupo e as da situação psicanalítica de grupo mobilizam os processos e as formações psíquicas em vários espaços psíquicos correlacionados entre si. Se, como afirmo, o grupo é um aparelho de ligação e de transformação da realidade psíquica, a questão do sonho "individual" coloca-se a partir da formação de um espaço onírico comum compartilhado e específico. Foi o que denominei de tessitura onírica do grupo. Propus suas bases clínicas, metodológicas e teóricas. Falta agora submetê-las à prova da atividade onírica nos grupos.

Mas, antes, escutemos o poeta. J. Saramago, que em seu romance *Ensaio sobre a cegueira* conta que uma epidemia de cegueira atinge os habitantes de uma cidade. As autoridades os encerram num hospital psiquiátrico desativado, e ali começa o inferno. Os cegos ficam entregues a si mesmos, têm de se organizar para sobreviver e arrumar um espaço habitável em meio ao terror: esbarram uns nos outros, perdem-se no desconhecido hostil, aglutinam-se em grupos compactos, ofegantes, violentos e frágeis. As relações tornam-se evidentemente muito difíceis pelo abandono e pelo desamparo em que se encontram: conseguir e dividir o alimento é sua preocupação diária, a tensão e a violência de cada instante. À noite, fora do tempo e do espaço, esperam que o sono pesado tenha piedade de seu desespero. Formam aglomerados de dormentes, murmurando sua incerteza de ver por fim no sonho o que sua branca cegueira lhes tirou na vigília. Seus sonhos às vezes vêm em seu socorro. J. Saramago descreve uma dessas noites:

> Foi uma noite inquieta. Vagos no princípio, imprecisos, os sonhos iam de dormente em dormente, colhiam daqui, colhiam dali, levavam consigo novas memórias, novos segredos, novos desejos, por isso é que os adormecidos suspiravam e murmuravam, Este sonho não é meu, diziam, mas o sonho respondia, Ainda não conheces os teus sonhos, foi desta maneira que a rapariga dos óculos escuros ficou a saber quem era o velho da venda preta que dormia ali a dois passos, desta maneira julgou ele saber

quem ela era, apenas julgou, porque não chega serem recíprocos os sonhos para que sejam iguais *Ensaio sobre a cegueira* (2004, p. 264).

O que o romancista apreende de forma admirável nesse livro terrível e desesperado é a experiência da confusão dos espaços psíquicos que é a dos sonhos compartilhados, e a experiência de sinistro que disso surge. Quem sonha não é o sonhador, mas o próprio sonho, e não haveria melhor forma de expressar essa extensão de seu reino num espaço igual e uniforme, e não apenas recíproco. É isso a tessitura onírica arcaica do aparelho psíquico grupal.

5. Sonhos e sonhadores nos grupos: explorações clínicas

> Cada um sonha primeiro para si, depois com os outros e para os outros, por fim alguém sonha para todos e cada um se torna o que nunca deixou de ser, mas que agora sabe com certeza: parte de um todo.
>
> (D. Anzieu, *Les Esquimaux et les songes*)[1]

O interesse pelo sonho nos grupos: três principais correntes de investigação

O interesse pelo sonho nos grupos com base no referencial psicanalítico freudiano produziu três principais correntes de investigação. A primeira centra-se essencialmente na utilização do sonho no contexto da psicoterapia de grupo. O capítulo sobre o sonho no livro *Guide du psychothérapeute de groupe* [Guia do psicoterapeuta de grupo], publicado em 1963 por S. H. Foulkes, A. L. Kadis, J. D. Krasner e C. Winick, é sem dúvida o documento mais explícito.[2] Nele, encontramos três proposições:

1. Em psicoterapia de grupo, a compreensão do sonho pode não só favorecer os progressos do sonhador, mas também revelar-se importante para o conjunto do grupo.

2. O grupo como um todo ou cada um de seus membros está representado nos sonhos de cada um dos participantes.

---

1 Esse conto, publicado na *Revue française de psychanalyse* (1976), foi entendido por alguns leitores como uma observação etnológica.

2 Essas ideias não parecem ter sido desenvolvidas nos trabalhos posteriores de Foulkes e Anthony (1957, ed. revista, 1965, trad. fr., 1969) e de Foulkes (1964, trad. fr., 1970), que apenas notam a ocorrência da produção de sonhos em grupo ou o advento de uma fase em que aparecem sonhos de grupo, sem maiores precisões. Ver também L. Ancona (1997) e C. Amaro (1997).

3. O grau de evolução do doente revela-se no modo como ele incorpora os outros participantes a seu sonho.

De acordo com esse ponto de vista, o sonho é considerado um indicador do processo terapêutico, um fator de integração e um elemento do prognóstico. A primeira dessas proposições é desenvolvida de forma detalhada e sob o ângulo da utilização do sonho no processo terapêutico: o terapeuta solicita e estimula as associações do doente a partir do conjunto do sonho ou de cada um de seus elementos, o que sublinha seu grande interesse pelos "outros meios de comunicação além do material da realidade". Solicita também os outros membros do grupo, às vezes em termos de suas identificações com o sonho ("este sonho poderia ter sido um sonho seu..."). Busca, por fim, captar as "mensagens que o sonho comporta para ele".

Os autores esboçam outros pontos de vista: sublinham as angústias e as resistências que essas mensagens suscitam, tanto no sonhador como nos outros membros do grupo. Contudo, observam que alguns membros do grupo também podem contribuir para vencer as resistências do sonhador, tornando-se, assim, coterapeutas.[3] Uns e outros encontram um "reflexo de seus problemas no sonho de um outro membro do grupo" (*ibid.*, p. 153). A noção de sonho-espelho é esboçada aqui. Outra ideia concerne à função das múltiplas associações feitas a partir dos sonhos: geralmente, elas permitem que o sonhador aborde o essencial de seus problemas.[4]

Embora, a partir de 1955 e 1957, W.-R. Bion tivesse iniciado uma reflexão inovadora sobre o sonho no tocante à personalidade psicótica, e, desde 1962, tivesse introduzido em sua teoria do pensamento a noção da capacidade de "devaneio" como uma função do Outro materno, as *Experiências com grupos* (1961) não mencionam qualquer relação privilegiada do grupo com o sonho.

---

3 Esta é uma ideia muito cara a Foulkes, pouco trabalhada na França.

4 Embora difira do método e dos fundamentos teóricos que prevalecem nesse livro, deve-se mencionar o devaneio incitado de grupo como uma das técnicas empregadas para fazer aparecer a diversidade dos imaginários individuais e coletivos, superar as resistências à mudança nos grupos e mobilizar a tomada de consciência das organizações defensivas dos membros do grupo e do grupo como um todo (GUILHOT, J.; GUILHOT M.-A., 1975). Seus procedimentos, emprestados do método do sonho acordado dirigido de R. Desoille, baseiam-se na indução e na utilização das passagens ao ato imaginário (é esse o estatuto atribuído ao sonho). Os membros do grupo, deitados numa sala semiescura, ou os coordenadores, propõem induções. O sonho é feito em voz alta, pode ter como ponto de partida a retomada de um sonho precedente, o sonho de um participante, e ser seguido de uma exploração psicodramática. Essa técnica também pode ter por objetivo fortalecer a coesão do grupo: "assim, para provocar e solidificar a coesão do grupo, o sonho coletivo poderia ter como ponto de partida: todo o grupo, isolado do resto do mundo, está numa jangada ou numa ilha" (*op. cit.*, p. 94).

Seus sucessores, ou aqueles que se filiam à corrente bioniana, contribuíram para a análise dessa relação (Corso, Friedman, Neri, Pines).[5] Não encontrei na obra de Pichon-Rivière preocupações particulares com o sonho nos grupos, mas os autores argentinos deram grandes contribuições para a análise dos sonhos nos grupos; faremos referência a elas na sequência deste capítulo.

Já expus longamente a segunda corrente de pesquisas sobre o sonho nos grupos: tem como ponto de partida a proposição de D. Anzieu sobre a analogia entre grupo e sonho e inspirou os trabalhos de vários autores franceses, entre os quais A. Ruffiot (*op. cit.*), J. Villier (1982), A. Missenard (1987) e R. Kaës (*op. cit.*). Essa corrente dá particular atenção ao onirismo grupal, ou seja, ao sonho comum e compartilhado. Contudo, interroga de maneira insuficiente o estatuto e a função do sonho relatado pelo sonhador no processo associativo do grupo.

A terceira corrente é aquela que este livro gostaria de expor. A análise dos sonhos em grupo dá a conhecer o espaço onírico comum e compartilhado no qual são representadas as formações do inconsciente dos sujeitos em seu encontro com o outro (mais de um outro). Esse espaço caracteriza-se por sua qualidade de segundo umbigo do sonho, por sua polifonia e por seu papel de porta-sonhos. Gostaria de retomar os argumentos clínicos e teóricos que organizam as três hipóteses dessa terceira corrente.

A primeira é que esses sonhos são elaborados na *tessitura onírica do grupo*. O emparelhamento psíquico grupal põe os membros do grupo em ressonância identificatória e fantasmática com os sonhos de vários sonhadores. Cada qual está ligado aos outros na matéria onírica que tece o grupo. Foi o que evoquei com a ideia do segundo umbigo do sonho. Se observamos que o grupo estimula a atividade onírica dos membros do grupo (VILLIER, 1982), isso não se deve apenas ao fato de que na situação psicanalítica as transferências para o psicanalista mobilizam sua produção. É também porque os sonhos se alimentam dessa tessitura e desse micélio onírico.

A segunda hipótese é de que o sonho é uma *polifonia* de várias "escrituras" do sonho, que tem como fonte uma série de enunciados e de enunciações constituídos na véspera no grupo. Em trabalhos anteriores sobre os processos associativos nos grupos,[6] tentei mostrar que, em situação de grupo, a interdiscursividade e a polifonia são efeito de uma dupla cadeia associativa, a dos sujeitos singulares e a que se forma a partir da sucessão e da simultaneidade de seus enunciados.

A terceira hipótese é de que essa segunda "fábrica do sonho" transforma essas produções polifônicas para torná-las restituíveis, lastradas de uma

---

5 Ver, a esse respeito, R. Friedman, C. Neri, M. Pines (eds.), 2002.
6 R. Kaës, 1994.

figurabilidade inédita, pré-consciente, ao discurso do grupo por intermédio do porta-sonhos.

1. CLÍNICA DO SONHO EM SITUAÇÃO PSICANALÍTICA DE GRUPO

A atividade onírica é particularmente estimulada e valorizada nos grupos e a frequência dos sonhos varia segundo os grupos. Alguns sonhadores são sonhadores constantes, outros, sonhadores ocasionais, e às vezes alguns membros do grupo não trazem sonhos, o que não quer dizer que não sonhem. Certos sonhos são sonhos "de grupo", outros não. Os sonhos que surgem no começo ou no fim de um grupo provavelmente têm um significado diferente para o sonhador e para o grupo, mas até agora não dispomos de elementos para precisar essa observação. Eis um sonho que nos pode dar um começo de resposta para essas questões.

Um sonho "prematuro" no começo de um grupo: a angústia de não se afinar e o ataque ao envoltório grupal

Os sonhos de participantes ou de analistas nas noites que precedem o começo de um grupo têm muitas vezes por tema a representação da relação confusa dos limites entre o dentro e o fora, a formação incerta do envoltório grupal ameaçado, ou a angústia de não ser contido no grupo. O conteúdo transferencial deles é geralmente muito intenso, como neste sonho sonhado por Robert, na véspera do começo de um grupo, e contado por ele logo na primeira sessão:

> "Eu chegava no ensaio de uma pequena orquestra; levava meu violino pela mão e estava muito inquieto para saber se conseguiria afinar meu instrumento com os dos outros músicos da orquestra, havia muitas dissonâncias e de repente meu arco não tinha mais cordas. O regente da orquestra olhava fixamente para mim e só me restava baixar os olhos".

Fato bastante raro, Robert conta seu sonho já na primeira sessão, logo depois de terminadas as apresentações. Seu relato não suscita nenhuma associação, pelo menos nas palavras pronunciadas, apenas alguns risos (por causa do pequeno violino levado pela mão). Vários participantes dirão ter ficado paralisados pela ameaça de que esse sonho fosse premonitório de um fracasso do grupo, e o sonhador será agredido como se tivesse atacado as condições para que se criasse a ilusão grupal necessária para a formação do grupo. A elaboração do sonho só poderá ser feita depois que os participantes tiverem compreendido que o sonho tivera para eles essa repercussão e que expusera seus mecanismos de defesa contra a ameaça de não se afinarem, precisamente no momento em que todos os seus investimentos estavam voltados para esse projeto. O sonhador, por sua vez, reconheceu que com aquele relato depositara no grupo sua angústia de não fazer parte do grupo, o que seu sonho figurava como sua angústia de ser castrado de seu instrumento e por sua vergonha perante os outros, angústia facilmente identificada pelo próprio sonhador e pelos membros do grupo. O sonho adquire sentido e valor em sua transferência preliminar para o psicanalista e para o grupo, os dois destinatários do sonho: esperava ser tranquilizado pelo regente da orquestra sobre sua potência e contra os olhares reprovadores da orquestra.

O sonho de Robert é um sonho de grupo, mobiliza a grupalidade interna do sonhador e de todos os participantes. É um grupo interno ameaçado de discordância. Tanto o conteúdo do sonho como seu relato prematuro, uma vez que o continente grupal ainda não estava constituído, fizeram emergir uma das angústias específicas da fase inicial da experiência psíquica nos grupos: a afinação, ou aquilo que denomino o emparelhamento das psiques através de um organizador suficientemente comum, compartilhado e capaz de ser contido pelos membros do grupo. É por isso que ocorrem muitos sonhos traumáticos em início de grupo, mas nem todos são contados desde a primeira sessão.

Se pensarmos não mais no conteúdo do sonho, mas no efeito do relato que dele é feito, veremos que o sonhador "agiu" logo de cara uma tensão vivida como paradoxal na fase inicial da experiência grupal: o paradoxo de *ser* e de *não ser* do grupo. Para o Ego dos participantes, trata-se ao mesmo tempo de se afirmar inteiro e singular, contra a regressão para o parcial e o impessoal, e de se constituir como elemento perfeitamente ajustado de uma unidade maior, como membro do "corpo grupal" unificado. A exigência de ser simultaneamente indiviso e membro de um grupo mobiliza angústias de quebra e de dissonância interna (até mesmo de clivagem), resultado do conflito que divide o Ego entre sua autoconservação e as partes dele que terá de abandonar (e que ele vive como uma castração) para realizar seu desejo de se integrar a um grupo unido. Essa exigência geralmente se resolve (provisoriamente) na ilusão grupal. É esse o conflito que organiza o sonho de Robert, mas seu relato é recebido num campo que não permite transformar em ilusão esse momento paradoxal.

Um sonho num grupo de psicodrama: o sonho do superaquecimento da inveja

Num grupo de psicodrama psicanalítico, os participantes estão paralisados por fantasias de inveja do que os outros supostamente roubaram do casal de psicodramatistas. A manifestação clínica dessa paralisia é que, faz várias sessões, eles não propõem mais temas de jogos, estão tensos e silenciosos. Não há associações, estão todos contidos, não há sonhos, até o momento em que Christiane faz o relato daquele que ela teve na noite anterior:

> "Estava em casa e sentia muito calor. De repente, justo na hora em que estou saindo para ir a um concerto, era um concerto de canto polifônico ortodoxo, minha irmã me liga avisando que vai vir me visitar para controlar o aquecimento".

O relato do sonho é mal acolhido: Christiane distingue-se dos outros apresentando-se como alguém que sonha muito e, sobretudo, trazendo esse sonho para o grupo. Seu sonho suscita apenas algumas associações caóticas e superficiais, que tendem a tratar o sonho de modo operatório e reduzi-lo a conteúdos atuais e realistas: "você tem realmente problemas de superaquecimento em sua casa? Lembro-me do que me aconteceu no ano passado em meu apartamento...", ou então: "gosto dos cantos polifônicos ortodoxos, escutei alguns na Grécia, no ano passado" etc. É como se os participantes negassem que ela tivesse sonhado.

Minha colega e eu percebemos claramente o caráter defensivo dessas colocações. Os significantes do relato do sonho, assim como os das associações, não são anódinos: controle, superaquecimento, irrupção, polifonia, ortodoxia. Mas as associações revelam essencialmente as resistências que procuramos levantar propondo aos participantes pensar num tema de jogo. Apesar de tudo, alguns participantes conseguiram dizer que o sonho de Christiane era um bom presente para todo o grupo: nesse sonho, é evocada uma figura de grupo unificado através do concerto e da polifonia. Esses participantes aceitam nossa proposta de jogar e finalmente consegue-se definir um tema de psicodrama: "uma mulher com um vestido suntuoso irromperia na sala de concerto, o perturbaria, começaria a cantar, mas a cantar desafinadamente". No jogo, os protagonistas ficam divididos entre a vergonha, o desejo de fugir, o de rasgar o vestido da perturbadora e o de estrangulá-la para que ela pare de cantar. Um protagonista rouba-lhe a bolsa e joga seu conteúdo num esgoto.

Nesse grupo, o relato do sonho abriu caminho para o jogo, que por sua vez reativou as associações que sustentam a exposição e a elaboração das fantasias de inveja destrutiva: quebrar o objeto de desejo do outro, o dos participantes confrontados com a ilusão de formar um grupo harmonioso. Christiane era precisamente a provedora voluntarista e a guardiã dessa ilusão, ao preço de seu próprio superaquecimento pulsional, até então mais ou menos controlado. Seu sonho, em suas próprias palavras, teria sido suscitado por uma inquietação sentida na véspera em relação ao grupo: que ele "voasse"[7] pelos ares, que alguns participantes se mostrassem intrusivos demais. O roubo da bolsa (a invasão que ele evoca) voltou a colocá-la em contato com essa emoção e com algumas raivas narcísicas relembradas durante a sessão, quando, na escola, a professora tinha seus preferidos e a negligenciava. No jogo, a mulher canta desafinado, e Christiane, seguida de outros, reconhecem nisso o hiato entre o desejo de manter a ilusão e o "superaquecimento" das pulsões destrutivas e da inveja.

O sonho, as associações e o jogo dão, sem dúvida, indicações sobre a organização psíquica da sonhadora, sobre suas pulsões parciais e sobre a angústia que elas suscitam nela e que ela teme despertar nos outros, sobre seus movimentos transferenciais. Também informam sobre o estado do grupo: a análise do sonho a partir das associações e dos movimentos das transferências permite compreender por que e como as propostas de jogo estavam paralisadas no grupo, por que o pensamento se esvaziava de seus conteúdos por medo de que ele fizesse aparecer as fantasias compartilhadas de destruição invejosa. Uma dessas fantasias era de que, ao jogarem os participantes, se distinguiriam uns dos outros, e que eles monopolizariam a atenção dos psicodramatistas: jogar apenas aumentaria a inveja, própria e dos outros, e sua defesa contra sua invasão.

O sonho como objeto intermediário: o sonho iniciático de Jeanne

Nem todos os sonhos que aparecem em sessão de grupo são tão lacônicos como os anteriores. Aquele que vou relatar foi feito por Jeanne num grupo composto de dez participantes e conduzido por dois psicanalistas. O grupo se reúne no salão de um hotel para dezesseis sessões distribuídas em quatro dias de trabalho.

Depois de ter assumido a *leadership*[8] do grupo durante várias sessões, Jeanne sente-se atormentada pela rivalidade com sua irmã caçula. Há algumas sessões ela está silenciosa e, aparentemente, quase não participa das trocas. A maioria dos participantes aceitou até então sua *leadership* como a proteção que uma irmã mais velha ofereceria à fratria diante das exigências excessivas dos pais, mas o retraimento de Jeanne deixa-os desamparados e alguns não aceitam essa retração. Uma participante está em rivalidade com ela; na véspera, defendeu aqueles que criticaram que a sessão ocorresse no

---

7 N.T.: Aqui há um jogo de significantes e uma cadeia associativa só possíveis em francês: *"voler"* significa "voar" e também "roubar". Dessa homofonia decorre a interpretação feita pelos analistas do grupo.

8 N.T.: Termo no original, em inglês, traduzido como "liderança".

salão de um hotel: ao nos reunirem neste lugar, diziam eles, os analistas nos incitam a ocupar um quarto do hotel e a transgredir a regra de abstinência.

Na manhã seguinte, Jeanne faz o relato de seu sonho, ele é acolhido com alívio por vários membros do grupo:

> "Estou num apartamento comprido, na casa de minhas duas irmãs, mais precisamente no quarto do fundo onde uma delas morava. O cômodo está vazio, mas experimento roupas que pertenciam a minha irmã, empilho pulôveres sobre a cama.
>
> Depois estou esperando o ônibus com um amigo, está chovendo, a calçada está inundada, algumas pessoas estão muito carregadas, os pés na água. Temos de passar por um buraco. É estranho, há sinais amarelos piscando, como se avisassem de um perigo. Em seguida, estou dentro do ônibus, um *pullman*, um ônibus de luxo para turistas; há pessoas em perigo, elas caem no buraco, uma descida depois uma subida. Numa parada, havia um pequeno pinheiro caído debaixo de um vaso. Saio do ônibus, vejo um campo plantado de pequenos pinheiros, tenho vontade de pegar um, acho que talvez sejam bonsais, mas não quero.
>
> Depois estou numa gangorra. Meu amigo me diz em francês para me segurar nas subidas, os outros não entendem. Quando acordei, pensei que aquela gangorra era uma balança,[9] ela pesa a alma dos mortos.
>
> Aparece algo que suponho ser um bebê, mas um bebê que fala e anda. Segura contra o corpo um urso de pelúcia e me pede outros bichinhos de pelúcia. Uma mulher bastante velha intervém, dá à criança uma boneca desarticulada. A cabeça, os braços e as pernas da boneca balançam. Estou descontente, mas a criança, ao contrário, se diverte bastante. Depois estou embrulhando a boneca desarticulada num pacote amarrado com barbante. O urso de pelúcia, que também tenho de pôr numa caixa, não quer entrar nela, o barbante não é grande o suficiente. Uma mulher idosa me diz: faz como a tua irmã, que passou os dois fios pelo mesmo buraco. Não consigo e sou incapaz de embrulhar o urso. Ali pensei numa caixa, num caixão, com uma pobre criança dentro (ela seca uma lágrima, pensa numa prima querida morta com pouca idade).
>
> Volto para o ônibus, que está em duas partes. Entro no corredor, meio como na casa do começo do sonho. O motorista também é velho e ele fecha as portas do ônibus que são como as da entrada do hotel embaixo, que se abrem e se fecham automaticamente. Encontro-me atrás de uma mulher que faz uma parte do grupo fazer alguma coisa, movimentos, uma espécie de ginástica. Meu sonho acabou aí".

Os participantes escutaram em silêncio o relato desse sonho em episódios, do qual a sonhadora fala num tom grave, interrompendo o fio do relato com suas próprias associações. Terminado o relato do sonho, o silêncio continuou. Jeanne retoma a palavra para perguntar se seu relato não foi longo

---

9 N.T.: Gangorra, em francês, se diz *"balançoire"*, que também significa "balanço".

demais, prolixo demais; ela está "envergonhada e um pouco culpada". Ninguém responde. Penso na culpa de Jeanne, que, em minha cabeça, está ligada a suas fantasias de morte e de intrusão. Minha colega e eu não solicitamos diretamente as associações dos participantes sobre o sonho, mas dizemos que o silêncio consecutivo ao relato do sonho poderia estar ligado tanto a seu conteúdo quanto ao lugar que seu relato ocupou no grupo.

As associações recomeçam, Jeanne, silenciosa, escuta-as atentamente. Vários participantes dizem que esse sonho muito pessoal e complexo os perturbou e interessou, mas temem meter-se na intimidade de Jeanne; ficaram esperando para ver como os psicanalistas iam interpretar o sonho. A participante que se havia colocado em rivalidade com Jeanne acha que o sonho, longo demais, profuso demais e incompreensível, deveria ter sido interrompido por minha colega ou por mim. Temos a impressão de que a crítica que ela faz ao sonho de Jeanne é uma crítica ao que representamos para ela, como deu a entender sua defesa da crítica do hotel como lugar da tentação. Minha colega sublinha que, no relato do sonho de Jeanne, há a um "ônibus de luxo para turistas, pessoas em perigo; elas caem num buraco, uma descida e depois uma nova subida".

Por um atalho, os participantes retomam o que esse comentário indica evocando romances de iniciação: romances de M. Tournier (*Les météores*), de U. Eco (*O nome da rosa*), de H. Hesse (*Narciso e Goldmundo*). Essas associações evocam a iniciação sexual e os objetos perdidos durante o processo de formação. Falam da morte da criança maravilhosa que fantasiaram ser para nós, reconhecendo as fantasias de quebra, de queda, de rompimento que os tinham mobilizado durante as sessões anteriores. Outros são levados a vivenciar mais diretamente a experiência do desconhecido neles mesmos e no encontro com os outros. Reconhecem num momento do sonho de Jeanne seu próprio desejo de poder recorrer a uma mulher experiente, mas *bastante* velha para protegê-los do perigo do incesto, e para apoiá-los em sua busca iniciática.

O sonho pode então ser entendido como o percurso iniciático que Jeanne e vários participantes empreenderam ao se inscreverem nesse grupo: em seu sonho, Jeanne topa com várias provas, ativadas por elementos sensíveis de sua história pessoal e por sua posição atual no grupo. Isso se comprova por suas associações durante o relato do sonho. Mas esses elementos sensíveis também são despertados na história pessoal de outros membros do grupo. Abre-se, assim, o caminho para a análise dos movimentos das transferências para nós, para o grupo e para alguns membros do grupo.

As associações sobre o relato do sonho mostram que este funcionou como objeto transicional, numa zona intermediária entre o espaço interno de Jeanne, o do grupo e o nosso. O urso e a boneca são provavelmente os representantes significativos da dificuldade de constituir objetos transicionais nesse espaço do grupo organizado pelas pulsões invejosas e pelas fantasias de intrusão e de rivalidade. No sonho, são objetos danificados, que não podem ser manipulados sem risco e se tornarem objetos de troca. É o que eles são no sonho de Jeanne; mas toda uma parte importante da elaboração do grupo recai sobre o próprio sonho, de que os participantes vão poder apropriar-se depois de ter sido recebido, primeiro, como um objeto desconcertante, alvo de rivalidade e de que não é possível apropriar-se. É pelo fato de conter figurações suficientemente próximas do espaço comum e compartilhado pelos membros do grupo que o sonho é transformável. Contudo, é importante notar que as associações que vão transformar esse objeto, cujo material rico, polissêmico e polifônico oferece à maioria dos participantes uma área de jogo, começarão a aparecer *a partir do momento em que indicamos que o que suscita o silêncio depois do relato do sonho poderia estar ligado tanto a seu conteúdo quanto ao lugar que o relato ocupou no grupo*. Os participantes podem, então, brincar com a fronteira entre o espaço interno de cada um (a partir daquele em que o sonho de Jeanne os faz pensar) e o espaço comum e compartilhado do grupo. Podem, ao mesmo tempo, dar-nos um material psíquico que se torne pensável com eles.

O interessante desse sonho é precisamente tornar possível uma nova articulação entre os espaços psíquicos. Jeanne sonha no grupo, com os materiais que sua história pessoal e o que ela vive no grupo reativam nela. Ela sonha no grupo, ela sonha sobre o grupo, e seu sonho, no que lhe é ao mesmo tempo próprio e poroso à experiência do espaço comum, é um sonho que trabalha sua própria história, seus conflitos, suas angústias e seus desejos. Da maneira como é trazido, naquele momento da vida do grupo, oferece a cada um dos membros do grupo e ao próprio grupo um espaço de figuração para as representações inconscientes até então recalcadas em alguns, recusadas em outros.

O sonho na tessitura onírica do grupo

Começamos a perceber como o sonho emerge, ganha forma e sentido na tessitura onírica do grupo, que efeitos o relato do sonho produz sobre o processo do grupo. Nas análises que propusemos, destacou-se uma figura, a do sonhador no grupo, e um processo, a articulação entre seu espaço onírico e o do grupo. Nas páginas a seguir, gostaria de precisar ainda mais a figura do porta-sonhos e seu papel nessa articulação. Descreverei brevemente o contexto grupal em que aparece o sonho de uma participante, Michèle, num grupo coordenado por uma colega (aqui denominada Sophie) e por mim mesmo.[10]

---

10 Fiz desse sonho uma análise mais detalhada em *La Parole et le lien: Les processus associatifs dans les groupes* (1993). O leitor poderá consultá-la.

Nas primeiras sessões, vários participantes, e sobretudo Marc, queixam-se de ter perdido suas "referências" ao vir para esse grupo. A confusão que se instala começará a dissipar-se quando vários participantes dizem qual foi seu critério de escolha para inscrever-se nesse grupo. Marc declara ter-se inscrito "por causa de meu nome". Na sessão seguinte, "confessa" o que chama de seu "acontecimento marcante": num grupo homólogo a este, ficara fortemente chocado com uma interpretação que o psicanalista que coordenava o grupo lhe fez, quinze minutos antes do final da última sessão. Do conteúdo da interpretação não ficaremos sabendo nada, apenas a violência do afeto será transmitida, reforçada pela entonação da voz. A ausência de conteúdo de representação aumentará a confusão e a dificuldade de pensar.

A quinze minutos do final da sessão seguinte, Solange se faz a porta-voz de um "segredo" que lhe foi confiado por Anne-Marie durante o intervalo: a filha dela acaba de ser hospitalizada por causa de um câncer, ela se sente culpada por ter vindo a esse grupo. Por meio das palavras que ela transporta para uma outra, Solange rememora a ameaça de câncer que sua própria mãe proferiu em relação a ela, quando ela tinha a idade da filha de Anne-Marie.

Uma referência comum a um "acontecimento traumático" que permanecia impensado (insensato) organiza-se a partir das fantasias de perda das referências, de angústias de despersonalização e de confusão de identidade. As lembranças de violências nas relações entre pais e filhos, com as questões de vida e de morte que põem em jogo, entram nos movimentos das transferências para os analistas e para o grupo.

A escolha de Solange como porta-voz é um modelo de emparelhamento psíquico grupal, cujo organizador fantasmático pode ser resumido nesta fórmula: "um pai ameaça/repara um filho". Este é um enunciado polifônico e polissêmico: é reversível em termos das posições do sujeito, do objeto, da ação (ser agente da ameaça/sofrê-la). Nele se revela a estrutura de um grupo interno no qual cada sujeito é parte integrante de um lugar que o singulariza, conforme a versão de sua fantasia secundária. A fórmula que proponho dá conta, a meu ver, da dupla determinação, intrapsíquica e intersubjetiva, da função do porta-voz. Também é determinante na emergência do porta-sonhos.

O sonho de Michèle

A primeira sessão do segundo dia começa com o relato de um sonho que Michèle teve durante a noite:

> "Tive um sonho surpreendente; sonhei que fazia amor num quarto todo bagunçado, com o pai de Marc, ou talvez fosse o meu. Ambos tinham cabelos grisalhos."

Michèle, surpresa com o que escuta a si mesma dizer, diz que não sabe muito bem o que está dizendo a respeito da confusão dos pais que apareciam em seu sonho.

Cada elemento do sonho é o ponto de partida de várias séries associativas. Uma primeira série organiza-se a partir da incerteza sobre a identidade do pai (o de Marc ou o de Michèle?), sobre o traço comum (os cabelos grisalhos) aos dois, sobre o deslocamento do desejo incestuoso que já se manifestara no grupo. As associações tropeçarão na resistência transferencial em relação a mim ("mesmos cabelos grisalhos") e no silêncio de Marc. A presença de seu pai no sonho de Michèle será evocada com frequência, sem suscitar associações, como se falar do pai dele fosse falar do de Michèle, e vice-versa, pois a confusão encobre resistências que se estendem ao conjunto dos processos inconscientes no grupo e, sobretudo, às transferências que garantem sua eficácia.

Uma segunda série associativa terá por ponto de partida "o quarto todo bagunçado", a desordem amorosa: na véspera falara-se de um "quarto de batalha" como cena originária violenta e caótica.

Uma terceira série terá como fonte a evocação de uma série de catástrofes e de acidentes: uma participante, até então silenciosa, evocará com emoção a morte brutal e precoce do pai, o mutismo familiar que se seguiu a essa perda e a depressão de que padeceu na adolescência com sua mãe enlutada e deprimida. Também serão evocados o desaparecimento na montanha de um amigo que tinha o mesmo nome de um irmão mais velho, morto quando criança, a paralisia de uma mãe em consequência de acidente de automóvel.

Sophie e eu ficamos mobilizados por esse núcleo traumático. Sophie pensará nas incidências, entre nós e em nossa relação com o grupo, da fantasia de sedução. Lembrarei de certa situação de grupo na qual fui ameaçado fisicamente por um participante.

O reinvestimento libidinal mobilizado por esses acontecimentos traumáticos e por essas evocações da morte sustentará um quarto fio associativo. Ele retomará o motivo central do sonho: pode-se aqui, no grupo, fazer amor sem transgredir o interdito do incesto fraterno, ou as exigências da regra de abstinência aplicam-se apenas às relações entre os psicanalistas e os participantes?

Detenhamo-nos no fato de que Michèle inclui Marc em seu sonho figurando seu próprio pai e o de Marc confundidos como os objetos de seu desejo incestuoso. Esse desejo é expresso de maneira direta, como num sonho de criança. É certamente daí que provém sua "confusão", ou sua vergonha no momento em que faz o relato para o grupo. Contudo, vários elementos que irão revelar-se em seguida fazem pensar que Michèle está "confusa", porque seu sonho é também uma interpretação, por meio de seu sonho, do que ela percebeu inconscientemente a respeito das fantasias em jogo no "acontecimento" traumático contado por Marc. É uma questão que lhe concerne, uma vez que se trata de sua fantasia de sedução incestuosa pelo pai. O sonho traz à tona essa fantasmática dando-lhe um estatuto compartilhado por ela e por Marc, com quem ela se identifica de modo histérico. O trabalho associativo do grupo desenvolverá essa fantasmática, com suas variações e suas correlações, assinalará as resistências e os movimentos transferenciais a ela vinculados. Por isso, o sonho de Michèle, que sonha para uma parte desconhecida dela mesma, aparece como uma atividade codeterminada pelos processos primários, pelas identificações e pelas fantasias que constituem o espaço psíquico do grupo.

A sequência do trabalho realizado no grupo mostrará que o relato do sonho de Michèle efetivamente trouxe à tona a fantasia da sedução sexual do filho pelo pai. Com efeito, a partir do sonho de Michèle ocorrerá uma transformação no núcleo da fantasia organizadora do grupo: à fantasia de represálias contra a interpretação "selvagem e penetrante" que Marc teria recebido irão associar-se fantasias de sedução, de fustigação e de cena originária.

O sonho repousa sobre a fantasmática originária, que ele revela

O relato alusivo de Marc durante a terceira sessão dá forma e força à fantasia inconsciente que, naquele momento, organiza o espaço psíquico do grupo, os lugares subjetivos e intersubjetivos, os movimentos transferenciais e o processo associativo. Uma formulação dessa fantasia, o mais perto possível do enunciado de Marc, poderia ser: "um pai, outrora e alhures, mas ainda aqui presente, ameaça/repara um filho, que encontra nele sua 'marca'".

Ao atenuar o relato da cena do acontecimento, Marc privilegiou sua dramatização, a ação e a carga da violência pulsional; elas constituem o motor *econômico* da transferência e a flexibilidade *afetiva* das identificações entre os participantes. O enunciado de Marc funciona como uma épura cujo valor de convite para fantasiar é extremamente poderoso.

A fantasia mobilizada possui uma estrutura genérica que atrai, reorganiza e reativa uma série de representações individuais sobre a palavra, o trauma, o nome. Versões dessa cena dramática com múltiplas entradas, com variações permutativas, serão declinadas na sequência das associações; reforçarão as identificações pelo sintoma, na "comunidade da fantasia compartilhada". Contribuirão, assim, para reforçar a coerência da estrutura psíquica prevalente que organiza as relações pai-filho, relações de sedução, de violência e de submissão com as quais a totalidade dos homens do grupo se envolve.

São essas relações que sustentam ao mesmo tempo a perda das referências,[11] a "confusão dos sentimentos" (S. Sweig) e a confusão das figuras paternas no sonho de Michèle. Essa estrutura também é declinada nas relações homólogas mãe-filha/filha-mãe. Os primeiros elementos da pré-história e da história do grupo (a violência, a demanda de reparação, o desprezo, a decepção, as problemáticas identificatórias da filiação e da nomeação) estão figurados, reagrupados, reinterpretados e significados na cena da fantasia que emerge na confissão de Marc. As variações da estrutura abrem para cada um a possibilidade de encontrar lugar e objeto complementar na fantasia comum e compartilhada. É por isso que ela é o organizador inconsciente do aparelho psíquico do grupo naquele momento, até o sonho de Michèle.

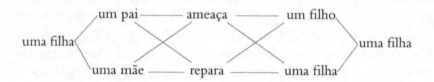

Esquema 12 – O organizador fantasmático

Fica bastante claro que a estrutura dessa fantasia é a de um grupo interno; ela define lugares, relações, trajetos, ações, pólos identificatórios complementares e reversíveis.

No pólo da ameaça opõem-se, de modo complementar, o da culpa e o da reparação. Ao ataque recebido alhures, passivamente, *in extremis*, num desconcerto desorganizador, opõe-se o ataque feito anonimamente aos "coordenadores" que não cuidam dos filhos porque estão ocupados em outro lugar, no "quarto de batalha", fazendo outros. Assim, um lugar da cena se especifica na fresta aberta pelo lapso, retorno de um recalcado mantido no recalcamento para e por vários membros do grupo. A problemática originária dessa cena de proliferação caótica, onde rondam a violência e a morte, vai mobilizar as defesas e a culpa, restabelecer a confusão, sustentar e substituir no relato de Marc a primazia que ele atribuirá à carga afetiva, para transferi-la para os outros.

No final das quatro primeiras sessões, todas as configurações da estrutura terão sido atualizadas nas séries associativas e nas transferências. Uma análise precisa permite descrever e articular uns aos outros os lugares correlativos da maioria dos participantes nessa fantasia. Tomemos o exemplo de Solange, Marc e Anne-Marie. Um traço comum a Marc e a Solange foi identificado

---

11 N.T.: Aqui o autor alude a um jogo de palavras intraduzível: referências = *repères*, que o autor escuta como *re-pères*, re-pais.

inconscientemente por Anne-Marie, por identificação projetiva: ela descobre também que tem em comum com eles ter perdido suas referências, estar ameaçada/ser ameaçadora; descobre que, como Solange, busca tranquilizar-se sobre sua capacidade de ser uma mãe reparadora. Em Solange/Sophie, é para essa mãe dupla que Anne-Marie apela, ela que se sente culpada de não ter conseguido proteger a filha do mal, esse "golpe do destino", como dirá mais tarde. A descoberta por Solange de que ela mesma é portadora de uma palavra materna ameaçadora para a filha que ela foi confirma de certa forma a intuição de Anne-Marie. A emoção que se apossa de ambas depois dessa descoberta e dessa confissão sela a identificação delas na fantasia.

Compreende-se, assim, por que Solange pode estar disponível e disposta a representar para uma outra e para mais de um outro uma imago reparadora, no lugar de Sophie, imago perigosa, rival, superegóica demais. Solange, em sua função de porta-voz, é uma espécie de *joker* que possibilita o jogo entre os participantes, a articulação e a permutação dos lugares e das relações objetais na fantasia.

A emergência da fantasia da cena originária

Com o sonho de Michèle, o trabalho associativo intersubjetivo revela uma outra organização fantasmática ativa desde a segunda sessão: uma cena primitiva com duas versões complementares, cuja fórmula poderia ser:

Esquema 13 – A cena primitiva

Sobre essa fantasia articulam-se as representações da violência: violência da fundação do grupo no caos, violência da rejeição e do abandono, violência da onipotência (vida e morte) dos pais sobre os filhos, violência da interpretação, violência da rivalidade fraterna: é pela violência que a fantasia de ameaça/reparação se encaixa na fantasia da cena originária. Uma nova versão da fantasia organizadora seria, então:

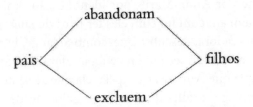

Esquema 14 – Transformação do enunciado da fantasia

Essa emergência primeira e precoce da fantasia servirá de vetor para a fantasia de ameaça/reparação quando a evocação das angústias traumáticas atuais a tornar mobilizável.

Nesse grupo, tivemos de lidar com a emergência de três organizadores fantasmáticos originários: a fantasia da *cena originária*, a fantasia de *sedução* e a fantasia de *castração*. Suas questões específicas ainda estão enterradas no inconsciente dos sujeitos, mas alguns elementos de sua estrutura aparecem amalgamados na fantasia secundária do grupo, a fantasia de ameaça/reparação, cujas versões darão acesso, de forma mais complexa, a suas bases profundas. O que desencadeia esse processo é o sonho de Michèle.

2. O RELATO DO SONHO NO GRUPO E A FUNÇÃO DO PORTA-SONHOS

Todos os autores que estudaram o sonho no grupo destacaram o importante valor dessa experiência psíquica para o grupo; alguns deles também ressaltaram seu valor para o próprio sonhador. O que expus até o presente momento confirma esses dois pontos de vista. Gostaria agora de explorar de forma mais precisa de que maneira o sonho é uma questão importante para o sonhador.

Os exemplos precedentes mostram que o sonho relatado em grupo abre para o sonhador um acesso para a representação consciente de suas fantasias de desejo inconscientes, mas que também pode servir para suscitar inveja nos outros, para isolar aqueles que não sonharam ou que não sonham, ou ainda para estabelecer uma relação privilegiada com o analista (VILLIER; HERMANN, *op. cit.*). Lembremos que nos momentos de intensa tensão grupal, quando os afetos não se ligam a figurações imaginárias simbolizáveis, sonhar limita a atuação (Khan, Pontalis, Racamier, Friedman, Gaburri). Pode também satisfazer as tendências exibicionistas e voyeuristas do sonhador e dos membros do grupo.

O relato do sonho no grupo

O relato do sonho é importante para o sonhador e também para os outros membros do grupo; ele sempre provoca uma mobilização psíquica no grupo, pois "o sonhador traz o inconsciente e o grupo reage como o Ego" (VILLIER, *op. cit.*, p. 58). O que interessa aos membros de um grupo para o qual é feito o relato de um sonho não é a significação pessoal do sonho para o sonhador, mas a maneira como podem utilizá-lo para eles mesmos e para o grupo. O sonho é utilizado como objeto transicional (no melhor dos casos, como ressalta a maioria dos autores) e foi isso que destacamos no sonho de Christiane e no de Jeanne. Outros exemplos poderiam mostrar que ele pode ser fetichizado, usado como meio de resistência ao trabalho atual do grupo, ser objeto de rivalidade, de rejeição...

A partir de 1972, J.-B. Pontalis levantou algumas questões fundamentais sobre o estatuto do sonho e do relato do sonho no grupo. A primeira questão concerne ao sonhador: em todos os casos que apresentei, podemos nos perguntar quem sonhou o sonho. Podemos responder que, sem sombra de dúvida, Christiane, Jeanne, Michèle foram as sonhadoras de seus sonhos, e concordamos que os sonhos delas figuram e elaboram questões, cenas, emoções e desejos inscritos no mais profundo da história singular delas. Podemos, portanto, afirmar, com Freud, que o sonho é em primeiro lugar e nesse sentido "egoísta" no mais alto grau: é egoísta em sua função de satisfação alucinatória, ele é para mim, para o Ego e ele "fala" de mim. Mas essas evidências deixam algumas outras interrogações em aberto: o sonho é apenas e sempre "egoísta" em sua fabricação e em sua destinação?

Se levarmos em consideração o trabalho associativo do grupo durante as sessões que ocorreram na véspera do sonho de Michèle, observaremos que o que é selecionado por ela como restos diurnos são conteúdos psíquicos que se formaram no grupo sob o efeito do trabalho associativo. Esses restos foram utilizados e transformados por ela, de acordo com seus próprios procedimentos de fabricação. Podemos pensar que Michèle deu forma de representação onírica a seu próprio desejo e ao que percebeu dos conflitos psicossexuais inconscientes mobilizados no grupo. Poderíamos dizer o mesmo a respeito do sonho de Jeanne ou sobre o de Christiane.

Assim como no caso de Jeanne, o sonho de Michèle é uma interpretação pela sonhadora do que permanece recalcado no grupo e que nela está em vias de se tornar pré-consciente. Podemos aplicar ao sonho no grupo o que Freud, retomando a metáfora goetheana do tecelão, escreve na análise do sonho da monografia botânica: "estamos aqui no meio de uma fábrica de pensamentos".

O sonho fabricado por nossas sonhadoras é a peça original que elas tecem no tear do grupo-tecelão. Elas fornecem uma figuração dos conflitos e das fantasias (psicossexuais, narcisistas ou de aniquilamento) que atormentam o grupo. *Do que o grupo não pode sonhar, elas se fazem os porta-sonhos.*

A segunda questão concerne ao destinatário do sonho. Com base no exemplo de Michèle, constatamos que ela certamente sonha para si mesma, para uma parte dela mesma cuja representação ela delegou para os personagens de seu sonho. Mas ela também sonha para as pessoas do grupo, que são o suporte de seus objetos transferidos: Marc, Sophie, eu mesmo, o grupo como um todo são, nas transferências, os destinatários de seu sonho. No grupo, o sonhador, cuja função interpretativa foi reconhecida pelo grupo, sonha para manter essa função, da qual tira, "egoisticamente", alguns benefícios secundários.

Qual a natureza do trabalho associativo efetuado em grupo sobre o sonho? Pontalis sublinha o contraste entre a pobreza das associações do sonhador sobre seu próprio sonho no grupo e o interesse, ao contrário, das associações dos membros do grupo sobre o sonho cujo relato lhes é oferecido. Suponho que esse fenômeno decorre do fato de que o grupo se reconhece como parte integrante, constituinte e como destinatário do sonho, e é por isso que o interpreta como um material fabricado para uma interpretação a ele destinada. O *relato do sonho* feito por um sonhador num grupo é um relato proposto para as associações dos membros do grupo: portanto, esses efeitos devem ser examinados no processo associativo dos sujeitos considerados um a um e em seus vínculos de grupo.

O porta-sonhos nos pontos de encontro de quatro espaços

Na análise dos sonhos e na do processo associativo, dei uma atenção particular às funções intermediárias que certos sujeitos desempenham na tópica, na dinâmica e na economia do vínculo intersubjetivo. Essas funções são necessárias para o processo de emparelhamento psíquico, tanto na família, num casal, num grupo como numa instituição. Por motivos que lhes são próprios, mas também sob efeito de uma determinação intersubjetiva a que estão submetidos, certos sujeitos acabam ocupando no vínculo essa função: de porta-voz, de porta-sintoma, de porta-sonhos, de porta-morte, de porta-ideal etc. Propus o conceito de *função fórica* para especificar esses lugares e esses papéis.

As análises que propus até agora destacaram algumas relações notáveis entre o sonho de um sujeito num grupo e o espaço onírico do grupo enquanto conjunto: essa relação passa necessariamente pela figura do porta-sonhos. Embora desde a noite dos tempos suas funções sejam reconhecidas e estejam codificadas nas civilizações em que o sonho é considerado uma experiência fundamental da vida social e religiosa, podemos hoje precisar algumas de suas dimensões psíquicas e compreender como e em que condições, numa família, num grupo, numa equipe de terapeutas, um sonhador é também o porta-sonhos de um outro ou de um conjunto de outros.

Esses "sonhadores do grupo" sonham por conta própria, mas alguns acontecimentos da véspera determinam o conteúdo e a destinação de seus sonhos. O conteúdo: acontecimentos compartilhados pelos membros do grupo, vivências comuns, muitas vezes traumáticas, alguns enunciados e algumas enunciações. A destinação: ela é determinada pelas transferências, muitas vezes maciças, e pelo regime das identificações, muitas vezes de natureza projetiva. O fato de que o sonhador sonhe nessa situação, que doe e relate seu sonho ao grupo é algo que leva a indagar, desde a fabricação do sonho, sua utilização posterior nas relações intersubjetivas de grupo.

É o que permite entender por que certos sujeitos assumem uma função de porta-sonhos e trazem para o grupo (ou para a família) os sonhos que garantem a manutenção de um espaço onírico comum e compartilhado. O porta-sonhos forma-se exatamente da maneira como C. Lévi-Strauss descreve o processo da formação do feiticeiro: de maneira idêntica, o grupo reconhece a um de seus membros uma função de sonhador-interpretante, ele é investido de uma função que o sonhador não poderia cumprir sozinho, e este se torna e se reconhece como sonhador do grupo, assim como o feiticeiro detém seu poder e sua função do fato de se saber feiticeiro e de ser reconhecido, pelos outros, como feiticeiro e com aquele saber: "proclamam-no feiticeiro; já que feiticeiros existem, ele poderia ser um deles" (LÉVI-STRAUSS, 1958, p. 189).

O porta-sonhos no espaço onírico comum e compartilhado de um serviço hospitalar

Gostaria de ampliar essas proposições e colocá-las à prova numa outra situação, que poderia ser relacionada com as instituições coletivas e a função dos porta-sonhos. No começo dos anos 1970, o Dr. J.-E. Schowalter recolheu os sonhos que enfermeiras tiveram perto ou depois da morte de adolescentes gravemente doentes, internados num serviço de pediatria do Hospital de Yale-New Haven (EUA). Anotou cuidadosamente as associações expressas pela sonhadora e/ou por suas colegas durante a reunião do grupo de enfermeiras.

Em seu estudo, J.-E. Schowalter (1974) aponta primeiro para a utilidade do relato do conteúdo manifesto dos sonhos: permitem entender o estresse emocional sofrido pelo conjunto da equipe no momento da agonia e da morte dos adolescentes. Os sonhos elaboram os restos diurnos dos pensamentos relativos a esses jovens doentes. Schowalter sublinha a coerência dos conteúdos manifestos, graças à qual os sonhos podiam ser contados, nota que os sonhos eram clara e diretamente uma realização de desejo: ver o doente sarar. Esse era o conteúdo manifesto mais evidente: o desejo de impedir a morte do jovem doente.

Poderíamos pensar que a coerência dos conteúdos manifestos e o caráter positivo das satisfações de desejo estão marcados pela elaboração secundária do sonho. Mas o autor esclarece que os sonhos das enfermeiras são sonhos não deformados, raros nos adultos, e que geralmente são reações a um estímulo psicológico interno ou a um estímulo externo, uma experiência recente muito penosa: "quanto mais os restos diurnos são dramáticos, maior o risco de o sonho não ser deformado" (*op. cit.*, p. 174).

Na maioria dos sonhos, o adolescente falava, fazia perguntas, muitas vezes aquelas que ele pronunciara em vida (como Freud nota a respeito dos sonhos traumáticos). As enfermeiras sentiam essas perguntas como críticas por não terem sido capazes de salvar o doente. Schowalter lembra de maneira oportuna a proposição de O. Isakower (1954): "o discurso é nos sonhos uma participação direta do Superego no conteúdo manifesto do sonho".

As associações exprimem o sentimento de culpa compartilhado ante o fracasso, a impotência para impedir a morte, a culpa de ser a última pessoa a ter-se ocupado do doente. Ocorrem muitos pesadelos, parecidos com os sonhos recidivantes das neuroses traumáticas: os mortos acordam, ameaçam a sonhadora, estão furiosos com o modo como seus corpos são tratados. Mas, nota Schowalter, o fato de que a pessoa que sonhou revele seu sonho inicia e alimenta uma intimidade compartilhada no grupo, suscita outros sonhos e contribui para modificar as emoções e as atitudes dos outros.

Tive a oportunidade de observar tais efeitos do sonho e do porta-sonhos em serviços de pediatria infantojuvenil. Minha atenção foi despertada pelo fato de que alguns atendentes são mais portadores desses sonhos que outros, a tal ponto que os outros ficam esperando por eles sempre que se sintam temporariamente incapazes de sonhar. Esses porta-sonhos distinguem-se às vezes por seus sonhos premonitórios, fazendo, dessa forma, a crônica das mortes anunciadas. Pouco importa que a previsão nem sempre se cumpra nos termos figurados no sonho. O que importa é que essas mortes "anunciadas" já estão ali, no grupo, nos desejos e nas fantasias que nele circulam, no obscuro conhecimento que alguns podem ter, por identificação projetiva, do fim próximo de um paciente investido pelos que dele cuidam. O que esses sonhos anunciam, como em muitos sonhos premonitórios, é o que já aconteceu na psique, o que já está no espaço psíquico do grupo, mas que está ali apenas na forma de um saber que os atendentes ignoram ou que não podem reconhecer entre si. A sonhadora ou o sonhador, porta-sonhos suscitado pelo grupo naquele de seus membros que se presta a isso, transforma as percepções inconscientes de cada um figurando-as no sonho e fazendo delas um relato que dá acesso ao conhecimento pré-consciente consciente da trama que se irá realizar. Essa experiência não deixa de provocar pavor e atração, como ocorre diante de quem tem acesso ao mistério sagrado, mas a palavra circula e, com ela, os afetos contidos e enterrados na tumba da criança morta.

O porta-sonhos na polifonia interdiscursiva

Tendo chegado a esse ponto de minha análise, creio que possamos considerar a ideia de que os porta-sonhos têm sonhos atravessados por toda uma polifonia interdiscursiva que concorre para a fabricação do sonho. Nas situações psicanalíticas, eles sonham, como qualquer analisando, na transferência, para alguém, ou para vários; sonham também "no lugar" de alguém ou de vários. Esses sonhadores tornam-se porta-sonhos sob o efeito da necessidade interna de estabelecer, por meio das identificações projetivas, um espaço psíquico mais amplo que o deles, de depositá-lo num continente extratópico, o de um outro, de mais de um outro, de todo um grupo.

Essa função interpretativa dos porta-sonhos decorre do funcionamento de suas identificações e de seu Pré-consciente, e, nesse caso, pude identificar uma organização psíquica que especificaria a função do porta-sonhos. Mas ela é também uma função que aparece no campo do grupo e que não pode caracterizar uma configuração geral. As identificações históricas de Michèle estão na base de seu sonho e da capacidade que este tem, através do relato que ela faz dele, de mobilizar por identificação os núcleos históricos dos participantes. Michèle é certamente uma dessas personalidades múltiplas (*multiple, mehrfache Persönnlichkeit*) que Freud exemplifica em várias oportunidades em *A interpretação dos sonhos*, nos *Estudos sobre a histeria* e em *O Ego e o Id* (G.-W., XIII, 258-259, tr. fr., p. 198-199). Esse tipo de personalidade, como Freud mostra sobretudo a respeito do sonho do jantar (também conhecido como sonho da bela açougueira), é particularmente apto a pôr em funcionamento identificações múltiplas ou multifacetadas (*Mehrfache, vielseitige Identifizierung*), de que elas se servem nas relações interpessoais (G.-W. VII, 236; XIII, 144, trad. fr., p. 157 e G.-W., XIII, 258-259, trad. fr., p. 198-199).

Quanto ao trabalho do Pré-consciente no porta-sonhos, supõe-se que ele esteja estabelecido como uma formação intermediária entre o Inconsciente e o sistema Percepção-Consciência; mas o Pré-consciente é também função do vínculo intersubjetivo e nesse vínculo. Quero dizer com isso que a capacidade de albergar, de conter, de ligar e de transformar/interpretar que caracteriza a atividade intrapsíquica do Pré-consciente tem por condição algumas qualidades do

Pré-consciente dos outros. Isso supõe que uma função "meta pré-consciente" já esteja constituída e que esteja disponível ao menos em um outro para outro sujeito. Essa função meta pré-consciente é o trabalho do grupo até o momento do sonho de Michèle, e poderíamos dizer o mesmo do sonho de Jeanne ou do de Christiane. É precisamente essa função "meta" que falta para o sonhador (Robert) e para o grupo que recebe o sonho anterior ao começo do grupo como uma invasão.

Para que os pensamentos do sonho sejam "apresentáveis" no espaço interno, têm de se transformar sob o efeito da censura. Podem então ser nomeados no relato que será feito do sonho. Mas o ciclo das transformações não termina aí: as palavras que dizem o sonho farão surgir, no espaço comum em que serão recebidas, outras palavras, e também sonhos, que só o trabalho de interpretação poderá transformar em pensamentos.

Essa dupla função, intra e meta, é também aquela que sustenta o processo associativo: torna possíveis, por identificação, ligações até então inacessíveis entre processos primários e processos secundários. É nessas funções intermediárias que os outros, ou certos outros, podem encontrar um apoio para sua própria atividade de representação e deixar formarem-se seus próprios pensamentos. É exatamente isso que acontece quando, num grupo, um sujeito cumpre uma função de porta-voz ou de porta-sonhos.

O onirismo grupal repousa sobre essas bases: sonhos viajam entre os membros de um grupo, personagens, "cartas/letras" são trocadas, e essa troca supõe uma porosidade dos envoltórios psíquicos, eles mesmos contidos pelas identificações no envoltório narcísico do sonho compartilhado. Na clínica psicanalítica do grupo, o lugar ocupado pelo porta-sonhos situa-se, pois, nos pontos de encontro de quatro espaços: o seu próprio, o da fantasia compartilhada, o do discurso associativo e o da estrutura intersubjetiva, como demonstram as transferências. Seu sonho é fabricado a partir desses espaços.

6. O trabalho psíquico do sonho em grupo

As análises precedentes mostraram que o grupo é um incrível ativador da atividade onírica, mas também que o sonho é um potente mobilizador dos processos psíquicos no grupo. Falta ainda qualificar as condições e a natureza do trabalho psíquico que ocorre a partir do sonho em grupo. Relembro três proposições:

1. O grupo é uma cena na qual se reapresentam, se ligam e se transformam as formações do inconsciente dos sujeitos em seu encontro com o outro (mais de um outro) e com o espaço psíquico do grupo. O aparelho psíquico grupal articula, reúne, liga e transforma as organizações intrapsíquicas no espaço do grupo.
2. O trabalho associativo que é produzido ou inibido a partir do relato do sonho dá preciosas indicações sobre o estado do aparelho psíquico de grupo.[1]
3. O objetivo do trabalho psicanalítico em situação de grupo é a elaboração dos conflitos inconscientes que afetam tanto os participantes quanto o espaço psíquico grupal no qual está incluído o do (ou dos) psicanalista(s).

1. SONHO, TRANSFERÊNCIAS E INTERTRANSFERÊNCIAS NOS GRUPOS

Essa formulação geral é incontestável em qualquer situação psicanalítica: sonhar e fazer o relato de um sonho inscreve-se num conjunto de movimentos transferenciais. Na situação psicanalítica de grupo, sonhar e fazer o relato do sonho está às vezes sustentado pelo desejo de se aproximar do analista, de

---

[1] "O sonho informa sobre a dinâmica grupal, as transferências, a atividade fantasmática, o nível da regressão, a natureza e a força das pulsões parciais ativadas, a qualidade das imagos, a distância em relação ao nó edipiano", nota, por sua vez, J. Villier (*op. cit.*, p. 56).

seduzi-lo, de dar-lhe um presente de grande valor. A maioria dos psicanalistas notou que os primeiros sonhos relatados num grupo têm como fonte e destinação a transferência precoce para o analista, mas observam que os sonhos podem também ter como fonte e destinação a transferência para o grupo enquanto objeto: foi o que mostrou o sonho de Robert, que não conseguia afinar-se com a orquestra e cujo arco tinha cordas que se soltavam. O vetor transferencial do sonho de Michèle é duplo: um participante, Marc, e o analista, que representam ela mesma e seu pai.

O sonho e o relato do sonho têm, portanto, fonte, destinação e, em parte, sentido na transferência para o analista, para o grupo e para certos participantes. Isso não deveria causar surpresa, admitindo-se que nos grupos lidamos essencialmente com correlações de transferências e com sua difração no espaço transferencial disponível. Foi esse ponto de vista que me levou a escutar o sonho a partir de seus dois lugares de formação, no espaço psíquico privado e no espaço psíquico comum e compartilhado, a partir de seus dois umbigos e em sua polifonia.

É por isso que não considero que o movimento transferencial individual para o analista vá ao encontro da coesão do grupo, a menos que o próprio analista o privilegie: nesse caso, ele sustentará uma transferência inanalisável na situação de grupo, porque, ao se pôr a escutar e interpretar o sonho como se fosse o analista do sonhador, sem considerar seu sonho e o relato que ele faz na dinâmica e na economia do grupo, o próprio analista participaria da transgressão dessa situação. Concordo com Villier quando escreve que o reconhecimento e a interpretação da transferência grupal funcionam no sentido de permitir a explicitação de uma atividade onírica pessoal até então inibida ou censurada (*op. cit.*, p. 56). Mas "sonhar para o analista" não tem, num primeiro momento e *em si*, valor de transgressão, tem valor de transferência

Sonhos de psicanalistas em situação de grupo

Quando dois ou mais psicanalistas trabalham juntos numa situação psicanalítica grupal, cria-se uma dimensão específica das transferências, dimensão que, conforme minha teorização, põe em funcionamento uma intertransferência e exige uma análise intertransferencial.[2] O sonho que se dá em um dos analistas inscreve-se na intertransferência, e é isso que gostaria de explorar por meio de dois exemplos.

O primeiro mostra as consequências do fracasso do trabalho de elaboração por um grupo de psicanalistas do sonho de um de seus membros, sendo

---
2 Sobre a intertransferência e a análise intertransferencial, ver *supra* p. 73.

que a tarefa daquele grupo era dirigir o processo psicanalítico de um trabalho grupal durante um seminário.[3] Os membros desse grupo de analistas já trabalham juntos faz muito tempo, mas, na época em que transcorreu a sequência que vou relatar, não tinham ainda o hábito de fazer a análise das intertransferências que se desenvolviam entre eles: aquela foi, aliás, uma oportunidade para praticá-la. A clínica daquela situação já foi exposta e comentada várias vezes de diferentes pontos de vista por vários analistas que participaram do seminário em que o sonho aconteceu.[4]

Nossas sessões do grupo muitas vezes começam com o relato de sonhos que um ou outro de nós teve na noite anterior. Desde a primeira noite, instalou-se uma forte discordância em nosso grupo a respeito da condução das sessões de grupo grande. Aquele que habitualmente os conduzia numa posição de figura central propõe que essas sessões passem a ser conduzidas por um casal de psicanalistas. Logo enterrado, esse desacordo suscitara o temor de uma possível ruptura dentro da equipe e se transformara em acordo em manter até o fim do seminário a unidade da equipe em torno do dispositivo habitual.

Na quarta noite, aquele que dera origem ao desacordo relata, com reticências, um sonho em que um homem hesita entre duas mulheres. O sonhador tem relações sexuais com uma delas atrás de uma cortina, sendo que a outra era a noiva que estava se aprontando para a cerimônia. O sonho não recebe nenhuma associação nem de nossa parte, nem por parte do sonhador; ele desconcerta e suscita acusações de infidelidade e sentimentos de raiva e de abandono. Logo "evacuado" por uma interpretação defensiva unânime, o sonho é escutado como expressão de um desejo de infidelidade do sonhador em relação à equipe, e, portanto, como ameaça à sua unidade e sua coesão. Sob vários pretextos, as reuniões de trabalho da equipe são encurtadas ou suspensas nos dias que se seguem.

Na última sessão plenária do seminário, os psicanalistas, diferentemente de seu modo costumeiro de se distribuir no espaço, sentam-se uns ao lado dos outros; assim, em sua disposição espacial, manifestam sua necessidade de proximidade e de unidade. Aos participantes não resta outra alternativa senão sentar-se em espelho, também eles grudados uns nos outros. Há poucas

---

3 O que chamamos de seminário corresponde a um dispositivo de trabalho psicanalítico em situação psicanalítica de grupo com duração de uma semana, na qual se alternam sessões em pequenos grupos dirigidas por dois psicanalistas e sessões em grupo grande, que reúne uma vez por dia todos os participantes do seminário e a equipe de psicanalistas. Em todas as configurações, aplica-se a regra fundamental. Durante o seminário, a equipe de psicanalistas se reúne todas as noites para avaliar os processos psíquicos em ação nos diversos grupos que compõem o seminário e dentro da própria equipe.

4 Cf. D. Anzieu (1972), A. Missenard (1972) e R. Kaës (1972, 1976, 1996).

trocas, o clima é pesado, a angústia difusa. As raras intervenções dos analistas para pedir associações não modificam esse funcionamento paralisado. Um participante imagina, então, os analistas "enfiados num mesmo pau".

Essa imagem permitiu que representássemos *a posteriori* as angústias e as fantasias inaceitáveis que a proposição técnica, e depois o sonho de nosso colega, suscitara em nós. Contra essas fantasias e essas angústias formara-se em nossa equipe, em cima da recusa do desacordo, uma aliança inconsciente, mais precisamente um pacto denegativo. O sonho nos confrontara com fantasias de cena primitiva intolerável, com angústias de fragmentação e de desmembramento, com a ameaça de ver ruir nosso desejo de ser amados por esse "Pai" que nos abandonava. A cena da última sessão, que induz a simetria dos imaginários, só se tornou simbolizável a partir da representação de palavra de um participante, que, na cena do grupo, dá uma figuração para a fantasia compartilhada de soldagem e de aglutinação: reconstituir a integridade fálica e a unidade homossexual primária numa cena imaginária com função unificante, narcísica e identificatória mortífera, a cena do enfiamento fusional. Ao nos recusarmos a elaborar o sonho endereçado a nós, nosso grupo rejeitara a realidade psíquica comum e compartilhada que o constituía naquele momento, e os participantes tinham encontrado a interpretação do objeto de nossa resistência.

O segundo exemplo é relatado por A. Missenard; ele analisa a emergência e o destino de um sonho que sua colega Y. G. teve *antes* de um grupo coordenado por ela e por ele.[5] A sonhadora relata-lhe seu sonho nos seguintes termos: "Não se pode ter dois amantes ao mesmo tempo. Quais os fundamentos teóricos, ideológicos, políticos ou outros desse tipo de lei, desse tipo de interdito?". Esse sonho ocorre e se insere no conjunto dos intercâmbios que os dois psicanalistas tiveram antes da primeira sessão do grupo sob sua responsabilidade. A. Missenard relaciona o conteúdo manifesto do sonho com uma história anterior comum a ambos e que parece ter sido motivo de um conflito entre eles. Tinham-se comprometido a falar desse grupo (quando este ainda não tinha acontecido) com seus colegas da instituição que organiza o grupo (o Ceffrap)[6] durante uma reunião que trataria do trabalho do analista em situação de grupo e cujo tema fora formulado da seguinte maneira: "Como ser e continuar psicanalista numa situação de grupo e num casal de dois analistas?". Dado o conflito suscitado por esse duplo compromisso, decidiram "fazer o grupo para eles mesmos, não para o Ceffrap".

---

5 A. Missenard discutiu esse sonho e seus efeitos em vários estudos: cf. A. Missenard (1985), A. Missenard e Y. Gutierrez (1989).

6 Cercle d'études françaises pour la formation et la recherche [Centro de estudos franceses para a formação e a pesquisa]: abordagem psicanalítica do grupo, do psicodrama, da instituição.

Missenard e Y. G. notam que o que aparece no material do grupo, desde a primeira sessão, está relacionado com o significante "lei", presente no relato do sonho. Com efeito, as associações dos membros do grupo giram em torno do estatuto da lei nesse grupo: uma lei imaginária, todo-poderosa e arbitrária, da qual os analistas seriam os donos e aos quais os participantes poderiam simetricamente opor a deles, conforme lhes aprouvesse. Mas essa referência à lei também remete os analistas à lei simbólica que rege as regras desse grupo, além daquela da instituição Ceffrap. Missenard nota que o significante "lei" é o significante comum que reúne participantes e analistas, que ele suscita versões diversas da relação com ela, e que a essas versões corresponde a diversidade das transferências e das referências identificatórias. O significante lei corresponde também à questão que provoca conflito no desejo dos analistas: investir esse grupo, lugar e instrumento de seu prazer, ou o grupo-Ceffrap, lugar e instrumento de seu trabalho. Portanto, é como se o grupo, naquele momento, "desse bola" para os psicanalistas, assim como os psicanalistas tinham decidido "dar bola para [eles] e não para o grupo-Ceffrap". A atenção que Y. G. e A. Missenard deram ao sonho permitiu a eles identificar, em parte, o que o grupo estava trabalhando em suas associações e na transferência.

Mas, apenas em parte, pois, no dia em que se discutiu aquele sonho e seus efeitos no grupo coordenado por nossos dois colegas numa reunião dos membros do Ceffrap, tive a sensação de que o que faltava ser articulado naquele sonho e no destino que tiveram no grupo era precisamente a relação do desejo com a lei. Em primeiro lugar, o desejo dos analistas: em nosso dispositivo de trabalho, eles se escolhem,[7] formam um "casal" que se destaca sobre um fundo de grupo, e nesse pano de fundo eles colocam a alternativa de várias escolhas de objetos "amorosos": entre seu investimento mútuo e o de outros colegas não escolhidos, entre o investimento dos analistas nesse futuro grupo e no grupo Ceffrap, entre seu coanalista e o grupo. Os "dois amantes ao mesmo tempo" do sonho podem, portanto, adotar diversas figuras. O significante do desejo (e talvez da transgressão, uma vez que a lei é evocada na elaboração secundária do sonho) não é retomado na dimensão da análise intertransferencial. Embora não seja o caso de analisar, entre colegas, a fonte infantil do desejo de que o sonho é a expressão, ainda assim os significantes que ele veicula concernem à parte do desejo que está presente na escolha do coanalista, a seus efeitos sobre o espaço das transferências e das contratransferências no grupo. Ele tem uma incidência direta sobre a condução do grupo

---

[7] Sobre a escolha do outro no casal de psicanalistas em situação de grupo, cf. o estudo recente de O. Nicolle (1999).

e a elaboração que nele pode dar-se. A. Missenard alude a isso quando fala da proximidade dos coanalistas. Mas também se trata da transferência das figuras parentais para o casal de analistas: para a mãe, ter dois amantes ao mesmo tempo torna a condição do pai ainda mais incerta caso um filho (imaginário e/ou simbólico) nascesse da união deles. Ora, essa é uma questão central nesse tipo de grupo: de quem somos "filhos", deste casal ou de uma instituição?

A "ausência" de sonhos e a rejeição do sonho: transferências e qualidade do continente grupal

Consideremos primeiro as situações em que, no grupo, há nenhum ou poucos sonhos. Os exemplos que demos mostram que os participantes podem defender-se do que J. Guillaumin chama a "intrusão do inconsciente no Ego vígil". A clínica também nos ensina que o sonhador pode guardar para si seu relato quando teme que seu sonho seja rejeitado ou atacado pelos membros do grupo confrontando-o com uma ferida narcísica insuportável. Observamos também que, ante uma avalanche de sonhos ou antessonhos prolixos – como no caso do sonho de Jeanne (p. 121-124) –, os participantes se defendem, ao menos por certo tempo, dos conteúdos não transformáveis que afluem em excesso pela banalização ou pela ausência de associações.

A respeito disso, R. Friedman (1999) levanta dois problemas interessantes. Indaga a qualidade do continente grupal para o sonhador: o grupo é suficientemente seguro e está suficientemente disponível para evacuar as emoções clivadas? Para que se crie um espaço grupal e relações interpessoais em que as funções-alfa possam elaborar as emoções ameaçadoras, o grupo tem de fornecer várias "mães" dotadas de função-alfa, capazes de conter as emoções insuportáveis e a violência excessiva. Friedman indaga em seguida as relações continente-conteúdo: afirma que a função do sonhador consiste em contar o sonho que pode ajudar o grupo a integrar-se melhor, enriquecendo, assim, a vida psíquica de cada um.

Esse ponto de vista tem o mérito de explicar o que está em jogo na "ausência" de sonhos, em sua escassez ou em sua rejeição. Mas, ao atribuir ao sonhador uma tarefa que pressupõe nele a intenção de ajudar o grupo e a capacidade de avaliar se o grupo pode conter suas projeções, determina também um limite para a contribuição dos sonhos e para o trabalho associativo. Na medida em que uma abordagem funcional e positiva põe de lado os sonhos que perturbam a intenção integrativa do grupo, o que se coloca é a questão do tratamento do negativo. O exemplo do sonho de Robert (a angústia de não se afinar e o ataque ao envoltório grupal, p. 118-119) mostra claramente que o sonho não era transformável enquanto a função de continente do grupo não estivesse constituída, mas mostra também que esse sonho pode ser elaborado em seguida no processo grupal e ser interpretado no movimento das transferências. J. Villier nota com razão que "a parada na produção de relatos de sonhos indica um aspecto negativo da transferência grupal, punição ou reivindicação agressiva para com os analistas: represália contra a frustração decorrente da neutralidade dos analistas".

Há, portanto, vários elementos em jogo na ausência, na escassez ou na retenção dos sonhos: a ausência de uma continência grupal confiável, as pulsões destrutivas em relação ao continente grupal, a rivalidade na transferência, o ataque à relação privilegiada com o analista, a inveja suscitada nos outros, o temor de que o sonho seja rejeitado ou danificado pelos membros do grupo.

2. O TRABALHO DE ELABORAÇÃO PSÍQUICA NO GRUPO A PARTIR DO RELATO DO SONHO

Freud notou que o relato do sonho comporta uma elaboração secundária que o sonhador realiza sob o efeito da censura e dos processos secundários. Na situação de grupo, a elaboração secundária se dá além disso sob o efeito do endereçamento do sonho ao grupo ou a alguns de seus membros, pelo que eles representam na transferência do sonhador. Correlativamente, o relato de um sonho mobiliza de imediato o grupo e solicita suas associações: vimos que o relato do sonho podia ou não ser sustentado pelas contribuições associativas dos outros participantes e pelo próprio analista. Quando o relato é sustentado pelas associações, como ocorre na maioria dos grupos que mencionei, exceto, precisamente, no grupo dos analistas, o sonho é escutado pelos participantes a um só tempo como uma facilitação para suas próprias representações e afetos inconscientes e como elemento importante do material e do processo grupal. É claro que às vezes os participantes só o escutam com uma orelha. Mas, do lado do analista, o relato do sonho exige uma dupla escuta do sonho, ou melhor, uma escuta nos dois níveis do espaço psíquico em que o sonho se forma e é transmitido pelo relato que dele é feito: no espaço interno e no espaço do grupo. Essa dupla escuta é feita de maneira notável num grupo coordenado e comentado por C. Neri (1997).

Na volta das férias de Natal, Fabiana conta um sonho que exprime a maneira como viveu o fato de guardar dentro dela "uma coisa" que ela colocava no grupo no período em que a análise estava ativa:

'Eu estava no trabalho. A gente sabia que numa das salas havia um monstro horrível. Ele era horrível porque, diziam, alimentava-se de sua própria carne. Queria vê-lo de qualquer jeito. A porta se entreabriu e assim pude vê-lo pela fresta. Esperava que ele fosse grande, enorme até, mas na verdade era pequeno. Era uma criança de uns três anos. Tinha o corpo de uma criança e a cabeça de um rato e estava mordendo seu próprio braço. Tive dois sentimentos opostos: nojo e ternura. Por mim, eu o teria levado para casa. Duas colegas, que também eram amigas, estavam comigo: uma dizia que eu era muito corajosa, a outra, que eu não estaria à altura da tarefa. Quanto a mim, tinha dúvidas: não tinha medo do monstro, mas não sabia o que fazer para alimentá-lo e fazê-lo crescer'. Fabiana acrescenta: 'logo depois de ter tido esse sonho, pensei que quando a gente não tem nada para comer, a gente se alimenta da própria carne'.

O sonho é escutado por C. Neri como um elemento do material grupal e como uma produção pessoal de Fabiana. As associações dos membros do grupo referem-se ao sonho da sonhadora e a sua história pessoal, mas também a outros membros do grupo, que associam com sua própria história e com seu sintoma pessoal. Elas também dizem respeito ao grupo e a sua evolução. O relato do sonho e as associações escutadas provocam um trabalho elaborativo na sonhadora, levantando sua amnésia infantil. Uma dupla escuta, a do analista, capta essa articulação. C. Neri entende que o sonho de Fabiana (o monstro muito grande e depois menor) está relacionado com o reinício das sessões, depois com a história de Fabiana (sua tendência a atacar o próprio corpo quando se sente abandonada e esfomeada). Escuta também as associações dos membros do grupo; elas o mobilizam a respeito do problema de cada um e de cada uma que traz associações. Ele mesmo associa com a convergência das associações e com o sentido que elas adquirem no processo grupal: trata-se ali de lutar contra os elementos horríveis e aterrorizantes do sonho para evitar uma paralisia do grupo, valorizando os aspectos positivos do rato (dizem que o rato é muito inteligente).

C. Neri fica mobilizado mais particularmente por um aspecto emocional do sonho: a divisão interna de Fabiana e sua escolha de levar o rato para casa. Ele avalia que é possível falar disso com o grupo e eis como ele o faz: "para não interromper o desenvolvimento do pensamento associativo do grupo, minha intervenção não se dará por um 'metadiscurso', mas por uma imagem intimamente ligada a uma associação de uma participante sobre o rato que come a si mesmo. Uma vez li um livro sobre o Egito antigo. Fiquei então sabendo que, para os egípcios, o ideograma 'rato' significava 'escolha'. No livro encontra-se também uma explicação: quando os padeiros tinham de escolher entre diferentes tipos de farinha, usavam o seguinte método: colocavam numa sala sacos contendo tipos de trigo diferentes; em seguida, trancavam um rato na sala e, na manhã seguinte, verificavam qual o trigo que o rato tinha comido. O rato é capaz de identificar o trigo de melhor qualidade. Eis por que o ideograma 'rato' significa 'escolha'" (NERI, 1997, p. 5-6).

Dessa forma, Fabiana é sustentada pela elaboração que os membros do grupo e o analista fazem de seu sonho. Ela se descobre confrontada com uma escolha de objeto amoroso, cujo dilema se exprime em sua hesitação em vir às sessões. O sonho do monstro contém uma imagem do grupo e da própria Fabiana. Outra participante, Gabriella, não conseguia falar de sua dificuldade de retomar contato com o grupo. Imediatamente antes de ir a essa sessão, pusera para funcionar sua máquina de lavar com roupa colorida, e tinha de esperar o programa de lavagem terminar para evitar o risco de as roupas desbotarem umas nas outras. C. Neri aponta as vivências angustiantes vinculadas à retomada de contato. Gabriella consegue reconhecer sua ansiedade de pôr em contato seus conteúdos mentais e seus afetos com os dos membros do grupo, seu temor da contaminação. A máquina de lavar é também uma imago do grupo que tem de voltar a funcionar, ele também é a máquina de lavar onde "coisas" individuais e individualizadas são postas juntas umas das outras e podem desbotar umas nas outras. O trabalho do grupo permite conter e transformar em pensamentos as angústias de contágio e de perda dos limites da identidade.

Esse exemplo mostra como as diferenças entre cada participante aparecem nas associações. C. Neri as respeita, ele não cria um relato compósito, ele associa e se associa ao trabalho de transformação de todo o grupo: ele "mergulha" no umbigo do grupo e volta à superfície "dosando sua respiração para descomprimir e permitir que seus companheiros de mergulho o sigam" (*ibid.*, p. 12-13).

A elaboração do sonho pela formação de uma "constelação onírica"

Alguns efeitos do relato do sonho sobre o trabalho psíquico do grupo foram explorados por E. Gaburri (1999), que constata, como outros, que o sonho dá lugar no grupo a uma nova dinâmica de trocas. E. Gaburri observa que o relato do sonho "contém uma primeira aproximação do sentido, que ele cria, modifica ou destrói as relações e as fronteiras que serviam de moldura para a mentalidade precedente". Assim, o relato é a matriz potencial de novos espaços de pensabilidade para o conjunto do grupo. Retomando o conceito de função-gama proposto por F. Corso como equivalente grupal da função-alfa, E. Gaburri acredita que a resposta do grupo ao relato do sonho ativa a função-gama no espaço-tempo do sonho. Aquele ou aquela que conta o sonho propõe um ponto de vista singular e particular sobre as qualidades emocionais do campo do grupo, pontos de referência para a exploração de uma constelação de sentidos que interessam o grupo todo.

E. Gaburri introduz a noção de constelação onírica para dar conta de certos processos da elaboração do sonho no grupo. Parte da observação do que acontece quando vários sonhos hipersaturados surgem numa sequência de sessões. Em vez de pedir associações, ele preconiza "esperar que eles decantem" e, ao mesmo tempo, escolher um pequeno número de traços que permitam ao grupo "ressonhá-los" e criar *uma nova constelação onírica*. A constelação onírica é produzida pelo sonho ressonhado pelo grupo: um sonho seguinte, sonhado por outro participante, abre caminho para pensamentos estranhos e perturbadores que se instalam no meio das trocas afetivas e da elaboração comum. Nesse trabalho, o sonhador desempenha um papel de esclarecimento para o todo, permite que o grupo identifique significações ainda desconhecidas, mas, ao mesmo tempo, a elaboração comum torna pensáveis a constelação e a possibilidade de uma evolução em "O".

A noção de constelação onírica responde, em parte, a uma pergunta que muitos autores se fazem a respeito dos sonhos relatados numa mesma sessão de grupo: devem ser considerados, seguindo Freud, sonhos de uma mesma noite (Villier), e pode-se então supor que o centro de um é o que está indicado na superfície por outro? Embora a observação de Freud se aplique aos sonhos de um mesmo sujeito (e é também o que acontece nos grupos quando certos sonhadores fazem uma profusão de sonhos), o caso mais frequente é aquele em que vários sujeitos diferentes relatam um sonho na mesma sessão. Acontece, assim, que uma "onda" de sonhos ocupe toda a sessão, e nesses casos costumamos estar diante de uma organização defensiva instalada por um participante ou pelo grupo.

Estaríamos, com essas concepções, longe das observações que J.-B. Pontalis formulou em 1972? "Os comentários dos participantes dão apenas a ilusão de uma interpretação acabada [...], os comentários são alheios e heterogêneos ao sonho. Não poderão de forma alguma desembocar no desejo infantil do sonhador, a cadeia significante só poder ser pessoal. Seria um abuso de sentido querer decifrar o sonho de alguém com as associações de outras pessoas". No máximo, acrescenta J.-B. Pontalis, "as associações dos outros podem às vezes facilitar para o sonhador associações pessoais, mas podem igualmente dirigi-las e desviá-las do sentido mais pessoal do sonho".

De minha parte, entendo hoje essas proposições como uma advertência contra esses abusos. O que importa, sobretudo, ter em mente é que o dispositivo de grupo não está construído para conduzir a análise nas condições e nos termos do tratamento individual. Mas também se deve levar em conta que a clínica e a técnica evoluíram de forma considerável nestes últimos trinta anos, ao mesmo tempo em que os modelos e a capacidade de pensar a complexidade grupal se tornaram mais precisos. Não acho, como propõe M. Bernard (1999), que o sonhador não tem acesso ao sentido profundo de seu sonho, isto é, aos elementos do sonho ligados à sintaxe pessoal, pelo fato de que faltam as associações pessoais que permitiriam descobrir o sentido do sonho para o sonhador. Por um lado, as associações pessoais nem sempre faltam, e, por outro, a clínica mostra que a dupla escuta do analista e a qualidade do dispositivo grupal tornam possível um trabalho de elaboração e de perlaboração que pode revelar o sentido do sonho para o sonhador e desembocar no reconhecimento de seu desejo infantil sem "transgredir" a situação de grupo. Em contrapartida, concordo com M. Bernard quando ele diz que o sentido do sonho extrapola e ultrapassa o sentido que é próprio ao sonho para o sonhador: seu sonho faz sentido para uns e não faz sentido para outros. Com efeito, o *trabalho da intersubjetividade* suscita, liga e transforma o conjunto das associações no campo grupal, e devemos ficar atentos tanto para o fato de que as associações que vêm do grupo podem "desviar o sonhador do sentido mais pessoal do sonho" quanto para aquele que nos mostra que vias, que de outra forma seriam inacessíveis, são abertas pelas associações dos membros do grupo. Essa dupla escuta do processo onírico, desde sua matriz até seu endereçamento e sua elaboração nos dois espaços em que ele se consolida, não deixa de estar relacionada com a maneira de tratar o problema da interpretação do sonho no grupo.

A interpretação do sonho no grupo

Assinalei que a maioria dos autores afirma que não se deve privilegiar o sonho e o sonhador centralizando as interpretações nele: isso seria fazer uma análise individual do sonho em público e transgredir o enquadramento da situação psicanalítica de grupo. Mas as modalidades e os momentos da interpretação são abordados de forma diferente por cada um deles.

Assim, na técnica de R. Friedman (1999), nesse aspecto de inspiração foulkesiana, o terapeuta convida cada participante a compartilhar sua ressonância pessoal e a associar sobre o sonho relatado. As ressonâncias, ou "ecos", servem para integrar as diferentes associações num novo relato, para a realização do qual o terapeuta desempenha um papel ativo. Ele sustenta e solicita o esforço de todos para "pensar" mais ainda o sonho. O relato que se tornou comum e compartilhado diz respeito em geral ao sonhador, a suas relações dentro do grupo e ao grupo como um todo.

É preciso sem dúvida levar em consideração uma característica importante do dispositivo desse grupo terapêutico: trata-se de um grupo aberto lentamente (*slow open group*), com entrada de novos membros e saída de outros. Essa técnica aumenta os problemas permanentes de integração dos novos membros no grupo e afeta o grupo em sua unidade, que tem de ser reconstituída o tempo todo, com a ajuda ativa do terapeuta. Talvez o apelo direto às associações e a técnica do relato de grupo se inscrevam nesse dispositivo.

R. Friedman dá o exemplo de uma série de sonhos agressivos (terrorismo, serpentes venenosas, janela que desaba, sonhos de terror...) e justifica sua técnica da seguinte maneira: é preciso "trabalhar no sentido de criar um continente para a agressividade dos sonhos de todos os participantes", construir uma relação estável para "fazer frente à clivagem temida". Ele relata um sonho de perseguição por um *kapo* num *kibutz*, assimilado assim a um campo de concentração; identifica a dificuldade que os homens desse grupo tinham "de formar com as mulheres um espaço receptivo para a fantasmática: os homens temem expor conteúdos insuportáveis (violentos) que poderiam não ser contidos pelos outros (as mulheres?) e dar lugar a uma regressão profunda.[8] Portanto, é preciso construir um continente feminino (materno, talvez?) para enfrentar, no grupo, a agressividade e o medo que o sonho despertou.

Creio entender a metodologia terapêutica ativa de R. Friedman nesse tipo de grupo, mas ela coloca uma questão que gostaria de destacar. Parece-me que o risco de criar um relato compósito, fabricado com os elementos trazidos por cada um, incluindo-os num texto-grupo, é sacrificar os sentidos diferentes atribuídos a um sonho em proveito de um relato unificador, que abarcaria todos os sentidos. Além disso, o fato de que essa construção unificadora seja conduzida pelo terapeuta consolida-o em sua posição transferencial de *leader*.

Outras posições interpretativas são possíveis, o tratamento do sonho de Fabiana no grupo coordenado por C. Neri é um exemplo disso, bem como vários casos por mim relatados. Eu mesmo deixo as associações desenvolverem-se espontaneamente, sem qualquer solicitação particular: pode-se não trabalhar com o sonho imediatamente. Deixo as transferências se instalarem em relação com o relato do sonho e com os efeitos que ele produz no grupo. Não conheço nenhuma situação em que, de uma maneira ou outra, o sonho não tenha sido retomado em associações, às vezes muito depois do momento em que o sonho foi trazido para o grupo, mas, no entretempo, algo muito importante aconteceu: o recalcamento, a colocação de lado do relato e das ressonâncias, a eventual frustração do sonhador. Nos exemplos que dei, observo a utilização que é feita do sonho e do relato pelo grupo, aponto, por exemplo, que o sonho não suscita associações e proponho relacionar essa observação com outros fenômenos que já aconteceram no grupo. Portanto, interpreto primeiro não o *material* do sonho, mas sua *utilização* em função do processo grupal.

---

8 Notei que esses mesmos temores existem em grupos de mulheres, nas mulheres violentas que temem não ser "contidas" pelas outras mulheres: por exemplo, quando surgem fantasias homossexuais violentas que colocam em questão a solidez da imago materna.

3. AS FUNÇÕES DO SONHO NOS GRUPOS

Dispomos agora de novos elementos para propor uma visão de conjunto sobre as funções do sonho nos grupos. Em meus estudos anteriores, distingui essencialmente as funções de figuração, de continência e de transformação elaborativas do sonho, para o sonhador e para o grupo. Deixei de levar em consideração a função *evacuativa* do sonho. A ampliação da clínica e a avaliação mais precisa da coalescência entre o espaço do grupo e o espaço do sonho levaram-me a retomar essa análise distinguindo quatro funções principais:

- Uma função de *retorno do recalcado* numa figuração aceitável para o Pré-consciente do sonhador. Essa figuração é proposta ao grupo no relato do sonho. Portanto, tem também uma função no grupo. O relato do sonho e as associações dos membros do grupo fazem emergir significantes até então indisponíveis para outros membros do grupo e que passam a poder ser utilizados por eles.

- Uma função de *continência*, que consiste no tratamento intersubjetivo dos pensamentos e dos afetos inconscientes, dos restos diurnos portadores de significações ainda inconscientes e carregadas de investimentos pulsionais reprimidos na véspera. O sonho, assim como o grupo, é um espaço psíquico compartilhado no qual se produzem efeitos de continência e de transformação, para o sonhador e para o grupo. No grupo, a função-gama é uma criação dos membros do grupo, ela sustenta a função de continência. Manifesta-se pela busca e realização da função-alfa do outro, de mais de um outro, do próprio grupo. Quando é impossível recorrer à função de continência do grupo, o sonhador faz outra tentativa para encontrar algo ou alguém que contenha, ele faz uma atuação (Pontalis e Khan), ele "sonha fora" (Racamier) ou ele traz um objeto externo real (Friedman).

- Uma função de *representação roteirizada e dramática* do aparelho psíquico grupal e dos lugares subjetivos de cada um nesse espaço. O lugar privilegiado do sonhador na tópica, na dinâmica e na economia grupais, e, portanto, nas dimensões das transferências, é o do *porta-sonhos*. Tentei identificar que necessidades internas levam determinado sujeito e não outro, pelo movimento de seu próprio desejo, a desempenhar uma função fórica de porta-sonhos. Pode-se também investigar a codificação do porta-sonhos nos grupos, nas famílias e nas instituições, e tentar compreender como são mobilizados, além dos processos primários e secundários, processos que obedecem à lógica social e cultural, especificamente mitopoética,[9] e fazem do relato do sonho em grupo um instrumento terapêutico fundamental, conhecido desde a Antiguidade.[10]

- Uma função *evacuativa* do sonho (Bion, Bernard, Gaburri, Friedman) consiste em se livrar do desejo pelo sonho em vez de elaborar os desejos que buscam uma via alucinatória de realização. O que Meltzer teorizou na análise como seio-privada também se aplica ao grupo, investido e utilizado como um seio-privada. Podemos incluir nessa categoria os sonhos profusos ou em avalanche. Eles podem ou não favorecer a elaboração psíquica no grupo, sendo o fator decisivo sua utilização nas transferências.

Podemos comprovar que são essas quatro funções que o relato do sonho de Christiane, de Jeanne, de Michèle e de Fabiana desempenha no grupo. Voltemos ao sonho de Michèle: antes de seu sonho, o sintoma de Marc se apoiava na alegação de realidade do acontecimento que "o marca", do qual recebeu "a marca". O relato do sonho, o trabalho associativo e a análise das transferências permitem conferir sentido a seu sintoma: o acesso à fantasia e ao pensamento de sua relação incestuosa com o pai porá em funcionamento um processo de transformação de sua representação, confusa e confusional, do trauma. Além disso, um ou outro participante terá acesso a sua própria fantasia incestuosa em consequência do relato do sonho e das associações dos membros do grupo.

No final deste capítulo, podemos concordar que os sonhos fornecem para os membros do grupo considerados um a um, e para o grupo como um todo, modelos de figuração dos conflitos inconscientes que os estruturam, modelos de trabalho psíquico e, sobretudo, de pensamento para ter acesso a esses conflitos; são também mediações entre as produções oníricas de um sujeito singular e as do grupo, matrizes identificatórias para seus membros, e sobretudo lugares nas cenas fantasmáticas que os organizam.

---

9 Fazem parte dessa função elaborativa os processos de transformação do sonho em representações mitopoéticas (cf. Kaës, 1976, p. 109-211).

10 O sonho em situação de grupo é usado essencialmente por sua virtude terapêutica. E. Doods mostrou que nos cultos taumatúrgicos da Grécia clássica, o terapeuta sonha para o grupo dos doentes e reconstitui o conteúdo do sonho de acordo com o mito, ou seja, com os enunciados fundadores do grupo social. No século II de nossa era, Elios Aristide relatou em seus *Discursos sagrados* o rito da incubação no santuário de Asclépio em Pérgamo: o paciente sonhava naquele lugar e o deus intervinha no sonho para curá-lo, criando entre eles uma intimidade sagrada. Trata-se sempre de restabelecer um vínculo interrompido: a função do sonho nas terapias tradicionais demonstra isso constantemente. Talvez essas funções estejam presentes na interpretação coletiva dos sonhos e na adivinhação, entre os médiuns e nos cultos de possessão mágica.

7. Os sonhos de grupo: os processos de figuração do grupo no sonho

Um tipo de sonho particular: o sonho de grupo

Certos sonhos, que nos são relatados durante um tratamento psicanalítico individual ou uma sessão de grupo, põem em cena vários personagens que se relacionam entre si, seu conjunto formando um pequeno grupo, uma assembleia maior ou uma multidão. Denominei esses sonhos "sonhos de grupo".[1] São uma forma de figuração do Ego onírico do sonhador, são a cena de seus personagens e de seus objetos internos.

Os vínculos que unem os protagonistas desses grupos ao sonhador, a seus objetos e a seus pensamentos, assim como as ações em que estão envolvidos, são de vários tipos. Os personagens manifestos desses grupos podem ser identificados com maior ou menor precisão pelo sonhador: são adultos ou crianças, homens ou mulheres, parentes ou amigos, colegas de mesa, de estudo, de trabalho ou de festa, às vezes outros analisandos,[2] ou ainda o analista com membros de sua família ou coordenando um grupo de trabalho, ou os analisandos reunidos na sala de espera. Às vezes, o próprio grupo é o protagonista do sonho ou é somente um *elemento do pano de fundo* da cena onírica, ou então consiste apenas numa massa anônima, pessoas. O sonhador geralmente diz: "tinha muita gente, tinha um grupo, uma aglomeração, uma multidão".

---

1 Cf. R. Kaës, *L'appareil psychique groupal: Constructions du groupe* (1976, 2. ed., 2000). A questão da figuração do grupo no sonho se impôs quando comecei a trabalhar com as representações inconscientes do grupo. Esse estudo me permitiu caracterizar o conceito de grupo interno e de grupalidade psíquica. Sobre os conceitos de grupalidade psíquica e de grupos internos como organizadores psíquicos inconscientes do grupo, ver também R. Kaës (1976, 1993).

2 A distinção que D. Meltzer propõe a respeito das relações entre os personagens do sonho pode nos ser útil (1967, trad. fr., 1971, p. 159). Ele distingue entre a representação de um adulto relacionando-se com outros adultos, de uma criança relacionando-se com outros adultos ou outras crianças e de um adulto relacionando-se com crianças distintas dele mesmo (suas próprias crianças).

O espaço no qual esses grupos evoluem costuma ser um espaço familiar, um apartamento ou uma casa: uma recepção, um salão, uma sala de jantar, um sótão, um quarto de dormir, ou então um lugar de passagem: uma entrada, um corredor, a sala de espera do analista. Em outros casos, várias pessoas estão reunidas num espaço público: um anfiteatro, uma sala de reunião, um teatro, uma igreja, um estádio, um ônibus etc.

Também as ações são diversas: uma refeição (refeição fúnebre, como na paciente de L. Kreisler), uma orquestra, como no sonho de Robert, ou um concerto, como no de Christiane. Pode-se tratar também de uma excursão, de uma conferência ou de uma cena de parto etc. Para alguns sujeitos, os sonhos de grupos são recorrentes, para outros, só aparecem em determinados momentos da análise ou estão associados a situações específicas, como costuma ser o caso dos sonhos feitos em grupo.

Esse primeiro percurso mostra que as figuras do grupo e do agrupamento são extremamente variáveis: nem os personagens, nem os lugares, nem as ações que formam o material dos sonhos de grupo são específicos. O que é específico é que o grupo seja utilizado como processo de figuração no trabalho da formação do sonho. Mas figuração de quê? A resposta é complexa. Podemos considerar o grupo como pano de fundo dos personagens do sonho, ou como vínculo que os une, ou como continente materno, ou como representação dos grupos internos.

Ainda falta compreender essa multiplicidade das figuras do grupo no sonho. Em parte, essa dificuldade é sem dúvida efeito de nossa ignorância, pois a figura do grupo no sonho nunca chamou muito a atenção e ainda não sabemos interpretar seu sentido para o sonhador na transferência. Mas também é preciso destacar que esses sonhos não suscitam ou suscitam poucas associações sobre a figura do grupo, quer no sonhador, quer no analista, ou que, quando ocorrem, costumam esgotar-se rapidamente, ou ainda, que sua interpretação, quando é possível, deixa subsistir um fundo residual importante. Essas características certamente evocam os *sonhos típicos*, nos quais, aliás, é muito frequente que um grupo esteja representado.

A análise dos sonhos de grupo levanta, além disso, um problema metodológico. Embora tenha me parecido útil considerar que, no sonho, o grupo é uma figuração de objetos, de pensamentos próprios ao sonhador, ou do próprio sonhador, não se deve excluir que o grupo, a multidão ou a aglomeração (ou, mais simplesmente, a menção à existência de "um monte de gente") esteja relacionado com uma forma simbólica que não seria um significante específico do sujeito, uma vez que estaria disponível em todos os sujeitos. A questão é complexa: Freud, ao se referir aos sonhos de nudez (1900, trad. fr., p. 214) ou à análise do sonho "Um belo sonho", adverte-nos do risco de aplicar qualquer tipo de chave dos sonhos para interpretar o que o grupo representa no sonho. Escreve que "um grande número de pessoas significa 'guardar segredo'" (*ibid.*, p. 250-251). Mas o procedimento de transformação no contrário que ele invoca aqui também pode perder-se pelo caminho de uma chave para a interpretação dos sonhos. Afinal de contas, seja como for, esses sonhos são produzidos, ditos e escutados na transferência e só podemos nos apoiar nas associações do sonhador: estes são dois pontos de referência importantes.

Minha hipótese é de que a análise dos sonhos de grupo, entendidos como procedimentos de figuração utilizados pelo sonhador no trabalho do sonho, pode nos ensinar algo sobre a polifonia do sonho, sobre os umbigos do sonho e sobre a figuração do espaço onírico comum e compartilhado.

Em meus primeiros trabalhos sobre o grupo, defendi a ideia de que os sonhos de grupo são uma forma e uma figuração exemplar dos grupos internos: põem em cena suas estruturas fundamentais, ou seja, as fantasias originárias, os complexos e as imagos, a rede de identificações do Ego, a imagem do corpo. Nesse sentido, funcionam como organizadores no processo de emparelhamento grupal das psiques.

1. CLÍNICA DE ALGUNS SONHOS DE GRUPO

Três sonhos de grupo na análise de Juan

Vários sonhos de grupo aparecem no movimento da análise desse analisando: alguns de seus sonhos são contemporâneos de mudanças que marcaram a reestruturação de sua vida psíquica e, correlativamente, de sua vida relacional.

Juan é professor. Veio pedir análise no começo dos anos 1970 para livrar-se de seus sentimentos "ternos demais" em relação a seus alunos. Desde a morte de sua mãe, ocorrida dois anos antes, não suporta mais nem seus alunos nem seus sentimentos. Queixa-se de mal-estares na barriga, cuja origem os médicos não conseguem detectar. Vive em conflito com os filhos, gostaria de largar a mulher. Escolhi três sonhos de grupo para mostrar como eles evoluem no movimento de sua análise.

O primeiro sonho de grupo de Juan: o grupo como cena de sedução

Durante uma sessão que antecede o sonho que vai contar, fez a penosa confissão de ser sexualmente impotente. Está em análise há dez meses quando tem o seguinte sonho, o primeiro que me relata:

"Estou doente, deitado em minha cama, e minha mãe, que chamo de maneira lancinante, não cuida de mim, me abandona. Naquele momento tenho a sensação de estar me queixando de forma exagerada, quero que minha mãe venha para minha cama. Em seguida, estou diante de um pequeno grupo de alunos, na frente deles, na posição de um professor. Os intercâmbios são animados, num clima de excitação. Tenho boas respostas, saídas brilhantes, os alunos riem muito. Um membro do grupo conta para um outro que recorreu a um boquete [*pompe*] num exame. Grito então, atraindo para mim a atenção do grupo: uma bomba para recalcar [*pompe à refouler*]! Essa piada me acorda".

As associações que lhe vêm à mente dizem respeito, primeiro, à morte da mãe, com a qual não consegue se conformar. Evoca em seguida sua angústia da véspera, diante de sua banheira entupida, incapaz de chamar o encanador, ao passo que sua mãe teria sabido fazer o que era preciso. Chamo sua atenção para o conteúdo sexual do sonho. Ele relaciona sua impotência com a morte da mãe, e lembra da excitação que sentia quando ela o lavava na banheira com uma esponja suave e perfumada e dos cuidados que lhe prodigalizava massageando seu corpo depois do banho. Um dia, sua mãe lhe acariciara o pênis, ele tivera uma ereção e sentira ao mesmo tempo orgulho e vergonha. Compreendemos juntos o efeito da censura no sonho (a crítica a sua queixa exagerada: fazer a mãe voltar para essa atividade prazerosa) e o que está em jogo na bomba para recalcar as saídas. A auto-observação indica a vigilância do Superego no sonho: "você sabe e não quer saber que exagera em sua queixa para chamar a atenção de sua mãe". O que o despertou foi o retorno do recalcado, que se tornou pré-consciente com sua piada.

A cena do grupo diante do qual tem "saídas brilhantes" deixa-o, num primeiro momento, silencioso. Depois, fala de suas fantasias de felação por seus alunos, que associa com a banheira entupida [*bouchée*], lugar da excitação e da sedução oral e anal. A série das associações liga a bomba ao pênis-pistom (ou *pisse-t-on* [mijamos]) e aos movimentos de aspiração e de recalcamento, mas embora suas associações já o tenham colocado na pista para reconhecer sua fantasia, Juan não consegue pensar no que representa o grupo de alunos e sua posição de professor no sonho. Há um resto que resiste.[3] Hesita em pensar que se trata de seus irmãos, diante dos quais tanto quisera brilhar. Aponto-lhe que sua hesitação indica a importância de sua associação, que ela sem dúvida tem alguma relação com o que

---

3 A polissemia da *pompe* (boquete, bomba, pompa) é, com efeito, muito rica no primeiro sonho de Juan: ela irá se desenvolver no transcurso da análise, bem mais tarde, com a fantasia de felação e, depois do segundo sonho, com o sentido de esplendor majestoso que ele atribuía a seu pênis em ereção. O que trabalhamos neste sonho é a referência ao recalcamento (a bomba para recalcar) e a alguns conteúdos recalcados, sobretudo suas fantasias de sedução.

representam para ele seus alunos, mas que ela também pode evocar uma outra ideia, a de que esse grupo, que é o objeto de sua sedução ativa por meio de suas respostas e de suas saídas, é provavelmente uma maneira de representar sua mãe. Num primeiro momento, ele recusa essa ideia, depois admite que sua mãe desejava que ele se tornasse um grande professor. Vem-lhe à cabeça a sensação de ter trapaceado e de que sua mãe também trapaceou colocando-o nesse lugar, não o do professor, mas o do pênis de seu pai. Sublinho que ele talvez também seja o "membro" do grupo que recorreu ao "boquete [*pompe*]". Proponho-lhe imaginar seu sonho assim: no sonho, o grupo-mãe, do qual ele é o membro viril, é seduzido por seu pênis, ao passo que a morte da mãe o privou ao mesmo tempo, a ambos, de seu gozo. Mas, ao lhe sugerir essa equivalência grupo = mãe da qual ele é a um só tempo o todo e a parte, mobilizo suas resistências.

O sonho de Juan é um sonho transferencial: não tenho certeza de que ele saiba de meu interesse pelo grupo, mas ele ignora que na situação da análise sou para ele essa imago materna, cuja atenção, perdida com a mãe de sua infância, ele tenta atrair para si. Seu sonho tem de ser entendido dentro de sua depressão: ele me seduz para que eu lhe prodigalize cuidados, como a mãe, e para que o torne potente. O grupo é a figura da qual ele quer ser o herói, a seus olhos, para sua mãe e para mim. Pelo fato de eu ser, na transferência, essa imago para Juan, ele teme minhas interpretações, teme que elas o deixem "nu e cru", como ficava na banheira. Por isso, fico esperando as resistências se dissiparem, para o que irá contribuir o segundo sonho de grupo de Juan.

O segundo sonho de grupo de Juan: o grupo como conflituosidade interna e força das pulsões

Durante os meses que se seguiram a esse sonho, Juan elabora as fantasias de sedução materna e o lugar que ele ocupou ao se manter, nessa fantasia, como o objeto exclusivo do desejo da mãe. Evoca os momentos de retração esquizoide que viveu na adolescência e os ataques de raiva violentos que tinha, menos (diz ele) contra seu pai ("insignificante, apagado...") do que contra seus dois irmãos. Na véspera do sonho que conta em sessão, relacionara o que sentia a respeito de seus irmãos com uma violenta briga com seu filho mais velho por causa do projeto que o adolescente tinha de sair com uma garota. Juan pensara imediatamente que seu filho iria ter uma relação sexual com aquela garota e que essa relação seria para ele (para o filho e para ele?) traumática. No começo da sessão, menciona essa briga e a raiva insensata que dele se apoderou. Não consegue associar mais e depois relata seu sonho:

> "Na noite passada, sonhei que dava um curso num anfiteatro no qual parte dos estudantes contestava violentamente o ensino, não tanto o meu, mas

> o dos outros professores. Eles subiam na tribuna, arengavam os outros estudantes. Entre eles, estava o filho de um amigo meu. Fico surpreso, pois gosto muito dele. Outro filho dele manifestava-se com um grupo de estudantes que, ao contrário, esperavam que o curso começasse".

A análise do sonho orienta-se primeiro para o conflito interno de Juan, a partir dessa nova representação dele mesmo como professor. Ele delega a dois personagens a tarefa de figurar a divisão que o atormenta: ser ou não ser o professor que sua mãe esperava que ele fosse. Esses personagens e os termos do conflito são amplificados pelos grupos aos quais pertencem. Posteriormente, as associações fazem aparecer o conflito de identificações do sonhador com a posição do estudante contestatário e com a posição antagonista do estudante submisso e atento à palavra do mestre. Outra série associativa permitirá identificar no grupo contestatário a explosão pulsional agressiva contra o filho que, ao exprimir seu desejo de sair com uma garota, põe Juan violentamente em contato com seu próprio desejo incestuoso e com os problemas de sua própria adolescência. Surge então a lembrança traumática de sua primeira relação sexual com uma prostituta.

Desenvolve-se a análise do sonho a partir do que os personagens figuram. Mas, sobre os grupos dos quais são os representantes, Juan não associa nada. Minhas associações vão no sentido das angústias que senti diante da força de arrebatamento que parece emanar dos grupos, justamente nos momentos em que podemos sentir-nos superados pela violência das pulsões e pela fragilidade dos dispositivos de continência dos paraexcitações.

Ocorreu-me (ou ficou clara) a ideia de que o grupo, no sonho, poderia ser uma forma típica de representação da força pulsional transbordante, multiplicada, incontrolável, soldada entre seus componentes, nesse caso pela raiva de que Juan é tomado contra seu filho mais velho. As pulsões controladas, tranquilamente ligadas entre si, também estão agrupadas no conjunto encarnado pelo segundo filho. Dessa forma, esses dois grupos figuram os grupos internos do sonhador (imagos, identificações, pulsões, instâncias...) e os conflitos que os opõem ligando-os em seus sintomas.

O terceiro sonho de grupo de Juan: Édipo entre um grupo de anarquistas e um grupo de policiais

Depois de alguns anos, perto do final de sua análise, Juan tem o seguinte sonho num período em que se esboça para ele um intenso trabalho sobre seus desejos edípicos:

> "Na calçada [*trottoir*], uma policial de uniforme azul está apoiada contra uma barreira ou uma sebe, vou na direção dela e a beijo. Aparece um

Os sonhos de grupo: os processos de figuração do grupo no sonho 157

grupo de jovens anarquistas que me usam de escudo entre eles e os policiais que chegam num cruzamento e que se postam em semicírculo. Estou cercado entre os dois grupos. Aproximo-me de um dos policiais para tocar-lhe a bochecha com meu rosto. Mas é muito penoso. Ele me mostra sua destreza para atirar no alvo com sua pistola sobre a qual há um metro flexível que permite regular com precisão o ângulo de tiro. Ele me diz que posso fazer como ele, mas ele realiza sua demonstração em minha perna, saio-me com um aranhão. Uns anarquistas subiram nuns andaimes".

Juan perlaborou suas resistências, pudemos analisar as transferências dele para mim, e ele não teme mais minhas interpretações, sobretudo as que mais acertam o alvo, embora a análise venha a revelar que estou representado em seu sonho pelo "metro flexível" do revólver. Juan retoma uma construção que eu lhe propusera depois do segundo sonho a respeito da figuração das pulsões por meio do grupo. Diz que nesse sonho, que vincula ao sonho do anfiteatro, é o grupo das pulsões antagônicas que cria a anarquia interna. A sebe [*haie*] na qual se apoia a policial evoca o ódio [*haine*] contra essa mulher que ele beija, a mulher do pai, e, para Juan, a imago ambivalente da mãe fazendo o *trottoir* – a prostituta de sua adolescência encarnou-a traumaticamente – e ao mesmo tempo uma representante da ordem. Esses antagonismos também dizem respeito aos sentimentos homossexuais ternos (penosos) e violentos (inversão projetiva da fantasia de castração e minimização de sua violência) que sente pelo pai policial do sonho. Ambas as figuras de grupo multiplicam, dessa forma, a intensidade do conflito entre as pulsões anarquistas e seu desejo de reencontrar o pai portador de palavras de proibição e garantidor de uma ordem que lhe permita situar-se entre pai e mãe. Juan oscila entre suas identificações nos dois grupos, mas faz o grupo de anarquistas subir num andaime, promessa de uma construção que exigirá algumas destruições.

A análise desses três sonhos deixou de lado vários aspectos da análise de Juan, dos conteúdos e da destinação de seus sonhos. Evoquei-os apenas para tentar lançar luz sobre os processos em ação na figuração do grupo no sonho. O primeiro sonho mobiliza essencialmente o grupo das *identificações* em seu duplo aspecto de *se* identificar e *de* identificar: Juan se identifica com o professor, ou seja, com o objeto do desejo da mãe por ele. A mãe é identificada por ele com o grupo que ele seduz. Estabelece-se dessa forma a equivalência do objeto-grupo com a mãe, mais precisamente com o ventre materno, do qual ele é o pênis: Juan se identifica também com o "membro" do grupo portador da "pompa [*pompe*]". No segundo sonho, a figura do grupo possibilita, graças à *difração* dos objetos do sonhador e de seu Ego, uma distribuição econômica das cargas pulsionais. Juan delega a um outro "membro", a um *alter Ego*, as representações sexuais recalcadas e as pulsões suprimidas. Esse processo permite que ele se represente ora como ativo (o professor), ora como passivo (os alunos), com o objetivo de inocentar seu desejo de sedução. Desse ponto de vista, entende-se que a resistência a associar sobre o grupo apareça ali mesmo onde a censura operou e produziu seu efeito de mascaramento. No terceiro sonho, a conflituosidade interna é novamente representada, numa configuração edipiana mais clara. É o complexo edipiano que organiza esse sonho.

Nos três sonhos, o grupo aparece como um objeto de representação e de investimento pulsionais e como o palco de uma cena interna, ou de uma fantasia. O grupo condensa, como uma *pessoa coletiva*, as figuras dos alunos, dos irmãos, da mãe, que o representam, e depois o pai, no grupo de policiais. Do ponto de vista de sua estrutura e de sua economia, o grupo presta-se, pois, a figurações múltiplas do sonhador, a permutações de lugar numa trama fantasmática. Está, portanto, a serviço da censura e, na análise, serve à resistência pela difração do Ego do sonhador.

As figurações múltiplas do sonhador num sonho de grupo: o sonho de Maria

Gostaria de esclarecer melhor o ponto de vista segundo o qual, no sonho, o grupo se presta a figurações múltiplas do sonhador e retomar a análise do sonho de uma paciente sob esse ângulo.[4]

Maria veio pedir-me uma psicoterapia para tentar resolver problemas de identidade sexual associados a importantes distúrbios das condutas alimentares, que se manifestam por períodos de anorexia e de bulimia. Ela é enfermeira, mora sozinha com sua filhinha. Já a estou atendendo há vários meses, e, faz algumas semanas, ela se mostra agressiva para comigo, mas, na sessão que precede o sonho de que trataremos, ela me diz que imaginou que eu poderia tê-la adotado quando ela era pequena. No momento imediatamente posterior a essa fantasia, experimentou um movimento de inveja em relação à boneca de sua filha. Recupera, então, em sessão a lembrança de que, quando criança, roubava dinheiro de sua mãe adotiva: uma madrasta, diz ela, que se separou de seu pai quando era pré-adolescente. As associações reconstituem outros significantes do objeto perdido: as fezes, o pênis, o bebê.

Todos esses significantes já tinham se condensado numa outra fantasia que tivera algum tempo antes, a de surrupiar de mim uma pequena estatueta africana de ébano. Na sessão seguinte, ela retoma uma versão de seu romance familiar da qual falara nas entrevistas preliminares: quando sua mãe morreu,

---

[4] Retomo e desenvolvo aqui a análise de um sonho que publiquei em 1993 em *Le groupe et le sujet du groupe*, capítulo 4.

passava horas a fio imaginando que tinha sido roubada num circo, e que seu "verdadeiro" pai a carregara sozinho dentro dele. Os homens podem ter filhos, pensava ela na época, renegando, com o luto da mãe, seu papel na cena originária: fora uma certeza que adquirira ao ver o ventre proeminente de alguns deles.

Rememora, então, não sem hesitar em fazer seu relato, um sonho que teve entre as duas sessões, a do roubo do dinheiro da madrasta e a da criança roubada do pai "gordo". Esquecera o sonho logo em seguida:

> "Um cirurgião está me operando de apendicite numa sala iluminada demais por potentes projetores. Está rodeado de um grupo silencioso, que eu me pergunto se está composto de rapazes ou de moças, e no qual reconheço minha 'verdadeira' mãe, o que é muito estranho, principalmente porque eles olham para mim avidamente. Depois me vejo operando uma menininha ou um menininho, não sei direito, depois opero a mim mesma sob o olhar de minha mãe".

A sonhadora associa de forma muito hesitante e contida. O que o grupo representa é para ela totalmente obscuro. Lembrei que o sonho só foi rememorado depois que as formações defensivas da lembrança encobridora e do romance das origens foram suficientemente levantadas para abrir caminho para o conteúdo recalcado. A análise permitirá relacionar certos elementos do sonho com sua história, com suas perguntas sobre seu nascimento e sobre sua identidade, e com os movimentos das transferências. A unidade estrutural do sonho vai aparecer progressivamente nas associações que trazem à tona uma fantasia cujo enunciado poderia ser: "Opera-se uma criança", simultaneamente cena de parto e cena de castração.

É essa fantasia que organiza a cena do sonho e as sucessivas posições da sonhadora em seu sonho: ela é operada, ela opera, ela se opera, ela se vê e ela é vista sendo operada, ela se vê e ela é vista operando. Cada uma dessas posições correlativas em que ela se representa em personagens ativos e passivos, vista--vendo, filho-genitor, cada uma dessas ações e dessas posições figura as permutações de seu lugar de sujeito e de seus "complementos de objetos". Esses lugares estão indicados pela sucessão e pela substituição dos verbos: operar, roubar, nascer, ser castrada-castradora. Nas associações da sonhadora, o grupo multiplica a intensidade e a violência da ação sofrida nessa cena de parto cirúrgico e de castração: os olhares do grupo silencioso e ávido como uma boca e os olhos são reforçados pelo poder intrusivo que sua inveja lhes atribui, poder este figurado pelos projetores potentes demais da sala de operação. A esses olhares estão associadas as projeções de suas fantasias persecutórias sobre a madrasta, seu temor de ser surpreendida pela irmã quando ela roubava dinheiro da mãe, seu desejo e sua angústia de ser uma mulher e uma mãe.

No sonho de Maria, assim como nos de Juan, os processos do trabalho do sonho fazem do grupo uma figura condensada, que a análise do sonho decompõe e revela numa pluralidade de personagens ligados entre si de diferentes maneiras. O grupo figura os personagens internos com os quais ela se identifica sucessivamente, as partes antagônicas, ora clivadas, ora ligadas, de seu Ego, sobretudo no conflito de identidade que suscita nela a representação de sua origem, a bissexualidade e a castração. Contém também, formando esse todo compacto, os objetos que a aterrorizam. A análise revela progressivamente o sentido que adquirem para ela todos os roubos que fez e que sofreu: o roubo é uma indenização pela perda da mãe e ao mesmo tempo seu próprio restabelecimento como sujeito ativo do "roubo" de que ela pensa ter sido objeto. A estatueta negra que ela cobiçava, o bebê que ela teria surrupiado de mim representa ela mesma, criança estrangeira e "negra", má, desafiando-me a adotá-la.

O grupo confere a essa dupla cena originária uma intensidade dramática porque ele contém os elementos da figuração das fantasias combinadas que organizam o sonho. A análise do sonho manifesta sua grupalidade. Nele, vemos em ação a maioria dos elementos que a análise freudiana da fantasia permitiu desvendar:

1. A fantasia é uma representação inconsciente dramatizada numa trama onde o sujeito está presente na encenação de seu desejo e de suas defesas.
2. Os processos primários de deslocamento, de condensação e de difração organizam a lógica transformacional de sua estrutura.
3. As inversões pulsionais e os mecanismos de defesa por denegação, projeção ou recusa regem as permutações de lugares e de atribuições.
4. Essas transformações fazem-se necessárias pelo que, da fantasia, torna-se parcialmente consciente e tem de ser novamente recalcado.

2. OS PROCESSOS DE FIGURAÇÃO DO SONHADOR, DOS OBJETOS E DOS PENSAMENTOS DO SONHO PELO GRUPO

A análise do sonho de Maria permitiu descobrir alguns processos do trabalho do sonho que contribuem para a figuração do grupo na cena do sonho. Apoiando-me no texto de Freud, gostaria de mostrar como a quantidade, a pluralidade e o múltiplo, que se ligam na figura do grupo, são os efeitos de quatro principais processos: a identificação, a condensação, a difração e a multiplicação de um elemento similar. Esses processos, em que está baseada a formação de certas configurações da grupalidade, também estão ativos na formação do espaço psíquico grupal.

A identificação é um dos principais processos que concorrem para a representação das ideias do sonho. Em *A interpretação dos sonhos* (1900), a propósito da análise do sonho da injeção de Irma, Freud mostra como se formam personagens coletivos e mistos (*Sammel-und Mischpersonen*). O trabalho de agrupamento realiza-se pelos mecanismos das *identificações* e da *condensação* dos objetos do sonhador: por trás da "Irma" do sonho, dissimulam-se várias pessoas que o trabalho da condensação juntou. Forma-se, assim, um grupo interno em que cada personagem está relacionado com diferentes objetos do sonhador.

Em *Sobre os sonhos* (1901), ele mostra que, ao contrário da condensação, um mecanismo de *difração* torna possível a figuração de uma única ideia do sonho em vários elementos do conteúdo, reunidos entre si nos moldes da lógica primária.

As *Novas conferências introdutórias sobre psicanálise* (1932) põem em evidência um processo do trabalho do sonho: a *multiplicação dos elementos similares* (ou multiplicação do semelhante). Por esse meio, a frequência temporal pode ser representada no sonho pela quantidade.

As identificações e o sonho

A referência a uma pluralidade de objetos ou de personagens psíquicos para definir a identificação impõe-se ao pensamento de Freud desde 1897 [*Manuscrito L*], quando ele propõe sua primeira definição: "Pluralidade das pessoas psíquicas: a existência da identificação talvez autorize um emprego *literal* dessa expressão". Essa primeira nota é contemporânea das pesquisas sobre a histeria, acompanha seu debate com Fliess, sobretudo no momento da operação dos cornetos nasais de Emma Eckstein. Freud aplica essa hipótese em *A interpretação dos sonhos* (1900) quando analisa as identificações histéricas na formação do sonho. Elas constituirão o princípio explicativo do chamado sonho "da bela açougueira", ou "do jantar" ou, ainda, "do caviar", que servirão de fio condutor da análise do chamado sonho "da injeção de Irma". Nem é preciso dizer que essa definição continuará sendo a base constante de seus desenvolvimentos posteriores.

O sonho "da açougueira"

O chamado sonho "da açougueira" é exemplar.

> "Foi este o sonho: quero oferecer um jantar, mas não tenho outras provisões senão um pouco de salmão defumado. Quero sair para fazer compras, mas lembro que é domingo à tarde e que todas as lojas estão fechadas.

Quero telefonar para alguns fornecedores, mas o telefone está com defeito. Assim, tenho de renunciar ao desejo de oferecer um jantar".

A análise do sonho mostra como a identificação histérica consiste em apropriações (*Aneignung*) do objeto do desejo do outro por causa de uma etiologia comum. A paciente sonha que vê um de seus desejos não se realizar (oferecer um jantar) para não contribuir para a realização do desejo de sua amiga. Exprime seus ciúmes dela identificando-se com ela pela criação de um sintoma comum: "esse processo poderia ser enunciado da seguinte maneira: ela ocupa o lugar da amiga no sonho, porque esta ocupa seu lugar junto a seu marido, porque ela queria tomar o lugar da amiga na estima de seu marido".

A identificação liga duas (ou várias) pessoas numa comunidade (fantasmática) "que persiste no Inconsciente" (G.-W. II-III, 156; trad. fr., p. 136--137). No capítulo 4 de *A interpretação dos sonhos*, Freud escreve a respeito do trabalho do sonho:

> A identificação é um fator muito importante no mecanismo da histeria. Por esse meio os pacientes podem expressar em suas manifestações mórbidas os estados interiores de um grande número de pessoas e não só os seus: podem, por assim dizer, sofrer por uma multidão de pessoas e desempenhar sozinhos todos os papéis de um drama.

Notei em outra ocasião (1993) que, nessa versão *grupal* da identificação, da fantasia e da histeria, há uma forte intuição de um dos principais processos do agrupamento, provavelmente de uma de suas principais razões de existir, e não haveria melhor maneira de estabelecer as bases de uma concepção grupal do sonho e, de modo mais geral, de certas formações psíquicas.

Além dos traços psíquicos que vários sujeitos têm, em si mesmos e em comum, outras formações *se tornam* comuns sob o efeito da identificação. Na análise do sonho do tio José, Freud mostra como um traço é reforçado *porque pertence a duas pessoas*. Nessa perspectiva, a identificação não é apenas a apropriação de um traço próprio ao objeto, mas o estabelecimento e a reconstrução psíquica de um sistema de relações entre o sujeito e seus objetos. A análise do sonho de Michèle (p. 125-127) nos mostrou a importância desse processo do sonho para as identificações dos membros do grupo. É nessa perspectiva que se pode entender a proposição de J. Guillaumin quando ele define o Ego onírico como zona interpessoal. Toda a clínica o confirma: é por intermédio desse Ego que os participantes de um grupo, de um casal e de uma família se comunicam.

A identificação é o princípio de ligação entre o Ego do sonhador e seus personagens no sonho, como Freud também afirma neste texto:

Visto que desejar que algo seja comum a duas pessoas se confunde freqüentemente com a *troca* de uma pela outra, esta última relação também se expressa no sonho pela identificação. No sonho da injeção de Irma, desejo trocar essa paciente por outra, desejo portanto que a outra seja minha paciente como Irma o é nesse momento; o sonho realiza esse desejo mostrando-me uma pessoa que se chama Irma, mas que é examinada numa posição em que só vi a outra.

Uma troca análoga está no centro do sonho com meu tio. É a própria pessoa do sonhador que aparece em cada um de seus sonhos, e nunca encontrei exceção a essa regra. *O sonho é absolutamente egoísta*. Quando vejo surgir no sonho não meu Ego, mas uma pessoa estranha, devo supor que meu Ego esteja escondido por trás dessa pessoa graças à identificação. Ele está subentendido. Outras vezes meu Ego aparece no sonho, mas a situação em que ele se encontra me mostra que uma outra pessoa se esconde por trás dele graças à identificação. Nesses casos, é preciso descobrir pela interpretação o que é comum a essa pessoa e a mim e transferi-lo para mim. Existem também sonhos em que meu Ego aparece em companhia de outras pessoas que, uma vez resolvida a identificação, também se revelam como meu Ego. Nesses casos é preciso, graças a essa identificação, unir representações diversas que a censura tinha proibido. Assim posso representar meu Ego várias vezes num mesmo sonho, primeiro de maneira direta, depois por identificação com outras pessoas. Com várias identificações desse tipo, pode-se condensar um material de pensamentos extraordinariamente rico (G.-W. II-III, trad. fr., p. 278).

É precisamente isso o que ocorre no sonho de Maria. O grupo é uma representação das identificações do Ego personificado por vários protagonistas. Essa proposição também se aplica ao sonho de Michèle e aos de Juan.

As pessoas "coletivas e mistas"

O trabalho da figuração agrupada dos objetos do sonho por condensação e identificação dos objetos internos do sonhador produz a formação dos "personagens coletivos e mistos" ou "pessoas-conglomerado", ou ainda "formações compósitas" (*Sammel-und Mischpersonen*). Freud resume seu mecanismo (G.-W., II-III, 299, p. 254ss): trata-se essencialmente da formação de uma figura única a partir de traços emprestados de vários personagens. A condensação destes num único confere a todos uma espécie de equivalência, coloca-os, de certo ponto de vista, no mesmo plano. A construção dessas figuras serve para pôr em destaque, "de maneira breve e impressionante", o caráter comum aos diferentes motivos da combinação.[5]

Na análise do "sonho do tio José", Freud descreve as diversas maneiras de criar pessoas coletivas e mistas:

---

[5] Freud sublinha o caráter universal dessas imagens compósitas, compara as do sonho "com figuras animais concebidas pela imaginação dos povos orientais" (glifos, quimeras) e as associa com as representações míticas (Medusa, Górgona, sátiros) (G.-W, II-III, 664-666, trad. fr., p. 64-66).

O rosto que vejo em sonho é ao mesmo tempo o de meu amigo R. e o de meu tio. É uma imagem genérica como as compostas por Galton que, como se sabe, fotografava vários rostos numa mesma chapa para extrair as semelhanças de família (G.-W. II-III, 144; trad. fr., p. 127).

E mais adiante:

Pode-se criar uma pessoa coletiva (*Sammelperson*) que sirva para a condensação do sonho também de outra maneira, reunindo numa única imagem onírica os traços de duas ou mais pessoas. Foi assim que se formou o Dr. M. de meu sonho:[6] leva o nome de M., fala e age como ele; suas características físicas, sua doença são as de uma outra pessoa, de meu irmão mais velho; um único traço, sua palidez, está duplamente determinado, pois, na verdade, ele é comum a ambas as pessoas (G.-W. II-III, 298; trad. fr., p. 254).

A referência às fotografias de família de Francis Galton acompanha a reflexão freudiana sobre esses agrupamentos endopsíquicos refratados:

Adotei o procedimento mediante o qual Galton elaborava suas imagens genéricas [seus 'retratos de família']: projetei as duas imagens uma sobre a outra, de modo tal que os traços comuns ficaram realçados e os traços que não concordavam se apagaram mutuamente e se tornaram indistintos na imagem (trad. fr., p. 254-255).

Essa referência é retomada um ano depois em *Sobre os sonhos*:

O trabalho do sonho fará uso então do mesmo procedimento que Francis Galton utilizava para suas fotografias de família, superporá os elementos, para destacar, acentuando-o, o ponto central comum a todas as imagens superpostas, ao passo que os elementos contraditórios, isolados, se irão atenuando em maior ou menor medida (G.-W. II-III, p. 663; trad. fr. p., 60-61).

O sonho da injeção de Irma

É essencialmente na análise do "sonho da injeção de Irma" que Freud dá o exemplo mais completo desse processo (G.-W. II-III, 298-301, trad. fr., p. 254-255). Mostra que, por trás da "Irma" de seu sonho, dissimulam-se várias pessoas conhecidas: sua paciente (Emma), sua filha mais velha (Anna), sua neta, uma criança do hospital, uma outra paciente, sua mulher, outras pessoas. A análise do sonho revela o que o trabalho da condensação juntou:

A 'Irma' do sonho [...] torna-se assim uma imagem genérica, dotada de uma grande quantidade de traços contraditórios. Irma representa todas as pessoas sacrificadas ao longo do trabalho de condensação, pois ocorre nela tudo o que ocorreu com aquelas.

---

6 No sonho da injeção de Irma.

Digo que cada uma das figuras de Irma é homomorfa à figura grupal, *genérica*, de Irma: elas comportam traços idênticos e diferentes.

Cada uma das "Irmas" subsiste para além do sacrifício exigido pela censura. Seus traços idênticos e diferentes formam a polifonia do sonho atravessado pelas "pessoas" diversas que vêm compor o grupo-Irma. O princípio de ligação entre o Ego do sonhador e seus personagens no sonho continua sendo a identificação. É sobre essa base que Freud constata como o sonho realiza seu desejo: o desejo de que algo seja comum a várias pessoas se exprime pela troca de uma pela outra.[7]

A multiplicação de um elemento similar

Em "Revisão da teoria dos sonhos" das *Novas conferências introdutórias sobre psicanálise* (1932), Freud indica outro modo de trabalho do sonho que denomina a multiplicação de um elemento similar (*die Vervielfältigung von Gleichartigem*).[8] Trata-se de um processo de figuração *serial* dos objetos do sonho, cuja principal função é representar a frequência temporal pela frequência dos objetos idênticos: no sonho, as relações temporais são expressas por relações espaciais. Freud relata e analisa "o sonho estranho de uma jovem":

> Ela entra numa sala grande e encontra ali uma pessoa sentada numa cadeira; isso se repete seis, oito vezes e até mais, mas é sempre seu pai. É fácil entender isso quando se fica sabendo, por circunstâncias acessórias à interpretação, que esse espaço representa o ventre materno. O sonho adquire então o mesmo valor que a fantasia, bem conhecida por nós, da jovem que afirma já ter se encontrado com o pai durante a vida intra-uterina, quando, durante a gravidez, ele visitava o ventre materno. Não nos confundamos pelo fato de algo estar invertido no sonho, pelo fato de que entrar esteja deslocado do pai para sua própria pessoa; isso também tem um significado particular. A multiplicação da pessoa paterna só pode expressar o fato de que o processo em questão se deu de modo repetido. Na verdade, também devemos admitir que o sonho não toma muitas liberdades ao expressar a *freqüência* pela *acumulação*. Ele apenas remontou ao significado originário da palavra, que hoje designa para nós uma repetição no tempo, mas está tomada de um amontoamento no espaço. Contudo, de modo geral, o trabalho do sonho transforma, sempre que possível, as relações temporais em relações espaciais, e as representa como tais (G.-W. XIV, 26-27, trad. fr., O.C., XIX, p. 106-107).

A interpretação que Freud propõe é a seguinte: o sonho é a realização de uma fantasia incestuosa. O processo de multiplicação figura a repetição pelo

---

[7] Deixei de lado aqui a análise da primeira frase do sonho, que situa sua cena: "Um grande salão – numerosos convidados, que estávamos recebendo". Vou retomá-la na análise do espaço nos sonhos de grupo.

[8] Adoto essa tradução das O.C. (XIX, 106-107), que me parece mais correta que a de multiplicação do semelhante. Uma exposição mais detalhada desse processo foi feita num artigo (1987) e em *Le groupe et le sujet du groupe* (1994), capítulo 4.

efeito de série e a frequência exprime a intensidade do desejo da sonhadora: poderíamos dizer que ela vê pais por toda parte. Mas por que seis, oito e até mais pessoas idênticas? É uma questão que se coloca ao menos desde o sonho do *Homem dos lobos*. O número da série de lobos não é arbitrário. O número, e não apenas a multiplicação, é o que dá uma forma específica à figuração do desejo da sonhadora de Freud por meio desse grupo de pais internos, o mesmo repetido em série como nos quadros de Andy Warhol. Contudo, para interpretar o número, não dispomos aqui das associações da sonhadora.

O sonho do instituto ortopédico

Outro sonho de uma paciente de Freud permite tornar mais precisa minha hipótese sobre a multiplicação de um elemento similar na figuração da grupalidade interna. Trata-se do sonho do instituto ortopédico (*A interpretação dos sonhos*, trad. fr., p. 177-178).

> Outra paciente tem o seguinte sonho: ela está numa grande sala em que há todo tipo de máquinas. Era assim que imaginava um instituto ortopédico. Ouve dizer que disponho de muito pouco tempo e que lhe administrarei o tratamento ao mesmo tempo (*gleichzeitig*) que a outros cinco. Ela se revolta e não quer deitar na cama – ou o objeto que servia de cama – que lhe é destinada. Fica num canto, e espera que eu lhe diga que não é verdade. Os outros zombam dela, dizendo que é tudo fingimento. Ao mesmo tempo (*daneben*), é como se tivesse de desenhar uma porção de quadradinhos.

A análise que Freud propõe desse sonho esclarece melhor a questão do número, e é sob esse aspecto que a transcrevo aqui:

> A primeira parte desse sonho está relacionada com seu tratamento e é uma transferência para mim; a segunda, é uma alusão a uma cena de infância; é a evocação da cama que liga os dois fragmentos. O instituto ortopédico remonta a uma frase minha na qual comparara o tratamento, por sua natureza e duração, a um tratamento ortopédico. No começo da terapia, dissera-lhe que, naquele momento, dispunha apenas de pouco tempo para ela, mas que, mais tarde, poderia reservar-lhe uma hora todos os dias. Isso despertou nela uma suscetibilidade muito antiga, traço característico das crianças predispostas para a histeria. Elas têm uma necessidade insaciável de afeto. Minha paciente era a menor de seis filhos (por isso: a outros cinco) e, enquanto tal, a favorita do pai. Mas, aparentemente, ela achava que esse pai tão amado ainda lhe dedicava muito pouco tempo e afeto. [...]. Os quadradinhos vêm das aulas de aritmética dadas por uma pequena sobrinha; ela lhe ensina, creio eu, como é possível colocar números em nove quadrados de tal forma que eles somem 15 em qualquer direção.

Freud destaca que "os outros cinco" são os representantes do grupo fraterno, rivais da paciente no amor do pai: ela revive essa situação na transferência, fazendo esses rivais aparecerem no sonho, que põe em cena uma espécie de grupo (de análise) no qual ela seria o elemento negligenciado pelo analista, fantasia esta bem conhecida nesse tipo de grupo. Gostaria de destacar, no relato do sonho e nas associações da sonhadora, outros elementos que dão um alcance ainda maior à figuração desse grupo interno: chamo a atenção para estes dois enunciados: "ao mesmo tempo (*gleichzeitig*) que a outros cinco" e "ao mesmo tempo, ou, além disso (*daneben*), ela tem de desenhar uma porção de quadradinhos". Não dispomos de associações sobre *gleichzeitig*, que indica a simultaneidade, e *daneben*, que também tem esse sentido, mas indica principalmente um suplemento. Essas duas conjunções, ou palavras de ligação, têm provavelmente o estatuto de um pensamento intermediário que indica uma relação entre "os outros cinco" e "uma porção de quadradinhos". Sobre estes sabemos, graças aos esclarecimentos feitos pela sonhadora, que eles representam uma figura aritmética em que a soma dos números colocados em *nove* quadrados, formando um único quadrado, é sempre idêntica, quinze, no caso. Trata-se de um quadrado mágico ímpar de ordem três, que se constrói a partir dos nove primeiros números inteiros.[9]

Não dispomos das associações da sonhadora sobre esse quadrado "mágico". Contudo, podemos ver nesse quadrado várias figurações: do deslocamento dos elementos externos ao quadrado para o seu interior, da combinatória que disso resulta, da constante que aparece seja qual for a direção da leitura das linhas de números, de uma alusão à gravidez (os nove primeiros números inteiros nos nove quadrados). Em todos os casos, trata-se provavelmente de dominar, pela métrica e pela simetria, as pulsões e seus objetos.

Minha atenção fora despertada pela articulação entre esses números: seis filhos e nove quadrados dão, precisamente, quinze. A pessoa da sonhadora está representada no e por seu número, através das operações aritméticas que fazem aparecer a diversidade dos elementos da qual resulta, graças a seus esforços de composição (do quadrado mágico), a identidade do todo e sua própria identidade. É assim que seu espaço interno, "a grande sala onde há todo tipo de máquinas", consegue ser representado várias vezes no sonho.

A difração

A difração é um dos processos primários que concorrem para a formação dos pensamentos do sonho, e, especialmente, dos sonhos de grupo. Ressalto que a indicação do processo é feita explicitamente por Freud em 1901:

> Mas a análise revela ainda uma outra particularidade dessas complexas relações entre conteúdo do sonho e idéias latentes. Além desses fios divergentes que partem

---

[9] Devo este esclarecimento a R. Delhez, depois de sua leitura de uma primeira versão dessa análise do sonho.

de cada detalhe do sonho, existem outros que partem das idéias latentes e, divergindo, vão para o conteúdo do sonho, de modo que uma única idéia latente pode ser representada por vários elementos, e que entre o conteúdo manifesto do sonho e seu conteúdo latente, forma-se uma rede complexa de fios entrecruzados (G.-W., II-III, 666; trad. fr., p. 70-71).

O sonho do celibatário

Freud relata o seguinte sonho com o intuito de mostrar de que maneira ele é composto por duas fantasias diferentes, opostas e parcialmente encobertas uma pela outra: uma fantasia de detenção encobre em parte uma fantasia de casamento, material mais profundo modificado durante o trabalho do sonho:

> O sonhador (um jovem solteiro) está sentado em seu restaurante habitual. Diversas pessoas querem levá-lo, uma vem detê-lo. Ele diz a seus companheiros de mesa: 'Pagarei mais tarde, quando voltar'. Mas eles riem dele e gritam: 'Essa é velha, é o que todos dizem!'. Um dos convivas diz: 'Mais um que vai embora'. Conduzem-no então para um local estreito, onde encontra uma mulher com uma criança nos braços. Um dos que o acompanharam diz: 'É o senhor Muller'. Um comissário ou algum outro funcionário folheia um monte de papéis repetindo: 'Muller, Muller, Muller...'. Por fim, ele lhe faz uma pergunta, à qual o sonhador responde: 'Sim'. Volta-se para olhar a mulher e percebe que uma longa barba cresceu nela (*A interpretação dos sonhos*, trad. fr., p. 421).

O sonho de Maria que apresentei acima também está organizado como uma combinação de duas fantasias, uma dupla cena originária. O interesse do "sonho do celibatário" está, além disso, em mostrar em funcionamento o processo da difração, já implicado na formação do sonho de Maria: as pessoas que detêm o sonhador, seus companheiros de mesa que gritam e riem dele, o conviva perspicaz, a repetição de seu nome no sonho podem ser analisados como representações difratadas e multiplicadas do Ego do sonhador, do conflito entre os personagens, as instâncias e os objetos internos entre os quais está dividido, conflito que as duas fantasias dramatizam, encobrem e condensam. Essa parte do sonho seria um compromisso entre a difração e a condensação dos objetos de seu Ego grupal: há conflito entre o casal e o grupo, entre a hétero e a homossexualidade. Outro grupo interno, edípico, é formado pela mulher, a criança e o pai da noiva (evocado, na véspera do sonho, por um amigo do sonhador, adversário do casamento como ele; ele declarara, a respeito de uma bela morena: "Essas mulheres acabam tendo tanta barba quanto o pai delas").

O processo da difração no trabalho do sonho

A figuração da grupalidade onírica põe em funcionamento vários processos primários: associa a identificação, a descondensação, o deslocamento, a multiplicação das pessoas psíquicas e a projeção difrativa dentro da cena do sonho. Produz, portanto, um efeito específico, responsável pela figuração múltipla dos aspectos do Ego, representado por personagens ou objetos do sonhador que formam um grupo.

> Existem também sonhos em que meu Ego aparece em companhia de outras pessoas que, uma vez resolvida a identificação, também se revelam como meu Ego. Nesses casos é preciso, graças a essa identificação, unir representações diversas que a censura tinha proibido. Assim *posso representar meu Ego várias vezes num mesmo sonho, primeiro de maneira direta, depois por identificação com outras pessoas.*[10] Com várias identificações desse tipo, pode-se condensar um material de pensamentos extraordinariamente rico (*ibid.*).

Nesse caso, os diferentes elementos do conteúdo do sonho na verdade representam uma única ideia: um objeto, uma imagem, a própria pessoa do sonhador é decomposta em múltiplos representantes, idênticos ou não, assim como os diferentes membros de um grupo podem representar para um sujeito diferentes aspectos de seu universo interno.

Nesse sentido, o processo primário da difração aparece mais precisamente como o de uma decomposição de um objeto, de uma imagem ou do Ego do sujeito numa multiplicidade de objetos, imagens e Egos parciais, cada um representando um aspecto do todo e mantendo com os outros relações de equivalência, de analogia, de oposição ou de complementaridade, ou ainda os momentos de uma ação. No sonho do celibatário e no sonho de Maria, o trabalho do sonho consiste em formar essa representação múltipla ao mesmo tempo em que mantém uma rede de relações entre os objetos figurados e que formam um grupo. O trabalho da análise do sonho tem por finalidade desagrupar os elementos difratados para identificá-los e reencontrar a representação-meta que organizou os pensamentos do sonho. Essa seria uma forma de tratar, no "sonho do instituto ortopédico", os números e as associações sobre os números, o "ao mesmo tempo" que os articula uns aos outros (outros cinco; a porção [nove] de quadradinhos), ou ainda, no sonho do "casamento-detenção", a série dos nomes e o grupo dos companheiros. Em todos os sonhos desse tipo, o sonho está organizado por uma ou várias polaridades antagônicas: dissociação/associação; fragmentação/reunião; divisão/agrupamento; multiplicidade/unidade. Freud escreve:

> A análise, ao dissociar as imagens, nos levará diretamente à interpretação do sonho [...], cada detalhe do sonho é, no sentido próprio da palavra, o representante no conteúdo do sonho desse grupo de idéias disparatadas (G.-W. II-III, 666, trad. fr., p. 70).

---

10 Grifo meu.

O sonho de Maria e os de Juan ilustram muito bem essas proposições.

A difração como efeito da censura

A difração não se aplica apenas à representação dos objetos e do Ego do sonhador. Esse processo está a serviço da censura e a serviço da realização do desejo inconsciente. A serviço da censura, a difração é uma técnica de camuflagem por disseminação dos elementos do quebra-cabeça, que, reagrupados e dispostos em seus múltiplos encaixes, compõem a figura do objeto censurado: a sonhadora do instituto ortopédico, em seu provável desejo de ser o elemento constante de todas as combinações aritméticas (amorosas) em sua relação com o pai e com o analista. A serviço da realização do desejo inconsciente: a difração realiza o desejo da extensão especular dos objetos, das figuras e dos limites do Ego, ou, como no sonho de Maria, o desejo de controlar a cena de seu nascimento e da ferida narcísica infligida pela morte da mãe.

A distribuição das cargas econômicas pela difração

O segundo e o terceiro sonho de Juan nos orientam para esta formulação: mecanismo do processo primário a serviço da censura e da satisfação do desejo inconsciente, a difração é também um procedimento de distribuição econômica das cargas pulsionais por vários objetos. É uma *defesa* contra o caráter eventualmente perigoso do objeto desejado. Nesse caso, a difração é parecida (mas não se confunde) com o mecanismo de defesa pela dissociação, pelo despedaçamento e pela fragmentação do objeto interno ou do Ego. Esses mecanismos são utilizados para proteger o Ego e o mundo interno das moções pulsionais ou das representações intoleráveis, incontroláveis, impossíveis de serem contidas. Fragmentos de objetos ou de Ego ficariam espalhados no mundo exterior, sem encontrar continência, se o sonho e a figuração do grupo no sonho não cumprissem essa tarefa. É nesse sentido que W.-R. Bion descreve o psicótico como uma personalidade-grupo; nesse caso, o grupo interno aparece como multiplicidade fragmentada, caleidoscópica, onde triunfa o desligamento. O sonho de Maria corresponde a essa função da difração contida no grupo, exprime seus aspectos perigosos e controlados.

3. O EGO ONÍRICO MULTIFACETADO, CONDENSADO E DIFRATADO

A análise dos processos de identificação, das pessoas coletivas e mistas, da multiplicação dos elementos similares e da difração mostrou-nos que eles são eletivamente solicitados na encenação do mundo interno do sonhador pela figuração do grupo. Os sonhos de grupo revelam a estrutura fundamental dos grupos internos, cuja organização formal é a da imagem do corpo, das fantasias originárias, dos complexos e das imagos, da rede das identificações do Ego. Esses sonhos nos informam sobre a organização do Ego onírico: o Ego onírico é múltiplo e multifacetado, condensado e difratado.[11]

Dois textos de Freud esclarecem esse conceito. O primeiro, o de 1919 sobre *O estranho*, é um ponto alto na concepção freudiana do Ego multifacetado, múltiplo e plural. Para entender toda a sua amplitude, é útil rememorar o antigo e constante interesse de Freud pela telepatia, pelo oculto, pela transmissão psíquica. Esse interesse orquestra-se em torno do tema da identificação quando ele se propõe a dar conta da figura do duplo:

> Encontramos nele uma pessoa identificada com outra ao ponto de se confundir sobre seu próprio Ego, ou pôr o Ego alheio no lugar do próprio. Ou seja, duplicação do Ego, cisão do Ego, substituição do Ego – enfim, constante retorno do igual, repetição dos mesmos traços, caracteres, destinos, atos criminosos, e até dos mesmos nomes em várias gerações sucessivas (G.-W., XII, 246; trad. fr., p. 185).

Retomando esse tema inaugurado por O. Rank em 1914, no mesmo ano da publicação de *Sobre o narcisismo, uma introdução*, Freud apoia-se nas teses de seu discípulo para mostrar a articulação da figura do duplo com o narcisismo primário e com o esforço para lutar contra a destruição do Ego. Localiza sua representação no sonho quando o sujeito se defende contra a angústia de castração: "a criação dessa duplicação para conjurar o aniquilamento tem seu correlato num modo de figuração da linguagem onírica, que gosta de exprimir a castração pela duplicação ou pela multiplicação do símbolo genital" (*ibid.*, trad. fr., p. 186). A análise de "A cabeça de Medusa" baseia-se no mesmo princípio explicativo e no mesmo processo de figuração (multiplicação, duplicação de duplicação).

Freud mostra que a ideia do duplo (e, portanto, a do múltiplo) adquire conteúdos novos durante o desenvolvimento do Ego: ele se torna uma instância de

---

11 Essa propriedade do Ego se manifesta particularmente no sonho e no sintoma. Em minhas próprias investigações, essa característica do Ego contribuiu para fundamentar a noção do Ego-grupo. Pus essa perspectiva à prova a partir de 1985 no que diz respeito às identificações de Dora, à organização de seu Ego-grupo e aos efeitos dessa organização nos vínculos que ela estabelece, através de seu sintoma, com os protagonistas de seu grupo primário, seus familiares e seus íntimos, entre os quais Freud está incluído. O conceito de identificação multifacetada, múltipla ou plural (*vielzeitige, multiple oder mehrfache Identifizierung*), que Freud constrói a partir dos processos que o histérico põe em jogo em seu sintoma e no sonho generaliza-se na segunda tópica na noção mais ampla de personalidade múltipla ou plural (*multiple oder mehrfache Persönlichkeit*).

observação e de crítica do Ego, separado do Ego, contraposto ao Ego e destinado à realização do trabalho de censura psíquica. Mas outras formações também são assimiladas ao duplo:

> [...] todas as possibilidades irrealizadas de nosso destino às quais a imaginação continua aferrada, todas as aspirações do Ego que não puderam realizar-se devido a circunstâncias externas desfavoráveis, assim como todas as decisões voluntárias suprimidas que produziram a ilusão do livre-arbítrio (*ibid.*, G.-W. XII, 248; trad. fr., p. 187).

O segundo texto de Freud (1923, *Observações sobre a teoria e a prática da interpretação de sonhos*) traz, contudo, uma limitação para a ideia de que todas as pessoas que aparecem no sonho são representações das partes cindidas do Ego. Embora confirme a noção do Ego múltiplo, Freud introduz a ideia de que as *instâncias do aparelho psíquico* são representadas no sonho:

> Às vezes percebemos algum espanto ante o fato de que o Ego do sonhador apareça duas ou mais vezes no sonho manifesto, uma como ele próprio, e, outras, escondido por trás de outras pessoas. No decorrer da formação do sonho, a elaboração secundária evidentemente se esforçou para apagar essa multiplicidade do Ego, que não se presta a nenhuma elaboração cênica, mas que é restabelecida pelo trabalho de interpretação. Em si, ela não é mais notável que o aparecimento múltiplo do Ego num pensamento vígil, sobretudo quando o Ego se divide em sujeito e objeto, se contrapõe, como instância de observação e de crítica, à outra parte dele mesmo, ou então compara sua natureza atual com aquela de que se lembra, no passado, e que outrora também foi Ego (*Ich*). Por exemplo, em frases como: 'quando *eu* (*Ich*) penso que *eu* (*Ich*) também fui criança uma vez'. Contudo, devo recusar como especulação inconsistente e injustificada a idéia de que todas as pessoas que aparecem no sonho devam ser consideradas partes clivadas e representações do próprio Ego. Basta ater-se ao fato de que a separação do Ego de uma instância de observação, de crítica e de punição (ideal do Ego) também deve ser levada em conta na interpretação dos sonhos (G.-W. XIII, trad. fr., 1985, p. 90-91).

A posição de Freud é firme: com certeza nem todas as pessoas equivalem a partes clivadas do Ego. Mas também é restritiva em relação a suas proposições de 1919, e, de certa maneira, as contradiz. No entanto, um ano depois ele retomará a noção de difração, esclarecendo a ideia de que esse processo é utilizado pelo sonho para lidar com a censura.

8. Figuras dos grupos internos no sonho

O grupo é um esquema de figuração utilizado no trabalho do sonho.

Os dados clínicos reunidos no capítulo anterior permitiram descrever os processos da figuração dos pensamentos do sonho por intermédio do grupo: falta explorar as diversas figuras do grupo no sonho. A ideia que sustento é a de que essas figuras repousam sobre a estrutura dos grupos internos.

Formulei cinco proposições para especificar em que e de que maneira os grupos internos são utilizados como esquemas de figuração no sonho.

1. O grupo é o esquema organizador de uma cena onírica, é o meio privilegiado de figuração das cenas originárias. Correlativamente, o grupo serve para figurar o grupo como lugar e instância das origens. É nessa medida que ele sustenta a equivalência com a mãe e seus objetos corporais parciais. É também por isso que o grupo serve para figurar o desejo incestuoso.
2. O grupo é a figuração das identificações do Ego e dos objetos sobre os quais essas identificações se construíram.
3. O grupo é o meio privilegiado de figuração das instâncias do aparelho psíquico, de seus conflitos e da divisão interna do sujeito. É particularmente solicitado na figuração das pulsões, de seus movimentos de antagonismo e de sinergia, de ligação e de desligamento, de agrupamento e desorganização.
4. A figura do grupo é mobilizável nos sonhos como forma de continente e de envoltório psíquico: em alguns casos, ela mesma duplica o envoltório onírico.
5. O grupo é a forma apropriada para as encenações dos complexos fraternos e edipianos.

Essas cinco proposições compõem o eixo organizador deste capítulo. Contudo, gostaria de destacar dois tipos de sonhos nos quais o esquema do grupo é frequentemente utilizado. São os sonhos de sessão e os sonhos típicos.

Há ainda outra razão para comparar sonho de grupo com sonho típico: as mesmas dificuldades para suscitar associações.

1. O GRUPO COMO ESQUEMA ORGANIZADOR DE CENAS ORIGINÁRIAS ONÍRICAS

A noção de cena do sonho

A noção de cena psíquica já está presente muito cedo no pensamento de Freud. Desde 1897, na nota (II) do manuscrito M., ele descreve as cenas da histeria como fragmentos de cenas vistas e/ou escutadas que serão posteriormente constitutivas da fantasia. Evoca três cenas: a *cena do acontecimento*, na qual teria ocorrido um acontecimento real, violento, traumático. As "cenas originárias" (*Urszenen*) são as cenas do acontecimento, elas têm um caráter fixo. A cena originária é a cena do coito parental à qual a criança teria assistido.[1] Mas essa cena, que forma a base dos sintomas histéricos, é uma cena perdida (é por isso que Freud a procura) na medida em que foi trabalhada pela fantasia. A *cena da fantasia* transforma e oculta por fusão, deformação e falsificação a cena das "coisas vividas". A cena da histeria é a terceira cena, a *cena do sintoma*, cuja distância em relação às cenas mais recalcadas forma a escala da resistência.

Nesse momento do pensamento freudiano, a noção de cena está estreitamente ligada à de uma *ação* ou de um fragmento de ação, ela é uma ação parada (uma cena no sentido próprio da palavra) ou uma ação em movimento (uma trama) que ocorreu na realidade externa. A cena é também um espaço da *representação* psíquica, a da fantasia que sustenta os sintomas neuróticos. Aqui, a referência à cena teatral se impõe como espaço da representação (*Vorstellung*), mas também como espaço da *figuração* (*Darstellung*) de si (figurável por vários personagens) para um espectador ou para um conjunto de espectadores. A noção de cena define-se assim como uma *manifestação espetacular* (atores para espectadores) de um crime (assassinato, ferimento, roubo), de um conflito (intrapsíquico ou interpessoal: a briga de casal), de uma crise (a cena histérica) ou de um vínculo amoroso (cena de sedução, cena sexual).

A noção de cena do sonho aparece sob a pena de Freud em *A interpretação dos sonhos* quando ele comenta Fechner, para quem "a cena dos sonhos (*der Schauplatz*[2] *der Träume*) é diferente da de nossas representações da vida

---

1 Sobre a evolução de Freud, da sua concepção realista das cenas originárias para as fantasias originárias, cf. J. Laplanche e J.-B. Pontalis (1964).
2 O termo designa a cena do teatro, o palco.

desperta" (G.-W. II-III, 51, retomado na p. 541 e XI, 86). Outra passagem da *Interpretação dos sonhos* alude ao cenário (*die Szenerie*) do sonho (G.-W. II-III, 341). Isso é praticamente tudo. A ideia da cena como lugar de uma dramática interna por certo não lhe é estranha, as fantasias, como cenas intrapsíquicas suportam os pensamentos do sonho. Mas, certamente em razão das funções homeostáticas e econômicas que ele atribuiu predominantemente ao sonho, Freud não concebeu de fato a cena do sonho como a dramatização associada à figurabilidade icônica dos pensamentos do sonho.

Será com os kleinianos[3] que a noção de cena do sonho será pensada como representação do espaço psíquico do sonhador, de sua tópica e de seus conflitos, de seus mecanismos de defesa, da distribuição de suas cargas econômicas, de seu Ego, de seus objetos e personagens internos. S. Resnik sublinhou que falar de "cena do sonho", de sua "encenação", sugere uma ideia de organização espaçotemporal diferente da realidade objetiva (1984, p. 13). Esclarece também que "o mundo interno vive na representação, na Vorstellung" (*ibid.*, p. 23), ou seja, na representação teatral:

> O sonhador é também o público que vê, ouve e pode até contar, caso se lembre, a encenação de seu sonho. Os atores do sonho entram e saem, aparecem e desaparecem como na cena de um teatro.

Essas palavras lembram o que escreve J. Mac Dougall em *Teatros do Eu* (1982):

> Nossos personagens internos estão constantemente em busca de um palco onde possam representar suas tragédias e suas comédias.

Percebe-se aqui um desenvolvimento das noções que Freud utiliza (*Schauplatz* e *Szenerie*) para falar da cena do sonho.

Concordo com a concepção do sonho como uma encenação que tem o inconsciente do sonhador como diretor, e com a ideia de que essa encenação obedece a regras específicas. Mas também acho que o inconsciente de um outro sujeito trabalha em certos casos o sonho do sonhador e sua encenação. Não tenho certeza de que a encenação do sonho seja sempre uma representação (*Vorstellung*); ela é tanto uma autofiguração (*Selbstdarstellung*), uma figuração de si para si mesmo dos personagens internos agrupados numa ação dramática parada ou em movimento, com alguns personagens internos ocupando o lugar e a função do espectador e do diretor, quanto uma representação para um outro. Não é apenas na elaboração secundária e no relato do sonho que se opera uma mutação da autofiguração para a representação para um outro, mas provavelmente também

---
3 Como já mencionei no capítulo 1, p. 39.

desde a formação do sonho. Isso coloca a questão do "empresário e do capitalista do sonho", mas também a de seu produtor e de seu destinatário.

As fantasias originárias e sua encenação no sonho

As fantasias de cenas originárias com grupo foram os principais organizadores de vários sonhos apresentados nos capítulos anteriores. O sonho da Sra. A. (p. 76-81) figura uma cena originária da qual ela está excluída e diante da qual ela experimenta uma intensa excitação. O chamado sonho "do celibatário" relatado por Freud é a combinação de duas fantasias (uma fantasia de detenção encobre em parte uma fantasia de casamento), que sustentam uma cena originária. A figura do grupo é mobilizada para figurar o núcleo das origens no sonho de Maria. Ele está organizado como uma dupla cena originária, ao mesmo tempo cena de parto (o desejo de controlar a cena de seu nascimento e da ferida narcísica infligida pela morte da mãe), cena originária e cena de castração. O primeiro sonho de Juan é a figuração de uma cena de sedução e de uma cena de defesa contra a castração.

Todos esses sonhos são sonhos de grupo, o que permite supor que a figuração dos pensamentos do sonho pelo grupo está em estreita relação com a encenação da cena das origens do desejo, da diferença sexual, do próprio sujeito.

O sonho de Céline

Retomarei aqui e desenvolverei a análise de um sonho que já apresentei no contexto de outra obra (KAËS, 1993). Ele explicita a figuração da cena das origens por meio dos grupos internos. Mostra, além disso, como se articula o trabalho do sonho com o espaço dos vínculos de grupo.

Numa fase difícil de sua análise, Céline sente uma intensa angústia de perder a identidade e seus limites, sente-se dispersa em múltiplos pedaços que nada consegue juntar.

Nas entrevistas preliminares, ela me falara de seu pânico nos grupos e diante de certas figuras aterrorizadoras de mães que encontrava na vida profissional. Durante os dois primeiros anos de sua análise, seu estado melhorara, numa transferência positiva em que eu representava para ela um pai que podia protegê-la de suas fantasias de ataque à mãe – o que seu pai não pudera ou não *quisera* fazer. Na fase que se iniciava, a transferência estava mudando de figura e de sinal. Começava a se permitir sentir ódio da mãe e a me dirigir reprimendas por não ser suficientemente protetor:

Um sonho foi o ponto de partida da nova etapa de sua análise:

"Você era o instigador de uma reunião secreta de mulheres e homens, mas você não aparecia diretamente no sonho. Ficava na sombra. Todos os personagens estavam vestidos com uma longa veste como a dos juízes ou dos advogados. Essas pessoas queriam me processar por algo que eu desconhecia. A reunião ocorria numa sala imensa, na casa de uma dessas mulheres, uma mulher muito grande. Todos os personagens do sonho tinham no pescoço uma corrente idêntica, de ouro, mas uma parte dela estava estragada".

As associações da sonhadora levam-na a identificar na "mulher muito grande" a figura de sua avó. Quando Céline era pré-adolescente, recebera desta, em segredo, um anel acompanhado de um pacto de silêncio: a jovem tinha de mantê-lo escondido da mãe enquanto a avó, então gravemente doente, vivesse. Um pouco depois de a avó morrer, sentiu-se apavorada ante a ideia de revelar o segredo, sentia uma intensa culpa em relação à mãe. Não sem razão, achava então que sua mãe fora duplamente espoliada, por sua própria mãe e por ela mesma, sua filha, no pacto que as unia. Mas, na época, evidentemente não podia ter acesso a essa representação. Descobria agora o ódio que sentia da avó, mas também da mãe: acusava-a de não ter sabido nada do que se passava entre sua própria mãe e sua filha. A onisciência que lhe atribuía não alimentava apenas a culpa em relação a ela; se a mãe tivesse ficado sabendo de algo, ela poderia, por outro lado, ser protegida por ela da avó, mas teria tido a certeza de tê-la traído.

Durante todo esse período de sua mocidade, Céline levou o anel escondido quando saía à noite. Essa joia tinha grande importância para ela: usava-a como se fosse um fetiche maléfico para seduzir homens casados que ela abandonava logo depois de conquistá-los. Um dia, contudo, perdeu a joia, e recalcou toda essa história. Exceto em seu corpo: sem qualquer explicação, e especialmente quando tinha de visitar a mãe ou se encontrar com homens, seus dedos inchavam e suas articulações doíam intensamente.

Desse sintoma, Céline jamais falara com ninguém, mas agora que ele se manifestava de novo na análise, fora consultar, *sem eu saber*, um médico e um fisioterapeuta, ao mesmo tempo em que se comprometera, já fazia certo tempo e sem me falar a respeito, com vários tipos de atividades de grupo. Aliás, muito rapidamente, ela interrompia seus compromissos e passava de um grupo para outro.

Voltemos agora ao sonho: embora o segredo dissesse respeito à joia e ao que ela representava para ela como significante de uma fantasia de sedução pela avó e de uma renegação por esta de sua própria filha, no sonho ele estava deslocado para a reunião *secreta* em que ela me representava reunindo várias pessoas que a processavam. O segredo remete às transferências:

- como a mãe, eu não devia saber nada sobre o uso que ela fazia do poder de sedução que lhe dava a joia usurpada;
- as transferências laterais que se haviam desenvolvido para diferentes personagens tinham um traço comum na representação do sonho e na transferência: estavam identificados entre si pela joia, objeto da resistência, e ela se identificava com eles; eles serviam para manter o segredo, deixando ao mesmo tempo para o sintoma a tarefa de revelá-lo e de puni-la;
- no sonho, eu mesmo estava incluído na figuração de sua resistência (na sombra), ao mesmo tempo que era colocado por ela como o instigador da reunião que a desmascarava num processo. Ausente para ela em toda essa história, exceto em suas tentativas de sedução dos homens casados, a figura paterna presidia *in absentia* o processo graças ao qual a verdade sobre seu desejo seria dita. Mas, ao mesmo tempo, o sonho realizava seu *desejo* de reunificação do que fora dividido, clivado, dissociado nela.

Nesse exemplo, pode-se notar como se encadeiam a *cena do acontecimento*, na doação do anel acompanhado da exigência do segredo imposto pela avó; a *cena da fantasia*, na constatação traumática de seu desejo de atacar a mãe e seduzir o pai; e a *cena do sonho*. A análise do pacto inconsciente que a ligara à avó prosseguiu: no tratamento, Céline reproduzia seus elementos e o que estava em jogo nele. Um aspecto desse movimento transferencial parecia-me particularmente importante em seu sonho: a reunião *secreta* do grupo do sonho. Foi quando outro segredo veio à tona: disse-me que tinha participado de um psicodrama, uns quinze anos antes, no contexto de uma terapia breve de quatro dias. Era eu o psicodramatista e trabalhava sem copsicodramatista: o fato de que eu estivesse só, não em casal, adquiriu, em seguida, para ela grande importância. Fiquei muito surpreso ao escutá-la falar a respeito disso ao se referir ao segredo, e surpreso de não me lembrar daquele psicodrama: tinha esquecido aquele episódio.

Até então, ela nunca me falara de tudo isso, não tinha passado por sua cabeça; *ela achava que eu devia saber*. Uma sessão de psicodrama voltou-lhe à lembrança: propusera como tema uma cena que ocorreria numa galeria de espelhos. Espelhos deformadores deveriam representar, multiplicado e deformado, um único personagem: este ficaria aterrorizado com seus próprios reflexos. Ela lembra de não ter esclarecido se esse personagem seria um homem ou uma mulher. Apenas colocara como condição para o jogo que eu fosse o dono do palácio de espelhos, e previra para mim um papel preciso nessa trama: deveria dobrar uns sobre os outros os espelhos que refletiam o personagem difratado e, num passe de mágica, fazer sair dali um ser novo, um animal ou um ser humano, pouco importava, acha ela.

Ora, esse tema não fora dramatizado e, portanto, eu não tivera a oportunidade de assumir o papel que ela previa para mim: naquele momento, ela não dissera nada. Aliás, também nada dissera sobre o silêncio que se seguira à proposta de seu tema de psicodrama. Quando rememora isso em sessão e o relata, lembra o quanto ficara decepcionada num primeiro momento com aquele silêncio e com o fato de que o tema não fora aceito e dramatizado, e como, depois, ao contrário, ficara aliviada.

Compreendemos simultaneamente que sua demanda de análise ressurgira, sem que ela ou eu soubéssemos, a partir dessa transferência ainda sem resposta, mas não sem efeitos. As transferências laterais para os grupos e os médicos e depois o sonho realizavam esse desejo frustrado no qual se articulara, em parte, a demanda que a levara de novo até mim, vários anos depois. O sonho retomava, elaborando-o, o que inicialmente apenas pudera constituir-se como uma primeira conformação de sua pré-história.

Qual fora a função daquela cena não dramatizada? A primeira é que uma cena, a do espelho, transformava-se num roteiro. O palácio de espelhos fora uma primeira tentativa de dar forma à representação dela mesma clivada e multiplicada em seu Ego e em sua imagem especular. Essa representação também servira para ela constituir uma *lembrança encobridora* da cena traumática congelada em sua fantasia de sedução pela mãe arcaica. Eu não fora apenas o depositário, sem saber, do segredo de Céline; ela depositara *em* mim esse *enigma* intratável. Na melhor das hipóteses, eu poderia conservá-lo disponível para sua demanda posterior. Para pôr em cena esse segredo e revelar o que nele estava em jogo, ela tinha de estabelecer comigo um pacto de silêncio no qual desempenhei meu próprio papel silencioso. É provável que eu também tivesse ficado aliviado de que a cena do palácio de espelhos não fosse dramatizada.

Para Céline, o psicodrama servira para instalar um primeiro elo de sua pré-história e fornecer-lhe uma cena, um roteiro, dois atores, espectadores, mas, no grupo, nada estava pronto para que se revelasse o que estava em jogo no segredo. No movimento atual do tratamento, parecia-lhe muito importante que aquela cena *não tivesse sido dramatizada*, mas que ela tivesse podido propor seu tema: podia agora representar-se nele como sujeito e abrir tudo o que ele continha.

Com efeito, a análise orientou-se para a construção de sua pré-história, para o que, de sua inscrição no grupo familiar, tropeçara no desejo da mãe.

Esta, com efeito, a pôs no mundo depois de uma tentativa de aborto e a prometeu à avó, que exigira da filha que conservasse a criança. O anel adquirira o valor de um objeto transgeracional perverso nesse pacto selado entre ela e a avó, pacto que desviava Céline de sua filiação materna, e a mãe de sua maternidade.

O sonho de Céline mostra como o grupo interno é um esquema de figuração dos pensamentos do sonho, dos objetos da sonhadora, da própria sonhadora. No sonho, assim como nas pessoas reais dos médicos e dos especialistas do grupo, prevalecem os processos da multiplicação dos elementos similares e da difração dos objetos internos da sonhadora. Trata-se de um sonho transferencial, cujo começo está situado na cena do psicodrama, que encontra na análise seus materiais atuais, e depois adquire sua forma no sonho propriamente dito e se prolonga nas associações que levam a historicizar seu passado mais antigo, no tempo em que ele se conecta com a história familiar.

O grupo das origens. O grupo-mãe. O grupo como lugar de nascimento

No "sonho do instituto ortopédico" (*supra*, p. 166-167), Freud nota que a ampla sala em que a jovem se encontra com um grande número de pais idênticos representa o ventre materno. O sonho, comenta Freud, traduz a fantasia de ter encontrado o pai desde sua existência intrauterina quando este penetrava, durante a gravidez, no corpo materno. Essa correlação entre grupo e ventre materno aparece em outros sonhos e sobretudo naquele que inaugura *A interpretação dos sonhos*. Freud relata assim seu início:

> 'Eine grosse Halle – viele Gäste, die wir empfangen. – Unter inhen Irma,...'. Um grande salão – muitos convidados a quem estávamos recebendo. – Entre eles, Irma... (G.-W. II-III, 111).

Vários aspectos típicos dos sonhos de grupo nos são fornecidos pelas associações de Freud, mas a primeira coisa que chama minha atenção é a associação do sonhador sobre o verbo *empfangen* (em alemão, receber, acolher, mas também conceber). Portanto, o sonho começaria assim: na nossa casa, ventre materno, nós "concebemos" um grande número de crianças, "de convidados", e entre eles, Irma. Há inúmeras associações sobre o nascimento e a gravidez na análise do sonho. O espaço do grupo no sonho é o espaço do corpo materno, assim como os cornetos nasais de Emma Eckstein tinham sido o receptáculo dos instrumentos de Fliess e de Freud para conceber sua teoria da bissexualidade psíquica na histérica. Irma seria aqui a figura condensada da mãe, da mulher e da filha. A continuação da análise do sonho mostrará que na "Irma do sonho" Freud condensou outras *Misch und Sammelpersonen*: outras pessoas coletivas e mistas.

Nos capítulos anteriores, tive a oportunidade de relatar vários sonhos nos quais o grupo figura um continente e conteúdos representados na forma de um grupo de crianças no corpo da mãe. Mencionei o sonho de Maria no qual o grupo é representado como um lugar de parto. O sonho de Florence encenava um conjunto indiferenciado de meninos e meninas numa grande cama, uma cama familiar que as associações fizeram aparecer como uma figuração do ventre materno. Eis um sonho que fornece outras dimensões à representação do grupo no espaço das origens.

O sonho da capela

Nessa fase de sua análise, Jean-Marie tenta com dificuldade elaborar sua posição edipiana. Traz o seguinte sonho:

> "Estou numa capela, acompanhado de várias pessoas que não consigo identificar. Nessa capela, um padre segura uma bengala. É atacado por um grupo que se encontra fora da capela e que tenta forçar a porta. O padre aponta então para o tabernáculo como uma abertura para o exterior, uma passagem secreta. Diz que quando abre o tabernáculo, geralmente consegue comunicar-se com um outro padre que se encontra numa capela simétrica àquela em que estamos, e que esse padre reza a missa ao mesmo tempo que ele. Ele atravessa o tabernáculo, nós o seguimos. O tabernáculo é de grandes dimensões, um homem consegue ficar de pé dentro dele. Quando chegamos à outra capela simétrica, uma porta se abre, ela está amplamente aberta e dá num prado".

As associações do sonhador levam-no a evocar primeiro seu desejo de ser padre na adolescência. Foi coroinha e ficava fascinado com os objetos do culto e, em particular, com o tabernáculo, santo dos santos, lugar secreto ao qual só o padre tinha acesso. Lembra-se também da alabarda do suíço,[4] um instrumento prodigioso que ele temia e admirava. O suíço era invocado por seu avô como uma espécie de policial que o puniria se ele se comportasse mal durante os ofícios religiosos: ele abriria um tabernáculo de um altar lateral, de onde pegaria moscas para enfiá-las em suas orelhas.

Suas associações sobre a capela o levam a evocar uma canção libidinosa que apresenta explicitamente a capela como sexo feminino. O tabernáculo e a capela são as passagens secretas para o sexo materno que o padre pode conhecer e do

---

4 N.T.: Encarregado da polícia de uma igreja e de preceder o clero nas procissões.

qual tem a guarda. Em seu sonho, o sonhador identifica-se com o padre que, como o suíço, segura uma bengala "prodigiosa". Uma bengala que o ameaça, como a alabarda do suíço, se ele se entregar sua curiosidade e à excitação que ela suscita nele. Mas o padre não tem mulher, ele é um "pai" sem mulher. Tem apenas uma "mãe", a Igreja. Jean-Marie se identifica com um "pai" que não teria mulher, apenas uma mãe, incestuosa.

As associações sobre os dois grupos que aparecem no sonho são sutis: Jean-Marie retoma primeiro o relato literal do sonho, notando, contudo, que há dois grupos: um o acompanha para dentro da capela, o outro ameaça o padre de fora. Faço-o observar a simetria das capelas, dos padres, dos dois grupos: um dos grupos apoia o sonhador, o outro persegue o padre, seu duplo. O próprio padre tem um duplo. A noção da duplicação do duplo leva-o a pensar que o grupo é uma figuração condensada da potência de seus próprios desejos incestuosos e das angústias persecutórias que ela suscita e que são projetadas no que o padre representa. Um "grupo" o apoia em sua transgressão (das aberturas, dos limites), o outro o ataca.

O grupo, figura incestuosa nos sonhos

Já vimos várias vezes a figura do grupo em sonhos que põem em cena o desejo incestuoso. É o caso do sonho de Florence (o grupo na grande cama branca), do primeiro sonho de Juan, do sonho de Jean Marie. Eis dois sonhos em que o grupo aparece associado à realização do desejo de incesto. Esses sonhos são ainda mais interessantes pelo fato de serem sonhados por duas mulheres que tiveram uma experiência incestuosa, uma, já moça, a outra, adolescente.

Um grupo de mulheres empurra para o incesto

Louise avisa-me que é muito penoso falar do sonho que vai contar:

> "Sonhei que um grupo de mulheres, uma espécie de conselho de família decide que tenho de ter relações sexuais com meu pai: uma das mulheres me diz: 'é assim, é uma obrigação, você tem de fazê-lo, faz parte das regras da vida'. Há outras mulheres que me dizem algo, mas esqueci ou não escutei, havia um ruído de fundo em meu sonho".

Louise sublinha a tonalidade sombria da cena do sonho: dava uma sensação de prisão, de encarceramento, de fim de tudo. Ela "reconhece o grupo" e identifica, na sessão, as pessoas agrupadas no relato do sonho: a avó paterna, uma tia paterna, sua mãe: ou seja, todas elas "mulheres do pai". É a avó paterna que lhe diz que ela tem de "fazer isso", e lamenta esse fato. A tia, uma irmã do pai quatro anos menor que ele, está dividida, ela perde a fala. Sua mãe lava as mãos e lhe fala de modo violento: "você só serve para isso!".

Era isso precisamente o que ela pensava de si mesma quando ocorreu o drama de que se envergonha. Fala de sua família como sendo um grupo fechado, um ambiente isolado, uma estufa, onde ela estava presa. As relações sexuais que teve com seu cunhado foram-lhe impostas pela irmã, ela própria não sabia o que estava acontecendo. Não tinha vontade daquilo: "onde é que estou nisso tudo? Aquilo terminou sem que eu pudesse ser realmente ativa, ou atriz daquele fato, eram as circunstâncias que comandavam...". Relaciona isso com seu sonho: "eu tinha de me deixar violentar sem dizer nada, se não eu o destruiria, em seu sexo, seu pequeno sexo de menininho doente. Era o sexo dele contra[5] o meu, ele ou eu!". Ela acha que não tinha outra saída para que ele se interessasse por ela. Aponto-lhe que, na análise, essa alternativa já tinha aparecido quando me disse que tinha pensado que eu poderia ter um caso com ela e que também eu teria de escolher entre ela e outros pacientes. O sonho é um sonho transferencial, e as vozes do grupo que a empurram para o incesto são suas vozes internas. Nas sessões seguintes, e por muito tempo na análise, voltaremos mais de uma vez ao que o grupo das mulheres representou em seu sonho: as partes dela mesma que desejavam uma relação incestuosa com o pai, e as que a desaprovavam violentamente. Ela começa a entender por que detesta os grupos, foge deles: "não gosto dos grupos: eles levam você a fazer o que não quer fazer e você tem de fazer como todo o mundo". Na verdade, a questão será entender como o que ela projeta nos grupos a impede de se livrar de sua passividade, risco este que até então ela não consegue assumir. É precisamente nisso que seu sonho a convida a pensar.

O sonho do grupo das coelhas incestuosas

No começo da análise, Julie teve o sonho da "cordada", que relatarei mais adiante (p. 184-185). Alguns meses depois, tem outro sonho de grupo. Antes de contar seu sonho, fala-me do intenso mal-estar, pouco habitual, que dela se apossou no momento de ler um texto em voz alta diante de uma assembleia numa reunião. Parecia que o grupo olhava para ela com seus múltiplos olhos que a transpassavam, deixando-a transparente, quase nua na frente dos participantes. Sentia vergonha, culpa por não conseguir cumprir a missão que lhe fora confiada. Insiste no fato de que tinha de ler, e não falar espontaneamente, como nas sessões. Relata então um sonho que teve no dia seguinte a esse incidente:

---

5 Trabalharemos sobre o duplo sentido da palavra *contra* (em troca de, mas, também, muito próximo a).

"Uma horda de mães coelhas seduzem seus filhotinhos machos enquanto um enorme pai coelho tenta copular com sua própria filha e a esmaga".

Suas associações remetem-na à lembrança recalcada de uma emoção muito violenta que sentiu quando estava aprendendo a ler sentada no colo do pai. Isso a deixara muito excitada. A fantasia do pênis do pai contra suas nádegas aparece quando ela associa com suas fantasias de que, atrás dela, eu poderia ocupar esse lugar de um pai "*lapin-e*" (ela mesma faz o trocadilho).[6] A primeira cena do sonho, a das mães coelhas incestuosas, funciona como uma justificação da segunda: se as mães coelhas seduzem seus filhotes, então o pai também pode seduzir sua filha. A quantidade de mães figura a intensidade da excitação, mas a carga afetiva está colocada na segunda cena, com a fantasia de esmagamento.

Mas a continuação da análise do sonho revela outros aspectos dos pensamentos do sonho. Em seu sonho, Julie parece proceder como Freud na análise de Dora. Freud conduziu a análise baseando-se na tese do Édipo "normal" de Dora: estava apaixonada pelo pai e odiava a mãe. Essa tese tinha por função mascarar o fato de que ele era objeto de uma transferência materna da parte de sua paciente. Da mesma maneira, Julie sonha uma cena incestuosa "normal" para não ter de pensar em seu desejo pela mãe e nas relações incestuosas com o irmão. O grupo de mães multiplicadas numa horda forma uma imago terrificante sobredeterminada pelos deslocamentos de imagens e pelas condensações de afetos ligados a suas fantasias incestuosas e aos conflitos edipianos aos quais ela começou a ter acesso.

Sonho de grupo na montanha

No começo de sua análise, Julie teve este sonho:

"Sou a primeira da cordada. Meu picão me atrapalha, tenho medo do trovão. Os outros estão sujos e não vêm; tenho de puxá-los (silêncio). Numa espécie de gruta, um ninho como um berçário de pássaros que esticam o bico e se tornam ameaçadores. A cordada me envolve e alguns me protegem."

Julie queria ser a primeira de meus pacientes, na verdade a única, assim como teria gostado de não ter aquela numerosa fratria da qual ela é a segunda: teria gostado de ser a mais velha ou a última. Ela acha que é nesses lugares que se recebe toda a atenção materna. Mas esses lugares que lhe causam inveja lhe dão medo. Seu maior desejo é ser deslumbrante para a mãe. Digo-lhe que "seu picão a atrapalha".

---

6 N.T.: Trocadilho entre "*lapine*" = coelha e "*la pine*" = a pica, o pênis.

Volta-lhe a lembrança de uma excursão para a qual fora arrastada contra a vontade. No sonho, ela puxa os outros. Detém-se no "tenho de puxar os outros", pensa em sua agressividade para com o mais velho e aqueles que vêm depois dela. A palavra *cordada* evoca para ela uma expressão popular, "fazer cordas para a marinha", que significa: demorar-se no banheiro. Silêncio. Pergunto-lhe se o que a faz parar está relacionado com essa evocação da cordada e do cordão fecal. Responde que, como Cinderela, tinha de limpar os irmãos e as irmãs e fazer todo o trabalho para eles. Pergunta-se se também não está fazendo o trabalho psicanalítico no lugar dos outros membros de sua família atual, para eles: "talvez isso faça bem para toda a família, mas eles resistem e me agridem, e cada um puxa para seu lado".

Digo-lhe que em seu sonho ela encontra um berçário de pássaros que a ameaça, assim como sentia que o grupo de irmãos e irmãs ameaçava o lugar que ela desejava ocupar junto da mãe. Em seu sonho, está ameaçada por seus próprios movimentos de bico e de picão contra eles. Acho que o picão que a atrapalha é também seu próprio Falo, ela quer ser tudo para a mãe, mas não lhe comunico essa interpretação. Observo que uma parte da cordada a protege. Essa proteção e esse calor do grupo ela sente quando vem para suas sessões. Para ela, sou uma espécie de grupo que a sustenta e a contém. Ela é também a primeira da cordada. O segundo sonho de grupo, o das mães coelhas, esclarecerá o lugar que ela ocupa na fantasia incestuosa. Mas, nessa fase da análise, não avançamos mais na análise da transferência.

A parte de minhas associações que concernem à figura do grupo no sonho de Julie me leva a pensar que o grupo contém, assim como o próprio sonho, seus objetos internos bons e maus, que ela figura por meio de seus personagens ambivalentes. A multiplicidade de lugares nos quais ela se representa traduz suas identificações conflituosas: ser a primeira, a filha deslumbrante para a mãe, com o risco de tornar-se uma Cinderela, mas armada com seu atiçador.[7]

2. O GRUPO DAS VOZES PRIMEIRAS ASSOCIADAS AOS OBJETOS DE IDENTIFICAÇÃO DO EGO

O sonho de Louise e o sonho de Céline nos mostraram que, no sonho, o grupo pode figurar o concerto das vozes do conjunto no qual o sujeito

---

[7] N.T.: A mesma palavra, *pic*, significa picão e atiçador, além de picareta. A palavra homófona *pique* significa lança, o naipe de espadas e palavras mordazes.

se constitui: vozes que se calaram e que voltam a se fazer ouvir, da maneira como o sujeito as entendeu e transformou, aquelas às quais o sujeito se identificou e que levam a marca do prazer, do recalcamento e do Superego, aquelas que continuam enigmáticas ou dolorosas. Nesses grupos de vozes, as das gerações se misturam com as vozes íntimas do sujeito. É o que nos mostra o sonho de Blandine.

O sonho do locutório interno

Blandine está em análise há três anos quando tem esse sonho, incomumente longo para ela. Desde o começo do tratamento, ela vem às sessões de maneira irregular, procura seduzir-me por meio de vários artifícios, me telefona com frequência, me escreve, ameaça interromper o tratamento se eu não lhe conceder cinco ou seis sessões por semana em vez das três que contratamos. Nessa fase da análise, ela teme que alguém fique sabendo do seu segredo, esse segredo sobre o qual não quer dizer nada e do qual tem de falar. Mas ela me traz este sonho:

> "Um locutório, como numa prisão. Estava esperando alguém que não vinha, tinha de falar com ele, mas tinha como que um branco em minha cabeça. Nas paredes, do lado em que eu me encontrava, havia alto-falantes que falavam de forma estranha, pois, de vez em quando, eu reconhecia no que eles diziam o que eu queria dizer, eles falavam por mim, mas não me lembro do que diziam, tudo ficava embaralhado. Suas membranas pulavam muito, com uma pulsação assustadora. Havia a voz de minha mãe, de meu avô, de meu pai, mas eu não reconhecia o que eles queriam dizer, eles falavam juntos, como numa reunião em que todo o mundo fala ao mesmo tempo. Eram mortos que falavam, um grupo de mortos, meu pai me obrigava a falar, as vozes se misturavam, brigavam entre si. Minha garganta doía, não conseguia gritar."

Depois de relatar o sonho, Blandine fica muda, sem associações: apenas esses gritos a obcecam e esse grupo de mortos que falam tão alto: de quê, tão discordante, que a angustia? Digo-lhe que seu segredo é sua prisão de palavras impronunciáveis, palavras que ficaram atravessadas em sua garganta. Ela me insulta e começa a gritar e a gemer em vários registros de voz, como ela já fizera algumas vezes: a da menininha desesperada, a da sedutora, a do esgotamento, grave e rouca, quase inaudível, os gritos da fúria. Estes são os de sua mãe, ela os reconhece.

É em todos esses registros de vozes que ela me fala do incesto que, quando moça, sofreu por parte do pai. Até aquele dia, não pudera falar com ninguém dessa catástrofe, nem tampouco, é claro, do que aparecerá para ela como um triunfo sobre a mãe. Agora, ela não está mais furiosa, arrepende-se de ter-me insultado e suas palavras estão tingidas de um reconhecimento inabitual em relação a mim, longe de qualquer tentativa de sedução. Não encontrará nenhuma associação sobre as vozes discordantes, o grupo sonoro persecutório que, com os alto-falantes, figuram a cena do incesto, as membranas do envoltório do corpo no limite da explosão, os gritos de gozo e de protesto.

3. O GRUPO DAS INSTÂNCIAS CONFLITUOSAS DO APARELHO PSÍQUICO

Em todos esses sonhos de grupo, obtemos poucas associações sobre o próprio grupo: o grupo é um nó de figurações de pensamentos e de pulsões inconscientes.

O grupo das pulsões

É o que ocorre, em particular, quando as pulsões são representadas por intermédio do agrupamento. A análise revela que o grupo é a figuração da excitação pulsional, de sua intensidade. O sonho de Blandine é um exemplo disso, bem como o sonho de Florence ou o sonho desse paciente, que só conseguirá associar sobre seu sonho anos mais tarde: "sonhei com um conjunto de crianças que mamavam nas tetas umas das outras: um dos bebês procura com angústia escapar das mordidas dos outros". A análise mostrará que o grupo é a conjunção seio-boca dentada.

Defecação atrás de um grupo

David está numa fase de sua análise em que ressurgem suas angústias obsessivas ao mesmo tempo em que se intensifica a amplitude de seus movimentos ambivalentes em relação ao pai. Diz não sonhar faz tempo quando traz esse sonho. Como de costume, suas associações inserem-se no relato do sonho, para controlá-lo.

> "Estávamos recebendo convidados, um grande salão com uma escada que se destacava dele com uma espécie de galeria que fazia do salão uma espécie de sala num nível inferior. Eu defecava atrás das pessoas que me davam as costas e que formavam um grupo redondo (isso me faz pensar em mijar na cabeça deles,[8] atrás deles, no traseiro deles..., penso também que se eles estavam em roda, parte deles podia me ver!). Estava com vergonha. Em seguida, vou levar meus excrementos para um local público; eles estão num

---

8 N.T.: Em francês, a expressão de desdém equivalente utilizada pelo paciente é *"pisser au cul"* (literalmente, mijar no cu).

saco, mas tenho um outro saco no qual estão meus facocheros[9] e tenho de prestar atenção para não confundir os sacos e não jogar fora aquele que contém os facocheros herdados de meu pai (mas que tiveram de ser examinados, pois não eram *kosher*)".

O sonho ganha rapidamente sentido em relação a seus sintomas obsessivos e, sobretudo, em relação a sua ambivalência exibicionista: puro-impuro (*kosher*-não *kosher*), mas também esconder-mostrar (ele vai esconder seus excrementos num local público). No sonho, ele se representa no centro de um grupo cujas pessoas voltam-lhe as costas; elas não veem seu traseiro e seus excrementos. Depois dessa primeira análise do sonho, aparecem as resistências: David retém suas associações. Quando lhe indago sobre o grupo "redondo" de seu sonho, diz que tem medo dos grupos, que as pessoas podem voltar-se contra ele e lhe pedir explicações, exprime sobretudo vergonha de "voltar as costas para a tradição judaica, como meu próprio pai fizera". Depois associa com o quarto dos pais, que também foi o seu até os seis anos: ele observava o coito imaginando-o anal: "eles se mijam no cu". As oposições entre frente e trás, alto e baixo, as confusões entre o anal e o genital podem então ser trabalhadas. Mas o que o grupo figura só será reconstruído mais tarde: a um só tempo o grupo de suas pulsões, a censura do Superego arcaico, o casal parental e ele na cena primitiva. O grupo suscita nele a vergonha narcísica e a vergonha edípica.

Um grupo de meninos ("a gente olhava dentro das calças uns dos outros")

O grupo está muitas vezes associado a uma cena de curiosidade sexual. Eis o sonho relatado por uma paciente, Cláudia:

> "Eu estava na faculdade de veterinária com um grupo de colegas rapazes, mas nós éramos pequenos e os meninos estavam muito excitados todos juntos, e havia também um outro grupo que não se mexia. A gente olhava dentro das calças uns dos outros. Um ônibus ia levar-nos para passear depois do exame."

Nenhuma associação imediata sobre esse sonho. Ela se diz cansada, deprimida, em conflito com uma sócia sua de consultório. Na sessão seguinte, retoma o sonho para falar de seu desejo de ser um menino: "os meninos são melhores que as mulheres". Diz que se tornou veterinária, como um menino, porque esse era o desejo de seu pai. Sobre o grupo, ainda nada. Proponho-lhe

---
[9] A análise confirmará que o lapso, que substitui, confundindo-os, filactério por facochero (pequeno porco selvagem da África) é coerente com o material anal do sonho: o que há nesses sacos são porcarias, mas também surge uma representação do próprio David, impuro e ímpio.

que em seu sonho o grupo de meninos multiplica o desejo de "examinar" o sexo que ela inveja e que ela sente que o pai exige que ela possua. Suas associações levam-na a pensar que o grupo imóvel figura sua paralisia diante de suas próprias pulsões escópicas e da curiosidade dos meninos em relação a seu sexo: ela os mandava "passear".

O grupo como figuração das instâncias psíquicas, de sua divisão e de sua conflituosidade

O grupo também é uma figura das instâncias psíquicas. O sonhador autorrepresenta seu próprio aparelho psíquico, em sua estrutura e em sua dinâmica. Essa "encarnação" das instâncias é o substrato imaginário das representações antropomórficas do aparelho psíquico, como bem notou Freud. O grupo pode representar uma instância, o Superego arcaico no sonho de Céline e no de David, os objetos e as identificações do Ego no de Blandine. Pode também figurar os interesses do Id e do Superego em contraste com os do Ego, como no "sonho da capela", ou os conflitos entre o Id e o Superego, como no sonho "um grupo de mulheres empurra para o incesto".

Em meus primeiros estudos sobre a representação do grupo nos sonhos (1976, p. 81), destaquei uma representação do grupo como figura do Ego heroico. A análise do sonho revelara uma série de condensações e de equivalências entre a figura do grupo, a representação do sexo feminino, o pênis e o ventre materno. O grupo também era uma representação do aparelho psíquico do paciente, de seu conflito entre as exigências do Superego e as do Ideal do Ego, suporte da identificação heroica por meio do qual seu Ego, reforçado pelo grupo, triunfava em diversas provas.

A forma e a estrutura do grupo prestam-se para figurar a união e a unidade interna assim como o conflito e a fragmentação: o segundo sonho de Juan é uma ilustração disso. Eis um outro exemplo: um paciente tem de tomar uma decisão profissional importante. Em sua cabeça, a escolha a ser feita é clara. Mas ele faz o seguinte sonho, que revela seu debate interno:

> "Um grupo de pessoas discutia a respeito de minha orientação escolar; eu estava excluído, um pouco de lado. Essas pessoas tomavam decisões em meu lugar e me criticavam."

O paciente evidentemente não tomou a decisão que lhe convém, mas aquela que ele acha que eu gostaria que ele tomasse. O grupo representa as instâncias parentais críticas, muitas vezes em conflito quando se tratava de sua vida escolar.

4. O GRUPO ENVOLTÓRIO E CONTINENTE

O sonho é um continente e exerce uma função de continência, ou seja, uma função de ligação e de transformação. O mecanismo primário da difração (no sonho e em outras formações psíquicas) supõe uma continência confiável e um espaço continente. Essa função também pode ser representada no próprio sonho pela figura do grupo: por exemplo, no sonho do celibatário, pelo grupo dos companheiros, ou no sonho do *Homem dos lobos*, pela árvore na qual estão empoleirados os lobos.

Acontece também de o grupo ser apresentado no sonho como um fracasso da função de continência e de proteção; é o caso de vários sonhos que apresentamos (por exemplo, o grupo que acompanha o sonhador na capela, ou uma parte da cordada no sonho de Julie). Quando o grupo não cumpre essa função de envoltório, o sonhador acorda. Juan diz que, em seu sonho, é sua piada ("uma bomba para recalcar!") que o desperta. Podemos pensar que ele é acordado porque o grupo (o Ego do sonhador) não contém mais esse retorno do recalcado.

Um fracasso da função de proteção: "um grupo de adolescentes é atacado"

Eis um sonho que esclarece essa afirmação:

> "Acompanho um grupo de adolescentes que escala uma montanha e chega a um lago de aspecto bastante sinistro. De repente, uma serpente surge da margem e circula entre os membros do grupo, ameaçando-os. Todos ficam paralisados de terror, pois a serpente mergulha no lago e reaparece sem parar para ameaçar os adolescentes agrupados uns contra os outros. Mato a serpente, mas, apenas morta, ela se transforma em morcego que ataca o grupo e o desarticula. Acordo então sobressaltado, com a penosa impressão de estar com as pernas paralisadas".

Em relação a esse sonho, poderíamos evocar novamente a figuração das pulsões pela figura do grupo. O paciente se representa contendo as pulsões dos adolescentes (de sua adolescência). Por outro lado, está identificado com o grupo paraexcitador. O sonho é interrompido pela angústia suscitada pela representação de seu fracasso (do Ego-grupo) para garantir uma função de continência e de envoltório protetor contra os transbordamentos pulsionais. Esclarece que os grupos a que pertence repetem essa situação de perigo, que ele procura encenar e controlar, mas da qual apenas escapa ficando paralisado. É precisamente essa repetição que o levou para a análise e para a elaboração de um trauma sexual precoce.

Num grupo, eu passava do centro para a periferia

Outro sonho desse mesmo paciente põe em xeque a capacidade do grupo de conter a angústia. É um sonho que ele teve alguns anos antes de começar sua análise, num grupo terapêutico. Mas, naquele grupo, ele não falou do sonho:

> "Estava num grupo e passava constantemente do centro para a periferia. O centro era muito agitado, não se podia ficar ali, a periferia era calma, um refúgio, mas tampouco se podia ficar ali. Era muito angustiante e, como da outra vez, no sonho com a serpente, acordei."

Apesar da evocação do sonho anterior, este suscita poucas associações, sem dúvida devido à repetição da cena numa outra versão, mas também porque ainda não conseguimos interpretar de modo suficiente o que o grupo representa em seus sonhos. Aponto-lhe o uso do "se", sujeito indeterminado, em seu relato, como se ele mesmo não encontrasse o seu lugar, passando do centro para a periferia. Lembra-se de uma experiência de pânico na infância, ficou perdido numa grande loja, saindo para a calçada e entrando de novo para procurar a mãe. Também na escola viveu uma experiência que relaciona com a de sua "perdição", como a denomina. Dava um jeito de ser expulso da classe quando se sentia ameaçado de estar dando muito na vista aos olhos das outras crianças: o risco de ser "julgado, liquefeito, aniquilado" o levava a passar do centro para a periferia. Seu pânico evoca o das crianças psicóticas tratadas por G. Haag (1987), que sublinha a angústia delas quando, nos grupos, não encontram apoio na periferia.

5. O GRUPO COMO DRAMATIZAÇÃO DOS COMPLEXOS EDÍPICOS E FRATERNOS

O grupo é um esquema de figuração do complexo de Édipo. Já foram analisados vários sonhos de grupo mostrando que ele é muito frequentemente utilizado para essa função: o sonho de Louise, "Um grupo de mulheres empurra para o incesto"; o sonho de Julie, "O sonho do grupo das coelhas incestuosas"; o sonho de Juan, "Édipo entre um grupo de anarquistas e um grupo de policiais"; o sonho de Jennie sobre seu paciente, "Gérard estava com a cabeça na concavidade de meu ombro". Outros sonhos, que relatarei a seguir, vão nesse mesmo sentido.

O complexo fraterno. Sonhos de fratria

Também já encontramos em alguns sonhos de grupo a figuração e a encenação do complexo fraterno, por exemplo no sonho das gazelas, no sonho dos bebês que mamam e se mordem uns aos outros, no da mãe coelha incestuosa. Nesse tipo de sonho, as relações fraternas estão representadas de forma direta, ou então estão figuradas por um grupo. O próximo sonho é particularmente rico, ele condensa quase toda a história psicanalítica desse paciente. Terei dificuldade de expor toda a complexidade do trabalho de análise realizado naquela ocasião.

O sonho do castelete

Bernard é educador, veio pedir-me para ajudá-lo a resolver suas dificuldades de autoafirmação, sobretudo em suas relações com as mulheres. Sofre de depressão. As relações com seus irmãos e irmãs, sobretudo com a irmã preferida, vêm à tona no momento do tratamento em que ele faz este sonho:

> "Estou num castelo com muitos cômodos, eles são amplos, uma arquitetura do século XVIII, mas o castelo se transforma em castelete. Grandes portas envidraçadas dão para um parque. Chego no parque, árvores centenárias, está escuro, o castelo está abandonado. Entro por uma das portas envidraçadas, dentro está cheio de móveis (Bernard enfatiza várias vezes que não há pessoas). É como se esse castelo tivesse sido abandonado pelas pessoas, estamos no inverno, não tem ninguém. Depois subo para os andares superiores e ali algo se anima, há famílias, grupos, mais particularmente meus irmãos, minhas irmãs e uns primos, mas sobretudo minhas irmãs, mais particularmente Irène (sua irmã preferida). Num quarto, duas menininhas, que de repente viram adolescentes, estão conversando sobre alguma coisa e remexendo numa cômoda, estão curvadas sobre as gavetas, vejo o traseiro delas. Depois me volto para baixo e, ali, o tapete do salão é na verdade um gramado. Sobre o gramado-tapete, minha irmã Irène está deitada ao lado de seu bebê, vou até lá pegar a pequena, tão pequena que faz pensar num camarão, ou que ainda está na barriga da mãe. Tem um capuz na cabeça, isso a faz parecer um pequeno duende."

Nesse sonho, há muitos pensamentos, dos quais destacarei apenas três. No relato de seu sonho, Bernard sublinhou imediatamente a redução do castelo a castelete, não para mencionar o diminutivo, mas para esclarecer que está pensando num castelete para fantoches *de mão*. Contudo, suas associações depois do sonho o levarão a pensar na masturbação que o obcecava quando era aluno interno, sobretudo quando um professor se juntava a uma enfermeira na enfermaria vizinha ao dormitório, e em sua angústia de ter um sexo pequeno demais, "um sexo-bebê".

Depois voltará para a cena do sonho onde encontra a irmã com seu bebê tão pequeno, com o capuz na cabeça que o faz parecer um pequeno duende. Penso da interpretação do capuz como preservativo, tal como Freud o analisa no conto dos irmãos Grimm *Rumpelstiltzchen*, e digo-lhe que ele vai pegar o bebê como se fosse o pai dele. Ocorrem-lhe então pensamentos de relações incestuosas com essa irmã. O sonho aparece então como uma encenação de encontros sexuais excitantes (o tapete-gramado que evoca os pêlos pubianos, o traseiro das menininhas que se transformam em adolescentes). Toda a excitação está contida no espaço desse castelo [*château*] – "xota" ["*chatte*"] – castelete. Sua reiterada denegação: "não tem ninguém nesse castelo abandonado pelas pessoas", torna-se: não tem ninguém no ventre de sua irmã. Em seu trabalho de educador, as adolescentes o excitam, é assaltado por fantasias de lhes fazer filhos.

No sonho, a denegação ("não tem ninguém no castelo") é contradita pelo que ele encontra ao subir para os andares superiores: "ali algo se anima, há famílias, grupos, mais particularmente meus irmãos, minhas irmãs e uns primos, mas sobretudo minhas irmãs, mais particularmente Irène". O grupo fraterno, do qual se destaca a figura da irmã preferida, é a figura central do sonho. A análise do sonho mostra que o grupo é um verdadeiro condensador de suas pulsões e de suas fantasias, das imagos parentais e fraternas, mas também dos bebês no ventre da mãe (outra figura do castelo), fantasia que só pode revelar-se e se tornar acessível na análise do complexo fraterno.

Esse sonho é um sonho de transformação, cujo processo está muitas vezes figurado diretamente, mas também pelas figuras da inversão entre vazio e cheio, dentro e fora: o que tinha sido posto para fora pode instalar-se dentro do espaço psíquico.

6. O GRUPO NOS SONHOS DE SESSÃO

Os sonhos de sessão são frequentemente sonhos de grupo. Não sei por que, e é para tentar compreendê-los que vou expor alguns deles. Neyraut escreve que o sonho de sessão dá provas de uma "dramatização da neurose em torno da situação psicanalítica". Sabemos que a dramatização recorre frequentemente à figuração pelo grupo, a uma cena de grupo. É um primeiro elemento de resposta para minha pergunta.

O sonho do grupo e do jogo de dedos

Eis um sonho, feito em fim de análise por uma paciente, Elena, que está começando a atender alguns pacientes em psicoterapia:

> "Entro num salão onde já está um grupo: desconhecidos, mas também B., meu supervisor. Eu entrava e eles me olhavam, sentia-me exposta a seus olhares. Sento-me e faço um 'jogo de dedos', assim (ela me mostra, descrevendo): abro e fecho os dedos, dobro e estico os dedos assim, brinco com eles como se fossem um grupo de dedos. Depois B. uniu-se a nós, estava chorando, dizia-me que estava tocado. Quando chorava, tinha a cara de Reggiani quando canta. Ao acordar, uma música de Reggiani me veio à cabeça: 'minha filha, minha criança, vejo chegar o tempo em que você vai me deixar...'. Pensei: apego do pai pela filha. Depois pensei no fim de minha análise."

Ela se diz seduzida e perturbada por B. Ele é velho, como Reggiani, como eu, não é de sua geração. Trabalhamos a separação e as transferências que o fim próximo do tratamento desperta.

Sobre o jogo de dedos e o estranho nome que dá a ele, ela pensa na "expressão corporal", depois numa canção infantil que fala de crianças que mentem para a mãe enquanto põem o dedo no nariz, que incha e cresce. Vem a lembrança do exame de seu nariz por um médico por quem, quando criança, ela estava apaixonada (o nariz [*nez*] tem assonância com meu nome [*René*], o que remete às transferências). Depois, ela pensa que pôr os dedos no nariz é um deslocamento da masturbação. Depois evoca de novo a cena de sedução precoce que marcou sua infância: foi tocada pelo dedo do amigo do pai. O deslocamento do "tocar" para B. (ele está tocado, ele chora) remete-nos à resistência transferencial em relação a mim.

O grupo aparece duas vezes no sonho: o grupo dos desconhecidos do salão, mas há também B., seu supervisor, que, na transferência, me representa, mas também representa o dedo explorador do amigo do pai, e o grupo dos dedos da mão. O primeiro figura o conflito Superego-pulsões, ela se sente exposta aos olhares do supervisor multiplicado no grupo: em seu relato, emprega o imperfeito para evocar esse grupo. O segundo grupo, o dos dedos, figura os objetos autoeróticos familiares, ela fala no presente. O grupo de dedos é ao mesmo tempo o sexo e os dedos que a exploram; é um grupo-prazer que enfrenta um grupo Superego.

Na noite seguinte, Elena tem outro sonho de grupo, que é também um sonho de sessão:

> "Estou na sala da casa de meus pais, com duas das primeiras pacientes que tive e de quem gosto. Você também está presente e eu falo de minhas pacientes com você e na frente delas. Acho isso muito estranho e penso que sou uma terapeuta ainda verde."

Seu primeiro sonho de grupo já era um sonho de sessão. Podemos novamente comprovar nesse caso as formulações de Neyraut: os sonhos de sessão

são manifestações clínicas de uma evolução da neurose de transferência e sinal de uma transferência positiva. Elena se pergunta se a julgo quando fala de suas psicoterapias; confessa que "utiliza" meus comentários, minhas interpretações, meu modo de intervir. Os sonhos de sessão revelam uma transgressão imaginária das regras da análise e traduzem, escreve Neyraut, que uma "ponte simbólica se estabeleceu entre as condições da análise e uma determinada relação infantil" (1974, p. 245-247). A esse respeito, a cena do grupo que reúne a paciente-terapeuta, suas próprias pacientes e sua análise é explícita; remete também ao sonho anterior, com a presença de B., seu supervisor.

Mas esse sonho ainda não nos diz o suficiente sobre o fato de também ser um sonho de grupo. Examinemos outros sonhos de sessão que também são sonhos de grupo.

O grupo dos "analistas"

> "Tive um sonho estranho e inquietante: estou no centro do seu consultório; nesse lugar, há também psicanalistas dispostos em círculo, cada um está sentado numa poltrona, uma latrina. Também estou num 'trono', sinto-me envergonhado de estar nessa situação e angustiado por pensar que todos esses analistas, que formam um grupo fechado e que exercem sobre mim uma espécie de pressão física, vão me expulsar da sala. Debaixo de seu assento, há um bebê sujo e machucado, que esperneia e grita. Outro analista brande uma enorme caneta de onde escorre uma enxurrada de tinta."

É fácil reconhecer nesse sonho a dimensão transgressiva imaginária das regras da análise, a referência a uma situação infantil que será trabalhada na sessão e também a uma situação infantil de que o analisando não tem nenhuma lembrança: a cena de seu parto, em que ele se apresentou de nádegas, rodeado pelo grupo composto pelo médico, a parteira e as enfermeiras, como lhe contará sua mãe.

Trata-se evidentemente de um sonho transferencial que, nessa fase da análise, comporta tonalidades negativas. Os "analistas" e particularmente seu "analista" são afetados pelos lados maus das pulsões anais e uretrais que o paciente não suporta em si mesmo.

Nesse sonho de sessão, o grupo desempenha um papel particular: por um lado, amplifica a transgressão, mas também indica o perigo que vem dos "analistas". O agrupamento de suas pulsões nesse "consultório/banheiro"[10] figura um seio-privada que retém ou ameaça expulsar crianças-fezes. Portanto, o agrupamento deles é também indício da amplificação das angústias transferenciais.

---

10 N.T.: A palavra *cabinet*, empregada pelo paciente em seu sonho, tem esse duplo sentido.

O sonho da sala de espera

O sonho da sala de espera na qual se encontram os analisandos de seu analista é um sonho clássico durante uma análise. Costuma ser expressão de um desejo de assassinato dos irmãos e irmãs.

Louise, de quem já relatei o sonho "Um grupo de mulher empurra para o incesto", tem o seguinte sonho nos primeiros meses de sua análise:

> "Duas pessoas em sua sala de espera, depois o lugar ia ficando cheio de gente. Eu me perguntava: fico ou vou embora? Depois estou numa sala de aula cheia de jovens que esperavam os resultados do exame, vários professores, mas dali eu sumia rápido."

A sala de espera lhe recorda a de seu pai pediatra. Crianças com suas mães esperavam a vez de serem atendidas. Ela se perguntava o que seu pai fazia com esse casal mãe-filho, estava terminantemente proibido interrompê-lo. Tinha vontade de entrar na sala de espera, de fazer todo o mundo sair e ter uma consulta com seu próprio pai. O grupo contraria seu desejo de estar sozinha com o pai. Tem evidentemente muito ciúme dos outros analisandos e de certa forma insta-me a escolher entre ela ou eles, assim como queria forçar o pai a escolhê-la entre suas irmãs. Era também um modo de resolver a rivalidade fraterna que a fazia sofrer muito.

A sala de aula contém um outro grupo e uma outra fantasmática. A questão dos resultados do exame é: estar ou não estar grávida. Reencontramos aqui a questão do incesto e a encenação de seu desejo edipiano.

"Meu analista coordena um grupo"

Outro tema dos sonhos de sessões é o do desejo de participar de uma recepção na casa do próprio psicanalista. Tive um sonho assim durante minha análise, num momento em que eu me perguntava precisamente sobre meus investimentos na prática de grupo e suas relações com a prática da psicanálise. Nesse sonho, o grupo é várias vezes associado ao desejo de transgressão.

> "Uma casa isolada numa colina, suntuosa. P. vem abrir-me a porta e espera eu ler um cartaz no qual estão escritas as horas de abertura da casa (transgressão). Ele volta a fechar a porta (censura). Depois entro na sala de espera, saio e, por um corredor, chego a um cômodo onde subsistem vestígios de uma recepção. Chego a outra grande sala (transgressão) na qual estão meu analista e sua mulher. Cada um dirige um grupo, talvez um grupo de trabalho. Reconheço vários colegas no grupo de meu analista, não no de sua mulher. De repente fico muito angustiado de que ele me veja e acordo."

O sonho realiza vários desejos: além do de penetrar na intimidade de meu analista, o de que também ele tenha uma prática de grupo, o que eu mesmo vivia naquela época como uma transgressão da prática analítica. Portanto, espero que ele também transgrida. Esse desejo me angustia e acorda. O grupo figura outra coisa: certamente minha vontade de ser membro desse grupo de trabalho, mas também minha rivalidade com os colegas que dele participam. O fato de não reconhecer ninguém no grupo que a mulher dele dirige leva-me a analisar o que não quero saber: minhas fantasias de desejo de eliminar os bebês analistas rivais e possuir só para mim a mulher de meu analista.

7. O SONHO DE GRUPO: UM SONHO TÍPICO?

Os sonhos típicos

Até agora, examinei como, no sonho, o grupo é um esquema de figuração utilizado pelo trabalho do sonho. Gostaria de abordar o problema de um outro ponto de vista, relacionando os sonhos de grupo com os sonhos típicos. Com efeito, o grupo ou um grande número de pessoas – estranhos em geral ou observadores – costumam estar presentes nesses sonhos, e sobretudo naqueles descritos por Freud. Em seus comentários sobre os sonhos típicos, Freud sublinha que "provavelmente eles têm as mesmas fontes em todos os homens e [podem] fornecer-nos indicações sobre essas fontes" (G.-W., II-III, p. 246-247). Nota que nesses sonhos, o sonhador "geralmente não se lembra das idéias que o conduziram a ele e que é difícil tirar partido deles com a técnica habitual: é raro que o sonhador disponha das associações de idéias necessárias para sua interpretação" (*ibid.*). Essa formulação quase sempre se verificou na nossa clínica. É possível que o grupo seja algo mais que uma figuração que se destaca nos sonhos típicos: os sonhos de grupo talvez sejam eles mesmos sonhos típicos.

A figuração do grupo nos sonhos de nudez

Na análise do sonho de nudez, Freud detém-se precisamente no fato de que o sonhador se sonha nu ou malvestido em presença de estranhos e que isso vem acompanhado de um penoso sentimento de vergonha. Esses estranhos caracterizam-se por sua indiferença, não zombam nem se zangam. A análise do sonho geralmente mostra que ele realiza o desejo inconsciente de se exibir, sem vergonha, como na infância, antes do começo da vida sexual e da civilização.

Nesses sonhos, esclarece Freud, jamais aparecem os verdadeiros espectadores dessas exibições infantis:

> O grande número de pessoas estranhas indiferentes ao espetáculo, que o sonho põe no lugar deles, é precisamente *o contrário do desejo* de ver a única pessoa, bem conhecida, para quem nos mostrávamos totalmente despidos quando crianças.

Freud generaliza sua formulação:

> Encontramos esse grande número de estranhos em muitos outros sonhos, eles sempre indicam, por oposição, nosso desejo de 'guardar segredo'.

E ele acrescenta em nota:

> Por motivos óbvios, a presença no sonho de 'toda a família' tem o mesmo sentido (G.-W., II-III, p. 251).

S. Ferenczi confirma as análises de Freud e também destaca a representação do grupo nos sonhos típicos de nudez.[11] Uma de suas jovens pacientes, extremamente pudica na vida, faz o seguinte sonho:

> "Via-se envolta num peplo antigo, fechado na parte da frente por um alfinete de segurança; subitamente, o alfinete cai, a túnica se abre e ela se vê oferecida, em toda a sua nudez, à admiração dos homens agrupados a seu redor."

Outra paciente também tem um sonho de exibição:

> "Via-se atada a uma coluna, enrolada num lençol da cabeça aos pés, de modo a dissimular suas formas até os olhos; em torno dela, homens de aspecto exótico, turcos ou árabes, discutiam seu preço."

Quando criança, gostava de imaginar, sem véus, a venda de escravas. Expõe ainda o caso de outra paciente que, em sonho, permitia-se apenas caminhar descalça *no meio das pessoas*. S. Ferenczi conclui:

> Esses sonhos típicos significam simplesmente o desejo inconsciente de reencontrar o estado paradisíaco da infância.

Mas não diz nada sobre a presença de um grupo ou de vários personagens.

Um sonho de nudez: "Tinha um mundo de gente..."

Uma mulher sonha

---

[11] *Psychanalyse*, tomo l, Payot, 1975, p. 79 [trad. bras., *Psicanálise* I, p. 63, "Interpretação científica dos sonhos", 1909, Martins Fontes, 1991].

> "que vê o marido nu e imóvel no apartamento de amigos chamados Prudenti. Tinha um mundo de gente e todos reprovam a cena."

Há duas formulações que nos interessam nesse sonho: os espectadores não formam um grupo constituído, mas uma presença múltipla; trata-se de uma cena com atores e espectadores: "tinha um monte de gente e todos reprovam a cena". A cena está imobilizada, a ação parada, o grupo (o mundo de gente) está presente como pano de fundo.

As associações da sonhadora, também ela imóvel e paralisada diante dessa cena, sugerem várias abordagens para esse sonho. Observa-se que, em vez de ser a sonhadora quem se exibe, é o marido, ou seja, sua parte masculina que é mostrada. Na transferência, ela deseja me ver despido, como acredita ter visto o pai quando era pré-adolescente. A presença de seus amigos Prudenti (em suas associações: os puritanos ["*prudes*"]) reforça ou multiplica sua reprovação e sua vergonha ante essa exibição. Além disso, o sonho figura e elabora seu conflito em relação à nudez e ao sexo masculino: os afetos negativos, ausentes numa discussão que tivera na véspera com o marido sobre a vida sexual deles, estão difratados para os personagens anônimos do sonho, o que permite ao Ego da sonhadora suportá-los. No entanto, a sonhadora tropeça na resistência a deixar aparecerem associações sobre a presença "do mundo de gente" e sobre a cena do grupo. Iniciada a análise da transferência, a análise do sonho prosseguirá e colocará em evidência dois procedimentos de figuração realizados pelo grupo de espectadores anônimos que desaprovam a cena: o primeiro está a serviço do reforço da censura, sendo a multiplicidade a representação da intensidade. O segundo mobiliza a difração: como já mostrei várias vezes, a difração é um procedimento de distribuição das cargas econômicas pulsionais associadas ao desejo do sonho (satisfazer a pulsão escópica) e à proibição que ele suscita. Minha análise não contradiz aquela proposta por Freud quando ele afirma, na análise do sonho "Um belo sonho" e, de modo mais geral, na análise dos sonhos de nudez, que o grande número de pessoas é uma figura que exprime "*o contrário do desejo* de ver aquela única pessoa, bem conhecida, para quem nos mostrávamos totalmente despidos quando crianças" e significa não expor um segredo em público. Mas minha análise matiza a dele.

Um outro sonho de Louise ("Um grupo de mulheres empurra para o incesto", o sonho da "sala de espera") vai nesse sentido:

> "Estou totalmente pelada no meio do pátio de recreio, tem muita gente, um grupo de bedéis. Sinto-me estranha, pouco à vontade e agitada. Alguém diz: 'as meninas não devem ter desejo, é inconveniente e indecoroso.'"

Ela não faz nenhuma associação depois de relatar o sonho. A presença do grupo na cena do sonho a deixa perturbada. Evoca o olhar do pai (pediatra) num exame clínico a que ele a submetera, mas não consegue dizer nada a respeito. Participo-lhe minha suposição de que ficara siderada para não sentir a excitação ("as meninas não devem ter desejo") que provocava nela o toque do pai, que realizava seu desejo ("o pátio de recreio"). O grupo de bedéis figura a mãe. Ela lembra de uma professora que vigiava para que nada acontece nos banheiros da escola. O grupo é uma figura da censura, é também a multiplicação da força do Superego, mas figura também a força das pulsões e do desejo da sonhadora.

O grupo nos sonhos de morte de pessoas queridas

Em seu estudo sobre os sonhos de morte de pessoas queridas, Freud dá um exemplo esclarecedor sobre o sentido da presença, no sonho, de um grande número de personagens. Trata-se do desejo de morte dos irmãos e irmãs que uma de suas pacientes realiza em sonho:

> "Um monte de crianças, seus irmãos, primos e primas brincam num prado. Subitamente, todos ganharam asas, saíram voando e desapareceram."

Freud propõe compreender que, ao perguntar o que acontece com as crianças que morrem, a sonhadora teria ouvido dizer que elas têm asas e se transformam em anjinhos. No sonho, dará asas a seus irmãozinhos e os fará desaparecer como borboletas que saem voando (G.-W., II-III, p. 259). A quantidade de crianças figura diretamente o grupo fraterno. O grupo é o esquema de figuração da intensidade de seu desejo de morte.

O sonho da mãe da criança tratada por L. Kreisler:

> "Uma refeição, a grande mesa familiar onde não falta ninguém. Jeanne (a irmã morta) conversa e ri; ninguém se espanta; no entanto, todos sabem que ela está morta."

Aqui, o grupo (a família, todos...) é a figuração dos objetos enlutados que acompanham e apoiam a sonhadora em seu próprio trabalho de luto. Os sonhos da morte de pessoas queridas põem muitas vezes em cena os irmãos e irmãs ou um grupo, como no caso de psicoterapia psicanalítica da família analisado por M.-F. Augoyard-Peeters no capítulo 2 (p. 43).

O grupo nos sonhos de exame

Os sonhos de exame, escreve Freud (G.-W, II-III, p. 280-282; trad. fr., p. 238-240), exprimem os medos infantis provocados pelas punições sofridas na infância, reativados em nós no momento dos exames, sempre que não temos certeza do sucesso, que sentimos o peso de uma responsabilidade. Freud sublinha o paradoxo desses sonhos: são sonhados por pessoas que se saíram bem nos exames (já são doutores, professores ou funcionários). Freud escreve:

> Parece que esse sonho angustiado surge quando temos uma tarefa difícil pela frente no dia seguinte e tememos fracassar; portanto, buscaríamos no passado um exemplo de grande angústia que tenha se revelado injustificada e tenha sido desmentida pelos acontecimentos. Este seria um exemplo muito chamativo de mal-entendido sobre o conteúdo do sonho por parte da instância de vigília (*ibid.*, p. 280).

Freud acrescenta que esse tipo de sonho tropeça em dificuldades características dos sonhos típicos:

> É raro que o sonhador disponha das associações de idéias necessárias para a interpretação.

No final de sua análise, concorda com uma proposição de Stekel, segundo a qual esse tipo de sonho está sempre relacionado com provas sexuais e com a maturidade sexual. Freud não dá exemplos de sonhos de exame em que apareça o grupo.

"Devo defender minha tese"

Em minha experiência (e nos sonhos que relatei), a tese de Stekel é regularmente confirmada: por exemplo, no sonho de Cláudia, "a gente olhava dentro das calças uns dos outros" (p. 188-189), temos um sonho de exame (um sonho de exame sexual) e um sonho de grupo. Eis outro sonho de exame sonhado por um médico que se diplomou com brilho:

> "Devo defender minha tese diante de uma banca instalada numa tribuna elevada à qual se chega por uma escada bastante grandiosa. Tem muita gente, chego atrasado e sem minhas anotações. Estou angustiado, percebo que estou separado da banca e do público por uma divisória dupla. Não consigo me situar bem nesse espaço. No público, estão vários de meus irmãos e irmãs. Balbucio uma crítica sobre as ideias de minha orientadora, o que me deixa infeliz e envergonhado, vou fracassar."

Depois do relato desse sonho, não faltam associações do sonhador. A angústia de castração que se apodera do paciente nesse sonho o leva a evocar duas situações de que se envergonhou. A primeira está relacionada com as repreendas de seu pai e com as punições severas que ele lhe infligia quando fracassava na tarefa de cuidar de sua irmãzinha; a outra é uma lembrança pungente de sua juventude, quando não conseguira seduzir uma moça, mais velha que ele, por quem estava apaixonado. No que concerne à figuração do grupo nesse sonho, não poderíamos reduzi-la a uma representação inerente ao conteúdo manifesto do sonho: uma banca é um grupo, a defesa é pública. O que importa aqui é a escolha da cena de exame na qual o sonhador candidato representa a si mesmo isolado entre esses dois grupos. A banca e o público, dos quais está separado no sonho pela divisória, são uma figuração de seu conflito entre uma posição infantil (seus pares) e uma identificação aos adultos (seus pais).[12]

Os sonhos típicos, as figurações do Ego e o segundo umbigo do sonho

O fato, por nós destacado, de que os sonhos típicos são frequentemente sonhos de grupo certamente leva a matizar a tese de Freud sobre esses sonhos. Afirmo que os sonhos típicos são figurações do Ego confrontado com uma situação violenta (sedução, castração, morte) comum e compartilhada por todos os seres humanos. O grupo no sonho é um esquema de figuração dos diferentes estados do Ego: identificado com outros Egos, apoiado por um grupo, difratado em diversos personagens e, também, como Freud indica, procurando escapar da multidão. Os sonhos típicos, como tampouco os outros sonhos, não são "completamente interpretáveis". Todos repousam sobre um umbigo, e aquele que aqui constitui o micélio do sonho é provavelmente o segundo umbigo do sonho.

8. O QUE O GRUPO FIGURA NOS SONHOS?

Ao término desta exploração voltamos à nossa tentativa de compreender o que os sonhos de grupo nos ensinam sobre o sonho e sobre o sujeito que sonha, mas também sobre o grupo como configuração de vínculos e sobre os processos grupais.

Para concluir este capítulo, vou me limitar a algumas observações sobre o primeiro ponto. A primeira delas é que o recurso à figuração dos pensamentos e das emoções do sonho por intermédio do grupo corresponde a vários processos: no sonho, essa figuração está sobredeterminada, o grupo representa vários processos de figuração do sonho. Mas não se limita a figurar, é também um objeto da realização alucinatória do desejo inconsciente, mais especificamente da onipotência e da apropriação incestuosa.

---

12 N.T.: O autor interpreta aqui certa homofonia entre *sépare* (separa), *ses pairs* (seus pares) e *ses pères* (seus pais).

O grupo, no sonho, é a figuração dos grupos internos do sonhador

Na quase totalidade dos sonhos de grupo, o grupo é o esquema de figuração dos grupos internos. O grupo é a palco dos representantes pulsionais do sonhador, de suas fantasias, de seus complexos e de suas imagos, de sua imagem do corpo, da figuração do aparelho psíquico e de suas instâncias, de seu sistema de relações objetais, de suas identificações. Representa os múltiplos componentes do Ego, desdobrados ou multiplicados na diversidade de personagens e em seu vínculo comum, figura os conflitos que percorrem a "fórmula" identificatória do sujeito.[13]

Em seus sonhos, o sujeito põe-se em cena, em geral muitas vezes e em diversas posturas: ativo, triunfante, observador, perseguido, submisso, sádico; é simultaneamente criança, adolescente, adulto, homem e mulher, pode odiar e amar por meio de seus personagens internos.

- *O grupo é a figuração das vozes e do auditório internos*. Essas vozes e esse auditório são próprios de cada sujeito, formam o concerto de vozes faladas que presidiram suas primeiras relações com a palavra e com a linguagem, e que também se constituem em destinatários do sonho. Essas vozes e essas escutas são a base da polifonia do sonho, como explicarei melhor no próximo capítulo.
- *O grupo é a figuração dos movimentos de união e de separação, de fragmentação e de unificação*. A estrutura morfológica do grupo se presta para figurar esses movimentos, mas também os movimentos de inclusão, de pertencimento, de exclusão e de rejeição, de penetração e de proteção. Os afetos associados a essas vivências exprimem o desprazer de estar só no meio de pessoas estranhas, perdido na massa, de ser invadido, observado e ameaçado. Em contrapartida, também se exprime na figura do grupo o prazer de estar junto num espaço unificado e familiar, de encontrar personagens de prestígio e ser objeto de sua atenção, de estender a expansão maníaca do Ego à festa de grupo. Exprimem-se também a angústia ou o prazer de estar sozinho num grupo.
- *O grupo é um esquema de figuração das cenas arcaicas, até mesmo pré-históricas, nas quais o sujeito se constituiu*. O grupo é então um esquema de figuração do transgeracional, como demonstra particularmente o sonho de Céline.
- *O grupo é uma figuração da continência, do apoio e dos envoltórios psíquicos*. Vários sonhos confirmam isso: o de Céline, de Florence, de

---

13 Seria interessante retomar, desse ponto de vista, a análise do sonho do Homem dos lobos.

Jean-Marie, de Julie, de Juan; os sonhos "um grupo de adolescentes é atacado" e "Eu passava do centro para a periferia" indicam o fracasso dessas funções.

- *O grupo é uma figuração econômica da intensidade das cargas pulsionais.* Mais uma vez, a maioria dos sonhos confirma isso: o grupo multiplica, difrata, repete e distribui, intensifica e condensa as intensidades e os representantes da pulsão. Isso também é verdade nos sonhos típicos: o grande número de pessoas e o grupo nem sempre são a expressão de nosso desejo de "guardar segredo", são também a figuração dessa intensidade.

A figuração do grupo no sonho comportaria, portanto, duas cenas, uma é a da difração do Ego do sonhador e de seus objetos, de seus complexos, de suas identificações e de suas fantasias. A outra é a da própria origem do sujeito nos vínculos dos desejos emaranhados que o puseram no mundo da vida psíquica.

O conceito de espaços psíquicos comuns e compartilhados dá conta dessa ancoragem do sonho numa matriz pluripsíquica, cujo modelo originário está constituído pelas mútuas relações de dependência entre a mãe e a criança. Seus espaços oníricos se englobam reciprocamente e interferem uns nos outros nos moldes da *inclusão recíproca,* e sua conjunção cria essa experiência mágica do sonho compartilhado. O sonho desemboca, pois, num segundo umbigo.

Já é tempo de estabelecer essa hipótese de maneira mais sólida. É o que procurarei fazer no próximo capítulo.

Terceira parte
A POLIFONIA E OS
DOIS UMBIGOS DO SONHO

9. Os dois umbigos do sonho e o espaço onírico comum

Os dados clínicos que reuni a partir de diversos tipos de dispositivos psicanalíticos me levaram a supor que a formação de certos sonhos, de seus conteúdos e das modalidades de sua figuração vão buscar sua fonte e seu sentido num espaço psíquico comum e compartilhado por vários sonhadores. Estamos às voltas aqui como o segundo umbigo do sonho, com o "lugar onde ele repousa no desconhecido", e o desconhecido é, nesse caso, o de nossos vínculos interpsíquicos mais obscuros. Contudo, esse segundo umbigo, assim como o terceiro, cuja hipótese vou esboçar no final deste capítulo, não nos dá acesso a um conhecimento completo do sonho: ali onde o sonho se forma, ele nos escapa em parte.

1. O SEGUNDO UMBIGO DO SONHO

O umbigo do sonho, o lugar onde ele repousa no desconhecido

> Mesmo nos sonhos mais bem interpretados, é freqüente ter de deixar um lugar nas sombras, porque, na interpretação, percebe-se que ali há um emaranhado (*ein Knäuel*) de pensamentos do sonho que não se deixa desenredar, mas que tampouco dá outra contribuição ao conteúdo do sonho. É o umbigo do sonho, o lugar onde ele repousa no desconhecido. Os pensamentos do sonho a que se tem acesso pela interpretação têm de permanecer, de forma geral, sem qualquer fechamento e partir em todas as direções na embaralhada rede de nosso mundo de pensamentos. De um lugar mais denso dessa rede surge o desejo do sonho como o cogumelo de seu micélio (FREUD, G. -W. II-III, p. 530).

Freud não voltará a dizer que a interpretação é infinita, já que, em última análise, resta sempre esse irredutível umbigo do sonho que permanece nas sombras e impede uma interpretação exaustiva do sonho. Ao retomar essa metáfora em 1972, R. Dadoun mostrou seu caráter contraditório. O umbigo do sonho é tratado por Freud como ponto de fuga de sua teoria do sonho: embora toda interpretação seja por essência inesgotável, o umbigo do sonho constitui também um limite para a interpretação. Contudo, escreve ele, da metáfora do umbigo e da ideia da rede confusa de nosso mundo de pensamentos abrem-se duas possibilidades: uma é a do estrangulamento da atividade onírica no nó cerrado do umbigo, a outra é a de sua expansão e circulação na rede aberta "de uma multidão de umbigos do sonho por onde a reflexão onírica pode fazer-se ao largo" (*ibid.*, p. 250). Por isso, R. Dadoun vai buscar na ciência, na arte e nos trabalhos da antropologia psicanalítica de G. Roheim novas vias para avançar no conhecimento onírico, explorar sua função vital, sua essência sexual.

J. Guillaumin (1979) retomou e comentou, em outra direção, a metáfora do umbigo e do micélio do sonho. Para ele, essa "espécie de tecido germinativo psíquico [...] não deixa lugar para qualquer dúvida sobre a significação genésica e materna dessas formulações". O sonho, "cordão umbilical que alimenta a vida fantasmática é um sistema de trocas entre a noite e o dia, o sonho e a vigília" (*ibid.*, p. 41). Nesse mito do nascimento do sonho, continua ele, "Freud associa desejos de fim ativo (fálicos, de penetração ativa) com desejos de fim passivo, de fomentação, de latência, de noite indecisa e talvez de morte" (*ibid.*, p. 67). O que, no desejo do sonho, surge do mais profundo do inconsciente entranhado na experiência corporal, transita através desse conduto, desse lugar de passagem e de transformação que é o umbigo do sonho: é ali que se forma o tecido onde se misturam o interior e o exterior, a apropriação e a sujeição, o ativo e o passivo (*ibid.*, p. 78). J. Guillaumin imagina que o umbigo (boca, ânus, sexo) pode se expandir até engolir a presença do analista: é nesse micélio que se enraíza a neurose de transferência (*ibid.*, p. 78).

O que Freud introduz com a ideia do umbigo do sonho é uma categoria com a qual todo analista já se viu confrontado e que M. Enriquez (1974) denominou o "impensável universal". Trata-se do recalcado originário, de uma organização fantasmática arcaica que jamais encontraram expressão na linguagem e que não podem ser pensados.[1]

O segundo umbigo mergulha no micélio intersubjetivo onde são depositados e de onde se alimentam os sonhos de cada um

A análise dos sonhos me levou a supor a existência de um segundo umbigo do sonho pelo qual passam os materiais do sonho não simbolizados, formados numa outra fonte do sonho, nutridos de uma matéria interpsíquica, de suas condensações e de seus enigmas.

---

[1] Nesse "impensável universal", ela reconhece a posição paranoide de M. Klein, o real de J. Lacan, a relação de desconhecido de G. Rosolato e o originário segundo P. Aulagnier.

Os dois umbigos do sonho e o espaço onírico comum 209

Portanto, o sonho teria dois umbigos: o umbigo psicossomático e o umbigo interpsíquico. Haveria também dois berços: o espaço interno do sonhador e o espaço onírico compartilhado e comum a vários sonhadores. A capacidade de sonhar, o desejo do sonho, o trabalho do sonho, as funções e o sentido do sonho na experiência onírica são determinados, em proporções variáveis em cada um desses espaços, por esses dois condutos do sonho. Na maioria dos sonhos apresentados até agora, podemos observar que o sonho está secretamente orientado pela dinâmica do desejo que se alimenta no micélio dos vínculos intersubjetivos. Pode até estar orientado pelo desejo manifesto de estar, com o outro, no mesmo sonho, na mesma matriz onírica, de sonhar o sonho do outro. O segundo umbigo é o conduto do desejo do sonho no sonho "das gazelas", no sonho de Florence (a cama branca, envoltório grupal do sonho), ou no sonho dos analistas em sessão. Ao colocar a ênfase no espaço onírico compartilhado e comum a vários sonhadores, no sistema de trocas entre os espaços oníricos e os espaços de vigília de vários sujeitos, não perco de vista que o sonho é a criação de um sonhador, que ele é "egoísta". Mas suponho que as condições de sua formação e de sua organização se inscrevem também num outro espaço psíquico, que engloba o primeiro e interage com ele, o espaço do vínculo onde o sonho, também nesse caso, "repousa no desconhecido".

O segundo umbigo mergulha no micélio nutridor onde são depositados e de onde se alimentam os sonhos de cada um. Portanto, cada sonhador sonha no cruzamento de várias fábricas de sonhos, no espaço que liga uma pluralidade de sonhadores, cujos sonhos atravessam os sonhos de cada um. As fontes e os efeitos daquilo que a análise dos grupos, da família e do casal nos levou a descobrir[2] também podem ser encontrados na situação da análise individual, desde que escutemos aquilo que ali aparece com um ouvido suficientemente grupal.

Essa hipótese torna ainda mais complexo nosso conhecimento do espaço onírico: não sabemos mais onde se encontra a fábrica do sonho e quem é o verdadeiro sonhador do sonho. Exige compreender se e como os dois umbigos se comunicam entre si. Para avançar nessa direção, é indispensável definir que tipos de processos psíquicos estão em funcionamento no espaço onírico comum e compartilhado.

---

2 Num comentário sobre os trabalhos de A. Ruffiot e colaboradores (Granjon, Aubertel), A. Missenard destacou a ideia de que "o sonho emerge do vínculo primitivo com a mãe e com o conjunto da família [e que ele] está ligado à organização fantasmática compartilhada na qual a psique do sujeito foi incluída antes mesmo de dela se distinguir" (MISSENARD, 1987, p. 56).

2. OS PROCESSOS PSÍQUICOS EM FUNCIONAMENTO NO ESPAÇO ONÍRICO COMUM E COMPARTILHADO

Esses processos supõem condições de possibilidade relacionadas com o espaço interno e com o espaço comum e, correlativamente, essas condições de possibilidades implicam certos processos para se formarem. Não é, portanto, fácil fazer uma exposição ordenada que distinga processos de condições de possibilidade, motivo pelo qual parece-me preferível examiná-los em suas relações. A regressão ilustra perfeitamente essa circularidade; é ao mesmo tempo um processo psíquico central e uma condição de possibilidade do sonho.

A regressão no sonho e nos grupos

Os enunciados clássicos descrevem a regressão como a tendência que a psique tem de buscar um estado de narcisismo primário, de obter as satisfações libidinais por meio do retorno para si da energia investida em relações mais complexas e mais diferenciadas. Freud enunciou em várias ocasiões, na *Interpretação dos sonhos* (1900), no *Suplemento metapsicológico à teoria dos sonhos* (1917[1915]) e na "Revisão da teoria dos sonhos" das *Novas conferências introdutórias sobre psicanálise* (1932) que a regressão é um fenômeno normal que tem no sonho seu protótipo, ao mesmo tempo em que é uma de suas condições fundamentais.

Freud distingue uma quádrupla regressão (tópica, temporal, formal, econômica) para os traços perceptivos da experiência de satisfação do desejo. A regressão da libido do Ego para a organização narcísica primitiva possibilita a busca da satisfação alucinatória do desejo. A regressão pressupõe que todos os investimentos psíquicos foram retirados do mundo exterior e dirigidos para o próprio Ego. A retirada do investimento do mundo exterior é a condição de possibilidade da experiência do sonho. É nessa medida que o sonho é guardião do sono, que assegura sua função de proteção e de paraexcitações. Contudo, como já lembramos apoiando-nos nos estudos contemporâneos, a satisfação alucinatória não tem apenas valor de descarga e de proteção, ela comporta um processo de transformação dos estímulos, e sobretudo das emoções, para torná-los assimiláveis ao espaço psíquico.

A posição de D. Anzieu ao propor o modelo analógico do grupo e do sonho é dessa ordem: a regressão nos grupos é um fenômeno normal, cujo protótipo é o sonho.

A respeito desse ponto, minha concepção da regressão nos grupos diverge daquela proposta por D. Anzieu. Os vários exemplos que relatei mostram que a noção de regressão comum a dois ou mais sujeitos deve ser manejada de maneira matizada. Gostaria de retomar brevemente a noção de comunidade e de compartilhamento.[3] A noção de regressão *comum*, assim como a de fantasia *comum* ou de ideais *comuns* indica a participação em algo que pertence a várias pessoas. Essa coisa em comum não significa automaticamente que ela seja compartilhada e, portanto, não supõe o estabelecimento de identificações entre essas pessoas.

O modelo do aparelho psíquico grupal é o operador dessa concepção do grupo. Lembremos que esse aparelho articula, junta, liga e transforma as formações intrapsíquicas dos membros do grupo no espaço psíquico próprio do grupo. A necessária regressão dos aparelhos psíquicos para construir um grupo (ou seja, um aparelho psíquico grupal) não resulta apenas numa simples justaposição das psiques, mas em sua afinação numa construção específica. Esse aparelho bidirecional funciona segundo duas polaridades: uma, isomórfica, sustenta a isotopia imaginária dos espaços intrapsíquicos e do espaço psíquico grupal; a outra, homomórfica, sustenta uma diferenciação desses espaços e uma relação simbólica entre eles. O abandono momentâneo dos limites internos em prol do vínculo de grupo tem como contrapartida que o espaço do grupo se torna, ao menos em parte, mas às vezes totalmente, coextensível ao espaço interno de cada membro do grupo. É sobretudo nessa experiência da isotopia dos espaços psíquicos que reside o essencial da regressão e, portanto, da experiência onírica que pode ter no grupo seu lugar e seu instrumento.

Nessa perspectiva, conceber que o grupo é como um sonho consiste em postular como uma de suas condições que ele funcione de modo isomórfico, isto é, com prevalência da parte psicótica, ou indiferenciada, ou imaginária, ou narcísica de seus membros.

Gostaria também de chamar a atenção para o fato de que, como o sonho, o grupo só pode se constituir como espaço onírico comum e compartilhado na medida em que os envoltórios paraexcitadores estejam suficientemente estabelecidos para que se produza a capacidade de sonhar. Com efeito, acho que o grupo, sobretudo em sua fase inicial, é um encontro traumatogênico com uma pluralidade de objetos caóticos e que o enquadramento, o enunciado da regra fundamental e as transferências induzem uma regressão das psiques individuais a modos de funcionamento arcaicos do aparelho psíquico. Ao mesmo tempo, porém, eles são os pontos de apoio desse envoltório, que poderá funcionar como uma tela e um primeiro continente do sonho e do grupo.

---

3 Cf. capítulo 1, p. 47-48.

Este é um ponto importante para compreender como se forma o espaço onírico compartilhado e comum. A experiência da perda ou da atenuação das referências e dos limites do Ego é uma experiência trivial nos grupos: ela desencadeia processos de desidentificação, de desapossamento de si e de abandono momentâneo da subjetividade em prol da formação dos vínculos de grupo. Essas modificações brutais do quadro espaçotemporal interno, das referências identificatórias e dos limites da imagem do corpo podem dar lugar a verdadeiras angústias de despersonalização.[4] Na clínica, encontramos às vezes pacientes para quem flutuações amplas demais desses limites e graves dificuldades para viver um movimento regressivo impedem a retomada por parte deles de um trabalho de elaboração. São personalidades que mantêm com o grupo e com a atividade onírica uma relação de adição: o grupo, o sonho em grupo, assim como certas drogas, são uma maneira de obter a dilatação dos limites do Ego, alternando às vezes entre a angústia de despersonalização e o prazer da onipotência mágica.[5]

No entanto, não podemos negligenciar a especificidade dos movimentos regressivos de cada sujeito considerado em sua singularidade. Em certos casos, a regressão se dá de maneira isotópica, de modo tal que cada sujeito participa momentaneamente da mesma tópica, da mesma economia e da mesma dinâmica. A clínica das psicoterapias psicanalíticas da família constata-o regularmente: o que está em questão nesses casos é a preponderância dos espaços psíquicos comuns nos quais são efetuados os depósitos psíquicos dos membros da família e, como esclarecerei, o apagamento dos limites entre suas psiques. De modo mais geral, na prática psicanalítica dos conjuntos pluripsíquicos temos de observar, acompanhar e analisar simultaneamente – mas em tempos distintos – a regressão comum e os movimentos de regressão diferencial dos sujeitos do conjunto. A diferença de potencial entre a regressão comum e as regressões diferenciais, as tensões que ela engendra, constituem o princípio mesmo do trabalho psíquico que poderá ocorrer nessa situação.

As zonas de indiferenciação e de porosidade entre os espaços individuais

Várias proposições defendem a hipótese de uma zona de indiferenciação e de porosidade entre os espaços individuais. Lembrei que Winnicott descreveu a maneira como o estado de não integração entre psique e soma forma as

---

[4] A. Correale (1986) dedicou-se particularmente a explorar esses movimentos regressivos na fase inicial dos grupos.

[5] Essas manifestações patológicas costumam vir junto com a experiência da adolescência: cf. meu trabalho sobre a regressão como readolescência nos grupos (KAËS, 1973).

primeiras experiências do recém-nascido. O Ego psíquico do começo da vida é um Ego sem fronteiras, que só integra progressivamente o Ego corporal. Sua delimitação se dará pelo processo da "incorporação" descrito por Federn, pela "habitação progressiva" do corpo pela psique (Winnicott, citado por Ruffiot).

Lembrei que D. Meltzer também supôs um estado primitivo da psique, cujos contornos imprecisos e fronteiras mal definidas criam zonas indistintas. Tampouco faltam referências a isso em M. Mahler. H. Searles reconheceu em todo indivíduo uma tendência a estabelecer "relações simbióticas", que comprovam a sobrevivência em cada um de um estado original de indivisão e de indistinção entre si mesmo e os outros. É uma ideia análoga à que propõe J. Bleger com os conceitos de núcleo aglutinado e de vínculo sincrético. O primeiro descreve uma zona de psiquismo indistinto que subsiste em todo sujeito e que, na qualidade de núcleo psicótico, é "depositado" no outro, no grupo ou na família. O vínculo sincrético é o resultado desse depósito extratópico, que é um elemento básico do espaço psíquico comum e compartilhado. Todos esses estudos permitem caracterizar a abertura da psique para a psique dos outros mais próximos, seja nos moldes de sua inclusão unilateral nesta última, seja nos moldes de sua inclusão recíproca (SAMI-ALI, 1974).

Essas zonas de indiferenciação e de porosidade são necessárias para o espaço psíquico comum e para a atividade onírica compartilhada que nele se produz. A regressão vai desde o apagamento *relativo* dos limites entre as psiques dos sujeitos que compartilham um mesmo espaço psíquico até o ponto em que este abarca e absorve *parcialmente* os espaços individuais. Essa condição de indiferenciação e de porosidade é, na verdade, relativa e parcial: para que o sonho se forme, é necessário que o espaço psíquico esteja suficientemente constituído e fechado, de tal modo que ocorram, no interior desse fechamento, a retirada dos investimentos, a atenuação dos limites do Ego e a realização alucinatória.

O fechamento do espaço psíquico tem por correlato uma perda das fronteiras do Ego corporal. Foi baseado nisso que se propôs a ideia de que o sonho pode ser considerado um momento de despersonalização ou momento psicótico,[6] na medida em que prevalecem os processos de onipotência das ideias e de pensamento mágico. Quanto a mim, penso que colocar exclusivamente a ênfase na importância das percepções endopsíquicas não faz jus à atenção aguda então voltada para os movimentos psíquicos dos outros. Para qualificar essa atenção, O. Avron utiliza a noção de *percepção participativa inconsciente*. Adoto de bom grado sua formulação, uma vez que observo regularmente, e os

---

6 Todos os autores, Freud em primeiro lugar, diferenciam sonho e alucinação psicótica. Mencionei a posição de Racamier. Bion (1962) é mais radical: afirma que o sonho não é comparável a um momento psicótico e que, ao contrário, ele protege a personalidade de um estado virtualmente psicótico.

exemplos de sonhos em grupo confirmam, que os sonhos se formam em cima dos traços das relações estabelecidas na véspera com certos outros, na infância ou nos sonhos anteriores. Tais traços adquirem, então, um poder de evocação e de atração multiplicado.

No fundo, esse *"Apparat zu deuten"* de que Freud nos fala nas últimas páginas de *Totem e tabu*, esse aparelho para significar-interpretar as emoções e os pensamentos dos outros, que foram suprimidos e recalcados, nada mais é que o dispositivo interno de que o psiquismo está dotado, na articulação do Inconsciente com o Pré-consciente, para sonhar sobre o outro, sonhar no outro e com o outro. Talvez possamos considerar o segundo umbigo do sonho em suas relações com esse aparelho. Eles estão acoplados um ao outro, formados na matriz do vínculo intersubjetivo.

O paralelo entre sonho e transferência reforça essa proposição. Lacan notara (1961, p. 680) que a situação psicanalítica encerra uma despersonalização provisória no analisando. O fenômeno se dá sob efeito da demanda, da transferência e da regra fundamental, e, por conseguinte, das resistências que elas suscitam. Temos de admitir que a despersonalização provisória também ocorre no analista, naquelas condições que tornam possível a atenção igualmente flutuante, a livre circulação das associações e a predisposição para o devaneio. A clínica nos ensinou: analistas adormecem em sessão, às vezes sonham "em presença de" ou "bem perto de" o(a) analisando(a). Acontece de os analisandos fazerem eco a esses sonhos, a sua maneira, nesse espaço transferencial-contratransferencial compartilhado. Esses sonhos atestam a relativa e parcial despersonalização necessária para a formação de um espaço onírico comum ao analista e ao analisando, atestam também esse segundo umbigo e o aparelho para significar-interpretar a ele associado.

As inclusões recíprocas, o espaço onírico originário e o segundo umbigo do sonho

"E, como o sujeito está por toda parte, não pode haver um dentro e um fora, mas um dentro que é um fora e vice-versa. Por isso, o objeto pode existir no interior de si mesmo, o espaço conter-se a si mesmo e o tempo fechar-se sobre si mesmo, assim é a relação de inclusões recíprocas", escreve Sami-Ali (1974, p. 90). O conceito de inclusão recíproca permite caracterizar de forma mais precisa as zonas de indiferenciação e de porosidade entre os espaços individuais dos sonhadores. A inclusão recíproca desdobra-se num espaço formado pela projeção e pela ambiguidade do dentro-fora. A projeção organiza um fora à imagem do dentro e vice-versa, mas cria, simultaneamente, a distinção dentro-fora, ao mesmo tempo em que a torna ambígua: o exterior existe à imagem do interior, todo objeto externo é reduzido à realidade interna, o que é próximo é distante e vice-versa, esclarece J.-M. Gauthier (1995, p. 37). Nessa perspectiva, os conceitos de ilusão e de envoltório onírico esclarecem o caráter paradoxal dessas inversões e dessas inclusões recíprocas entre o dentro e o fora.

O sonho é elaborado dentro, mas tem de se fechar fora, ele só conserva sua substância com o fora. O espaço onírico (pré e pós-onírico) está dividido entre o dentro e o fora. Para que esse espaço onírico se constitua, é preciso que o sujeito encontre no exterior (no outro ou nos outros: na família, no casal ou no grupo, ou ainda no analista) "análogos" a suas formações intrapsíquicas e, ao mesmo tempo, é preciso que o espaço que os liga seja suficientemente coerente.

Os conceitos de espaço de inclusão recíproca e de espaço imaginário dão um grau de precisão ainda maior às noções de isomorfia e de homomorfia no emparelhamento psíquico grupal. Simultaneamente, sugerem hipóteses mais precisas sobre o funcionamento do grupo como espaço onírico originário.

O apoio onírico narcísico mútuo

Até agora, todas essas proposições nos permitiram identificar alguns operadores que propiciam os contatos entre as psiques nos sonhos comuns e compartilhados. Gostaria de desenvolver a noção de apoio onírico proposta por A. Ruffiot e destacar o caráter narcísico desse apoio a partir de meus próprios estudos sobre a problemática do apoio.[7]

O apoio onírico mútuo descreve o apoio do sonho de um sobre o desejo de sonho do outro. O narcisismo reveste-se aí de um caráter particular. Trata-se de um narcisismo a dois (ou de vários). Ele repousa no investimento dos "desejos de sonhos irrealizados do outro", na medida em que eles são identicamente sonhos de desejos irrealizados para si mesmo. A satisfação narcísica está em sonhar junto, em incluir o outro/mesmo em seu próprio espaço onírico e ser incluído no sonho do outro.

Esse caráter narcísico do apoio onírico mútuo é perceptível tanto no sonho das gazelas como na clínica das psicoterapias psicanalíticas da família e nas análises do espaço onírico nos grupos. A análise do sonho das gazelas colocou em destaque o componente narcísico que organiza o vínculo isomórfico entre os dois irmãos e sobre o qual o sonho se apoia. Percebe-se nele uma forma de contrato narcísico e uma aliança inconsciente defensiva contra as dimensões agressivas da diferenciação. Mas percebe-se também o vínculo constante entre o temor de desmoronamento, a experiência do desamparo originário e esse tipo de apoio.

---

7 Cf. Kaës (1984).

No sonho da mãe do bebê agitado, o sonho da mãe se apoia na restauração narcísica operada por L. Kreisler. É também a função que desempenho ao sonhar na análise com a senhora A. O sonho sonhado antes do começo de um grupo (sonho de Robert e da orquestra com a qual não consegue se afinar) mostra, *a contrario*, que falta o apoio narcísico mútuo: um envoltório psíquico capaz de receber um espaço onírico compartilhável ainda não está constituído, ao passo que o efeito-espelho funciona no sonho de Michèle.

O conceito de apoio onírico narcísico mútuo vai além da mera noção de que a capacidade de sonhar de um (e sobretudo da criança) se apoia no aparelho onírico do outro (da mãe). Indica que a restauração da capacidade de sonhar em um (na criança) sustenta e transforma a atividade onírica do outro (da mãe), ou seja, de qualquer outro que ocupe esse lugar inicial, seja para reproduzi-la ou para criá-la.

O *holding* onírico

A noção de *holding* onírico foi introduzida por A. Ruffiot em sua teoria da terapia familiar psicanalítica. Refere-se à função de *holding* descrita por D.-W. Winnicott, mas é adaptada à situação psicanalítica do tratamento das famílias, tendo como fundamento o modelo do aparelho psíquico grupal e as modalidades da regressão tópica, formal e econômica que ele implica. Expus longamente no capítulo 2 a teoria de Ruffiot, que define a substância do *holding* onírico como "o consenso inconsciente do grupal familiar para produzir o onírico e para misturar as produções oníricas de cada um". Tem por função conter a psique sem limites do paciente doente. Tivemos um exemplo desse processo na utilização fecunda que M.-F. Augoyard-Peeters faz desse conceito e na maioria dos casos que relatei.

As identificações

Ao longo de todo este livro, identificamos e sublinhamos constantemente as relações entre identificação e sonho. A respeito desse tema, remeto o leitor às diversas passagens em que tratamos dele.[8] Em quase todas as situações que analisei, destaca-se a implicação da identificação primária na formação do espaço onírico compartilhado. A identificação é a condição e o processo desse espaço: os sonhos conjuntos na análise individual, nas famílias e nas instituições só são possíveis devido à mobilização dos processos de identificação. No tratamento do par mãe-bebê por L. Kreisler, a projeção de si no objeto e a identificação projetiva

---

8 Cf. índice de conceitos e o capítulo 4, onde exponho como, desde seus primeiros trabalhos, Freud destacou os vínculos entre os sonhos, as identificações e os sintomas comuns e compartilhados entre vários sujeitos ligados por um vínculo libidinal: num grupo de familiares (Dora), num casal de amigas (o sonho da açougueira).

empática de partes do objeto com partes de si tornam possível o sonho da mãe. Este, por sua vez, suporta esses processos. É o mesmo processo que age no sonho de minha paciente e no sonho de Jennie a respeito de seu paciente. A análise do sonho de Michelle também mostrou a grande importância das identificações histéricas na fabricação de seu sonho.

3. O SEGUNDO UMBIGO DO SONHO NO ESPAÇO ONÍRICO COMUM E COMPARTILHADO: NOVAS FORMULAÇÕES

A hipótese do segundo umbigo do sonho e a análise dos processos psíquicos envolvidos no espaço onírico comum e compartilhado nos levam a propor novas formulações a respeito desse espaço e da experiência que ele torna possível.

O envoltório onírico comum e o emparelhamento das psiques

A psique comum e compartilhada está contida por um envoltório que contém, limita e põe em contato as psiques, com seus componentes diferenciados e não diferenciados. Esse envoltório é a condição do emparelhamento das psiques, e esse emparelhamento está incluído no envoltório. Juntos, em seus lugares psíquicos mais obscuros, eles formam o segundo umbigo do sonho. Juntos, garantem a comunicação entre os espaços pré-conscientes e inconscientes dos sujeitos de um conjunto, o apoio onírico mútuo e o *holding* onírico. O envoltório onírico comum (MISSENARD, 1987) conserva todos os atributos dos envoltórios psíquicos. Como qualquer envoltório, o envoltório onírico comporta duas faces, uma interna, outra externa. A face interna está em contato com o umbigo somático do sonho, a face externa, com o segundo umbigo, isto é, com a zona de experiências que repousa no vínculo e no espaço interpsíquicos.

O envoltório onírico comum e compartilhado como continente do sonho

Vários autores destacaram a importância da qualidade do continente grupal para o sonhador. R. Friedman (capítulo 6, p. 147-148) dá especial atenção a "criar um continente para a agressividade dos sonhos de todos os participantes", e mostrei que, na ausência, escassez ou retenção dos sonhos, a confiabilidade da capacidade de contenção do grupo está sempre em causa. Sonhar nos põe em contato com o íntimo e contar seus sonhos pressupõe que a exteriorização do íntimo esteja garantida pela formação do espaço interno. O sonho é um continente de pensamentos transformados pelo trabalho do sonho. O sonho, como aparelho de transformação, define sua função de *continência*. O envoltório onírico, como continente do sonho, está às vezes perfurado: o pesadelo surge quando os pensamentos do sonho não são contidos e pensamentos enigmáticos não são transformados.

Podemos imaginar um encaixe dos espaços oníricos, um encaixe que pode se inverter: o sonho que contém é contido pelo envoltório onírico compartilhado, e o envoltório onírico compartilhado é contido pelo sonho. Pudemos observar que, tanto nos sonhos de grupo como nos sonhos em grupo, o continente do sonho e suas funções estão representados no sonho. As figurações do continente onírico estão representadas pelo grupo, pela casa, o salão de "recepção" (a entrada da morada no sonho da injeção de Irma), a sala de espera, a capela, o pote-recipiente do sonho, mas também pela cama com seus lençóis brancos, como no sonho de Florence. Esses espaços continentes são os representantes grupais do corpo e da psique materna, do ventre e do umbigo a partir do qual se sonha. Podemos observar que o que contém o sonho é também o que o sustenta e o nutre ao mesmo tempo: o corpo libidinal e a psique do outro, de mais de um outro. São os "formantes" da tela e do envoltório do sonho.

As experiências comuns, os restos diurnos

As experiências comuns e o traço dos restos diurnos (e noturnos) compartilhados inscrevem-se no envoltório e no aparelho psíquico comum. Esses espaços são particularmente mobilizados durante os movimentos regressivos que afetam os sujeitos desse espaço.

Para compreender a importância dessa regressão, cujo caráter maciço e assimétrico não se deve perder de vista, podemos estabelecer uma comparação com os acontecimentos que ocorrem na zona do adormecimento. Podemos pôr essa hipótese à prova com o sonho das gazelas, onde o desejo manifesto de sonhar a dois e a evocação dos sonhos anteriormente sonhados mobilizam restos diurnos e restos noturnos nos moldes da inclusão recíproca. Essa construção gemelar anterior ao prosseguimento do sonho no espaço onírico comum e compartilhado não deixa de lembrar a função dos relatos feitos a dois ou por mais pessoas que, na infância, por exemplo por ocasião das histórias contadas pelos pais, acompanham a criança no sono. Também podemos comprovar essa proposição no que concerne aos sonhos dos psicanalistas na situação da análise, o de Jennie e o meu.

O espaço onírico comum e compartilhado como espaço transicional

Lembrei que J.-B. Pontalis e Masud Khan defenderam a ideia de que o sonho podia ser considerado um objeto transicional "que oscila entre o eu e o não-eu" (PONTALIS, 1972, p. 270). Vários argumentos expostos neste livro, sobretudo o fato de que o primeiro espaço psíquico é um espaço comum e compartilhado, levam-me a adotar esta proposição: o jogo entre os espaços oníricos de vários sonhadores é uma etapa decisiva na formação da capacidade de sonhar. Devo, contudo, esclarecer esse ponto de vista inscrevendo o pólo do não-eu, para o qual o eu oscila, do lado da subjetividade do objeto, ou seja, do outro. Esse objeto ou esse outro, ao emprestar seu espaço onírico ao *infans*, é o primeiro instigador da zona transicional. Por esse motivo, o sonho adquire um valor transicional a um só tempo no espaço interno e no espaço intersubjetivo. Desse modo, tal como ocorrera (no melhor dos casos) nos primeiros meses de vida, em algumas situações psicanalíticas a questão não é saber quem sonhou, ainda que, num momento ou noutro, seja preciso restituir ao sonhador seu próprio espaço onírico e sua própria experiência do sonho. A ilusão que caracteriza a experiência transicional tem de se constituir de maneira suficientemente feliz para que as separações posteriores e a desilusão que elas permitem experimentar sejam possíveis. O sonho "prematuro" em situação de começo de grupo indica isso claramente.

O grupo como espaço mágico e como espaço imaginário

Escrevi acima que o essencial da experiência onírica que tem no grupo seu lugar e sua ferramenta consiste na existência de uma certa isotopia dos espaços psíquicos. Gostaria de desenvolver essa proposição introduzindo a ideia de que o grupo, como o sonho compartilhado, é um espaço *mágico*, no sentido descrito por Freud, e que é também um espaço *imaginário*, no sentido proposto pelos estudos de Sami-Ali (1970) junto com o conceito de inclusão recíproca.

O grupo, quando funciona como um sonho, é um espaço mágico, na medida em que, como Freud sublinhou, a magia está fundada em nosso desejo de onipotência, no desejo de ver realizar-se a força de nossos desejos e de nossos pensamentos. Retomando essa questão num comentário sobre Freud, J.-M. Gauthier[9] nota que, para que os efeitos mágicos ocorram, é indispensável que qualquer limite para a realização do desejo seja provisoriamente suspenso. Nota também que se faz necessária a instalação de um processo projetivo, o que vem acompanhado da manifestação de uma ambiguidade entre o dentro e o fora e de uma perturbação na ordem do tempo: estabelecidas essas condições, o desejo de onipotência pode se expandir num universo sem limites. O pensamento mágico, universo sem limites, desenvolve-se num espaço de inclusão recíproca. O escritor, o contista, o comediante e o cineasta sabem como criar as condições dessas perturbações espaçotemporais dando-nos

---

9 Nesta parte de minha reflexão, vou me basear num artigo de J.-M Gauthier (1995) sobre o espaço mágico e o pensamento do sonho.

enorme prazer, sobretudo o de sentir medo,[10] mas esses estados psíquicos podem se desenvolver espontaneamente em cada um de nós, sobretudo no espaço-tempo do sonho e do grupo.

O sinistro, a intrusão e a invasão no espaço onírico comum e compartilhado

A analogia entre grupo e sonho, a superposição de seus espaços psíquicos, convoca o espaço do sinistro. Reencontramos aqui a dimensão da magia e do espaço de inclusão recíproca. O que é fonte de sensação de sinistro é a impossibilidade de o sujeito determinar se o percebido pertence ou não pertence ao mundo exterior, escreve basicamente J.-M. Gauthier (*op. cit.*, p. 33). Ocorre uma reapropriação brutal de um fenômeno de projeção que tendera a ocupar todo o espaço psíquico ao ponto de poder ocultar qualquer (re)tomada de consciência. Esse questionamento das referências espaçotemporais habituais é fonte de angústia da mesma forma que a ressurgência de conflitos recalcados, como supôs Freud.

Os sonhos comuns e compartilhados, mas também alguns sonhos telepáticos, quando esses sonhos foram mútuos e contados como tais, produzem esse tipo de efeito. É uma experiência de sinistro diante do duplo que abole de repente os limites do espaço psíquico interno. É também uma experiência de invasão dos espaços singulares, e mais uma vez o sonho "prematuro" do começo do grupo nos dá uma boa ilustração. O sonho é intrusivo quando a confiança no espaço psíquico comum e compartilhado não foi suficientemente estabelecida.

Para poder adentrar sem perigo um mundo mágico ou estranho que continue sendo pensável, faz-se necessária a manutenção de uma referência mínima ao espaço-tempo. Ela permite conservar marcos de pensamento suficientemente estáveis para evitar uma angústia aguda demais, para evitar cair no espaço da loucura, ali onde as fronteiras entre o íntimo e o estranho, o Eu e o Outro, o real e o imaginário, a morte e a sexualidade, o interno e o externo, o inerte e o vivo se dissipam.

Alguns efeitos do espaço onírico comum e compartilhado sobre o sonho dos sonhadores. A restauração da capacidade de sonhar

Às vezes, o sonho de um figura representações e reativa afetos que não estão disponíveis no outro. Não qualquer outro: vimos que se trata de um outro incluído no mundo onírico do sonhador e com o qual ele compartilha um espaço psíquico comum. Dadas essas condições, às vezes o sonho de um também

---

10 Cf., a esse respeito, a tese de N. Lissarrague (2001) sobre o medo e o espaço no cinema.

diz a verdade do desejo inconsciente do outro: é o que ocorre quando o sonho de uma criança diz a verdade sobre o desejo infanticida de um dos pais.

A restauração da capacidade de sonhar é outro efeito da experiência onírica comum e compartilhada sobre o sonhador considerado isoladamente. Pode ser percebida na clínica, desde que não ocorra nem intrusão, nem invasão. Essa restauração consiste principalmente em que voltem a operar a figurabilidade e sua condição prévia: a possibilidade de metabolizar os elementos psíquicos não ligados (os elementos-beta) e de tornar possível uma figuração (ou uma dramatização) dos enigmas. Efetua-se uma transformação sobre os objetos até então impensáveis. Foram dados vários exemplos disso nos capítulos anteriores, nas análises individuais (senhora A., Florence e o paciente de Jennie), nas terapias familiares e nas situações de trabalho psicanalítico em grupo. A figuração das imagens (*Darstellungen*) que não puderam ser transformadas em representações (*Vorstellungen*) se dá num espaço comum, segundo um processo análogo ao que a função-alfa da mãe exerce sobre o bebê.

E assim segue o ciclo dos sonhos, num que sonha e no outro que sonhará a partir do que, antes dele, um outro sonhou, ou a partir do que, no sonho relatado, permaneceu no silêncio ou no irrepresentado. O sonho, sob esse aspecto e nessas condições, é um notável embreante de associações.

Os dois umbigos do sonho e o espaço onírico comum. O sonho e a dinâmica do desejo inconsciente na intersubjetividade

No estágio em que se encontram minhas investigações, posso apenas propor um esquema exploratório para representar como a atividade onírica vem se instalar no espaço psíquico comum e compartilhado:

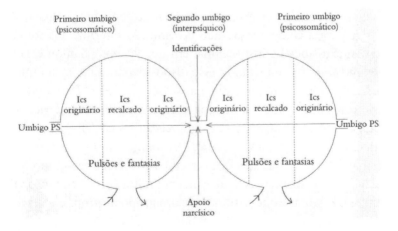

Esquema 15 – Os dois umbigos do sonho e o espaço onírico comum.

Deve-se convir que essas proposições entram em choque com a concepção tradicional do sonho, de sua fabricação, de seu sentido íntimo e egoísta e de suas funções. Como tornar compatíveis entre si a proposição de que a economia do sonho está fundada na realização alucinatória do desejo e a perspectiva que propomos? Se o desejo é o que põe o aparelho psíquico em movimento pelo efeito da corrente que o mantém voltado para o prazer, é então preciso inscrever mais profundamente a dinâmica do desejo na intersubjetividade. Como conceber o estatuto das representações-meta, conceito capital da organização interna do sonho, uma vez que é ele que comanda as correntes de energia, as vias de ligação e as direções associativas, se tais representações são, por outro lado, compartilháveis e comuns a vários sujeitos? Deixemos essas questões ainda em aberto.

Um terceiro umbigo do sonho?

Abrir o debate é incluir nele as contribuições que nos são fornecidas por outras abordagens do sonho às quais apenas pude aludir neste livro. Entre elas, estão em primeiro lugar as dos fundadores da antropologia psicanalítica do sonho (Roheim, Devereux), mas também as dos sociólogos como R. Bastide, as dos etnólogos (como Caillois, sobre o sonho, o transe e a loucura, M. Perrin, sobre os mitos, os sonhos e os ritos terapêuticos no xamanismo da América Latina, B. Tedlock, sobre os sonhos entre os índios norte-americanos, B. Kilborne, sobre as interpretações dos sonhos no Marrocos, G. Orobitg Canal, sobre a cultura do sonho entre os índios Pume da Venezuela).

No âmbito das práticas psicanalíticas, foram criados novos dispositivos para articular o sonho ao campo social e cultural. Esses dispositivos fundam-se no relato do sonho e na livre associação. G.-W. Lawrence (1998) descobriu uma técnica de trabalho de grupo que valoriza a contribuição que os sonhos podem dar para a compreensão não do "mundo interno" dos sonhadores, mas do contexto social e institucional em que vivem. Chamou essa técnica de *Social Dreaming*. Comentando esse dispositivo e testando-o num estudo clínico, C. Neri (2001) sublinha que nas sessões de *Social Dreaming*, o significado de um sonho para o sonhador fica num plano secundário, ao passo que a atenção se concentra em sua significação social. Tive a oportunidade de participar de três sessões de *Social Dreaming* com G. Lawrence e fiquei impressionado com a emergência nos sonhos de formas de figuração que nas associações evocavam ou se articulavam com mitos (por exemplo, o mito dos Argonautas). É verdade que se tratava de um grupo de profissionais reunidos em torno de Lawrence para partir em busca da dimensão social do sonho.

Todos esses estudos permitem supor *um terceiro umbigo do sonho*. Portanto, haveria três "lugares onde o sonho repousa sobre o desconhecido e dele se nutre": o corpo biológico, o nó das relações interpsíquicas, o nó das relações sociais, das representações culturais, onde se articulam com o sonho o rito e o mito.

Foi para ter acesso a esse terceiro umbigo do sonho e utilizá-lo que as civilizações de índios norte-americanos inventaram *filtros de sonhos*. Esses filtros têm diversas formas conforme as etnias: entre os índios das Planícies, uma cobertura em forma de teia, colocada sobre a tenda, afasta os pesadelos e deixa passar os sonhos. Entre os Attikamets (Algonquins do Canadá), uma teia de tiras de couro é fixada num ramo curvo de madeira; nesse ramo e na teia são colocadas penas a intervalos regulares em torno de nós ou contas. O filtro é posto pelo xamã diante dos lugares sagrados onde ocorrem os rituais de purificação e de cura. O sonho é a comunicação essencial entre dois mundos paralelos em tensão, cujo equilíbrio é preciso preservar: o mundo dos vivos e o dos desaparecidos e dos espíritos, que transmitem aos primeiros sua vontade. O mito interpreta o sonho, assim como entre os gregos que se dirigiam a Delfos, e, por conseguinte, o sonho repousa sobre o material do mito, que ele reinterpreta e cujo sentido oculto revela. É nesse sentido que os sonhos também são filtros de mitos.

10. A trama polifônica do sonho

Utilizei a noção de trama[1] polifônica do sonho baseando-me no conceito bakhtiniano de polifonia do discurso. Esse conceito implica a ideia de um sujeito tramado na interdiscursividade, trabalhado por esta. Para Bakhtin, esse sujeito é um sujeito social, mas parece-me fecundo partir dessa ideia e conceber com ela um sujeito atravessado por uma malha de vozes, palavras e falas que o constituem, simultaneamente como sujeito do inconsciente e como sujeito do grupo, nos pontos de encontro das vozes, das palavras e das falas dos outros, de mais de um outro. É esse o sujeito que sonha, dividido entre a realização de seu próprio fim e sua inscrição num vínculo intersubjetivo.[2]

Polifonias

A noção de polifonia pertence inicialmente à teoria musical, mas pode nos sugerir algumas ideias para estendermos seu sentido metafórico à análise da polifonia do sonho. Em música, a noção de polifonia descreve a combinação de uma grande quantidade de vozes ou de sons. O adjetivo polífono, que precedeu polifônico, merece ser considerado, pois, em acústica, qualifica um eco que repete os sons várias vezes. Essa qualidade polifônica estende-se a outros fenômenos: o processo primário que Freud identificou no sonho e que denominou de "multiplicação do semelhante" é um exemplo. Polífono designa também a qualidade de um sinal gráfico, utilizado pelos assírios para representar vários sons diferentes. Não é abusivo pensar analogicamente numa outra figura do processo primário identificada por Freud na análise do sonho: a da condensação de vários objetos ou personagens numa figura "genérica", por exemplo, a Irma de seu sonho epônimo.

---

[1] A noção de "trama dos sonhos" foi proposta por N. Vaschide em seus estudos sobre o sonho e sobretudo em sua obra de 1911. A trama dos sonhos refere-se antes a sua organização que a seu conteúdo.

[2] Já tive a oportunidade de utilizar a noção de polifonia na minha análise dos processos associativos nas situações psicanalíticas de grupo e sobretudo na análise dos relatos dos sonhos que nelas ocorrem (KAËS, 1994).

A noção de heterofonia também é interessante, como notou E. Lecourt (1994). Essa noção, introduzida em 1901 pelo musicólogo C. Stumpf, designa "uma forma particular da execução musical, frequente nas culturas primitivas ou não europeias, na qual uma mesma melodia é tocada simultaneamente por vários executantes com variantes improvisadas que vão da simples nuança de entonação a versões melódicas divergentes e a melismas mais ou menos extensos".[3] E. Lecourt introduz a noção de grupo vocal familiar e considera a família como o lugar privilegiado dessa manifestação da heterofonia. Seus estudos sobre a criação grupal polifônica e sobre as estruturas musicais do grupo (1985, 1994) tomam emprestadas de Bakhtin várias noções, como a de fundo entonatório determinado por um grupo social. Mas a noção de polifonia proposta por Bakhtin, derivada do sentido musical, é algo bem diferente.

1. BAKHTIN E A NOÇÃO DE POLIFONIA

Bakhtin-Voloshinov introduziu a noção de polifonia em sua análise da estrutura da obra literária. Defende a ideia de que o romance polifônico é elaborado no cruzamento de várias estruturas, assim como a palavra é uma *polifonia* de várias escrituras: a do escritor, a de seus personagens, do destinatário, do contexto histórico, ético e cultural. O indício dessa sobredeterminação da palavra se manifesta em sua ambivalência, ou melhor, em sua polivalência. A organização polifônica caracteriza a própria esfera da linguagem, e Bakhtin estende o seu princípio a qualquer produção semiótica: a lógica que a organiza não é a da determinação linear e da identidade, mas aquela, transgressiva, da *lógica do sonho* ou da revolução: é outra a lei que ali opera. Essa referência à lógica do sonho nos interessa particularmente.

Bakhtin não limita sua análise ao estatuto da linguagem poética no romance polifônico. Defende a ideia de um *auditório social* interno, próprio de cada indivíduo, no qual "são construídas suas deduções, suas motivações, suas apreciações...".[4] Na análise dos romances de Dostoievski, Bakhtin mostra como polifonia e dialogismo interno se organizam: por exemplo, em O *adolescente*, distingue a voz própria do herói, a de seu interlocutor interno e a voz narradora terceira; identifica o fundo comum de palavras que atravessa e une essa estrutura de três vozes, produz efeitos de concordância e de discordância. Surge constantemente a pergunta: quem fala, quem pensa, quem sente, quem

---

[3] Definição de M. Honneger, 1976, citada por E. Lecourt.
[4] *Ibid.*, p. 123.

sonha? Esses momentos de incerteza resolvem-se pela emergência de um Eu que assume a polifonia e a ultrapassa.

O problema central do pensamento de Bakhtin pode se resumir em dois conceitos: o da alteridade e o do dialogismo. O primeiro diz que não somos mônadas psíquicas, e sim sujeitos com desejos e crenças que estão em relação com os outros sujeitos, inscritos numa sociedade: "Eu se esconde no Outro e nos Outros". A linguagem e, mais rigorosamente, o discurso, é o campo desse encontro:

> O discurso encontra o discurso do outro em todos os caminhos que levam a seu objeto e ele não pode não entrar com ele numa interação viva e intensa. Só o Adão mítico, abordando com o primeiro discurso um mundo virgem e ainda não dito, o solitário Adão, poderia realmente evitar essa reorientação mútua em relação ao discurso do outro que se dá no caminho do objeto.[5]

Ou ainda:

> O falante procura orientar seu discurso, e até mesmo o horizonte que o determina, em relação ao horizonte do outro.[6]

O conceito de dialogismo designa o fato de que cada enunciado revela relações com outros enunciados sobre o mesmo objeto, muito além do fato de poder ser uma resposta de um locutor ao enunciado de seu interlocutor. Por isso, mesmo o enunciado monológico tem uma dimensão dialógica. Bakhtin denomina a força dialógica da linguagem de pluridiscursividade. Ela está em luta contra a reificação monológica do discurso. Em sua introdução à edição italiana do ensaio de Bakhtin sobre Tolstoi, V. Strada (1986) nota que a noção bakhtiniana de dialogismo extrapola as tradicionais oposições entre público e privado, social e individual, singular e coletivo. Ela articula as duas faces de um mesmo fenômeno dinâmico: a linguagem é uma totalidade dinâmica e aberta, na qual toda enunciação já está sempre percorrida por ecos e ressonâncias, por citações e paródias, iterações e variações, ela é sobretudo "pluridiscursividade" e "dialogicidade" (p. 43).

Os conceitos de alteridade e de dialogismo estão articulados entre si na questão que percorre toda a obra de Bakhtin: como é possível uma relação dialógica com o outro, considerando-se sua radical não coincidência comigo? Para responder a essa pergunta central, devemos esclarecer como Bakhtin concebe a língua e a linguagem. Para ele, a língua é algo diferente de um sistema de

---

[5] Bakhtin (1934-1935, p. 92).
[6] *Ibid.*, p. 95-96.

codificação: Bakhtin sublinha constantemente a importância dessa orientação do discurso e de sua unidade elementar, a palavra, em relação ao interlocutor:

> Com efeito, toda palavra comporta duas faces. É determinada tanto pelo fato de que procede de alguém como pelo fato de que se dirige a alguém. Constitui justamente o produto da interação entre o falante e o ouvinte. Toda palavra serve de expressão para um em relação ao outro. Por meio da palavra, defino-me em relação ao outro, ou seja, em última análise, em relação à coletividade. A palavra é uma espécie de ponte estendida entre mim e os outros: se ela se apóia em mim numa ponta, na outra, se apóia em meu interlocutor. A palavra é o território comum do locutor e do interlocutor (1929, trad. fr., 1971, p. 124).

Sua definição da enunciação condensa todas essas proposições:

> A enunciação é o produto da interação de dois indivíduos socialmente situados (*ibid.*, p. 123).

Percebe-se aqui em qual campo epistemológico as noções de polifonia, de enunciação, de interlocução, adquirem sentido em Bakhtin. Trata-se do campo social e não do campo da psique.

O sonho pode ser pensado com o conceito bakhtiniano de polifonia?

O modelo da polifonia, com suas implicações sobre a alteridade e o dialogismo, é eficaz em vários aspectos. Mas o sonho pode ser pensado com o conceito bakhtiniano de polifonia?

Destaquemos, em primeiro lugar, uma diferença no que concerne aos materiais e a seu tratamento. Na criação musical e literária, a polifonia é efeito de um estilo de composição que não depende, nem constante nem essencialmente, dos processos inconscientes; nela, os processos secundários são determinantes. Poder-se-ia dizer que, em sua essência, ela é construída e conduzida voluntariamente. Na criação literária, o que Bakhtin descreve não é analisado como decorrente de processos conscientes, no entanto, ele não diz que são inconscientes, no sentido freudiano do termo, já que, para ele, esta é uma questão fora de propósito.[7] Mas podemos supor que, como no sonho, ao qual Bakhtin se refere explicitamente – como já mencionamos –, o romance polifônico é construído segundo uma lógica que está longe de estar exclusivamente sob efeito dos processos secundários. O sonho, por sua vez, se forma sob o efeito de processos inconscientes e numa forma polifônica relacionada com a lógica do inconsciente e que não visa a uma forma plástica

---

7 Cf. a posição de Bakhtin (1927) sobre a psicanálise.

em que prevaleceriam as regras da harmonia. No sonho, não há *composição* harmônica. O sonhador não compõe como o músico. Seus procedimentos poéticos são exclusivamente da ordem dos processos inconscientes.

Segunda restrição: as noções de interação e de interlocução não podem ser entendidas, para o que nos interessa, no sentido comportamentalista desses termos. Quando Bakhtin diz que a interação ocorre à nossa revelia, não está dizendo que ela se dá sob o efeito dos processos inconscientes. O que para Bakhtin é determinado na enunciação pela situação social, podemos retomar no campo da intersubjetividade – que não é interação, mas relações estruturantes entre sujeitos do inconsciente que entram em ressonância com fantasias e significantes comuns e compartilhados e com interditos que organizam os mecanismos constitutivos do inconsciente.

Podemos conservar a ideia de que em cada palavra, em cada obra e, provavelmente, em cada sonho, várias vozes estão presentes, na sincronia, em que os enunciados ressoam entre si, e na diacronia, onde se superpõem, meio apagados e meio legíveis, como num palimpsesto, amalgamados num texto decifrável. Esse texto é decifrável se dispusermos de uma hipótese suficientemente precisa para decodificá-lo e para reconstruir a experiência onírica em seus procedimentos de criação poética.[8]

Se admitirmos que a polifonia caracteriza a esfera da linguagem, do sonho e do grupo, os princípios que os organizam só podem ser transpostos, *mutatis mutandis*, se for possível fazer as conversões necessárias para que o conceito ganhe sentido no campo dos processos psíquicos, tal como os concebe a hipótese fundamental da psicanálise.

2. A POLIFONIA DO SONHO

A polifonia do sonho descreve de que maneira, a partir dos dois umbigos do sonho e da formação de um espaço onírico plural, comum e compartilhado, o sonho se organiza como uma combinação de várias vozes ou de várias partes de vozes. O sonho, a mais íntima e a mais egoísta de nossas produções noturnas, o mais banal de nossos sintomas, tece-se na trama polifônica da interdiscursividade.

A eficácia da noção de polifonia do sonho deve ser avaliada em dois níveis. O primeiro é o de sua organização polifônica *interna*: essa organização é necessariamente inferida do relato do sonho. Através desse relato, que se dá

---
8 Foi o que E. Sharpe se propôs a fazer.

através de uma linguagem, uma fala e uma destinação, podemos reencontrar os processos da formação e da transformação do sonho.[9]

O segundo nível é o da produção do sonho num espaço psíquico onde há correspondência e interpenetração dos espaços oníricos de vários sonhadores, onde os sonhadores se fazem presentes e se fazem escutar por outros sonhadores, por vários ouvintes, internos e externos. O segundo umbigo do sonho forma esse tecido denso de onde surge a polifonia dos sonhos.

A polifonia interna do sonho

Eu já encaminhara a análise do sonho nessa direção quando foi publicado um artigo de Ph. Scheppens (1998) sobre o diálogo do sonho e o sonho de diálogo. Nesse estudo, Scheppens observa que, para Freud, o sonho é "o conjunto temporal e interdiscursivo, que começa na véspera, passa e se transforma na vivência onírica, é elaborado e se fixa num relato de sonho endereçado" (p. 125). O sonho não começa quando se está dormindo, mas já na véspera, como já indicara P. Miller em 1985. Essa proposição não aceita ater-se aos limites do relato do sonho como texto fechado; ela se interessa, esclarece Scheppens, "pelas transformações, pelas dobras do tecido interdiscursivo no qual o sujeito oscila". Mostra, dessa forma, que na autoanálise do sonho de Irma, Freud efetua idas e vindas entre cada elemento da vivência onírica de que se lembra e a realidade interdiscursiva da vigília onde o sonho começou. Freud nomeia as transformações que o campo interdiscursivo sofre na vivência onírica: condensação, deslocamento, representação figurativa (processo primário) e depois no relato (elaboração secundária).

Neste livro, tentei mostrar que o sonho é uma polifonia de várias "escrituras" do sonho, que tem como fonte uma série de enunciados e de enunciações constituídos na véspera, que é trabalhado por e numa multiplicidade de espaços, de tempos, de sentidos e de vozes. Elabora-se no cruzamento de várias estruturas, de vários processos, e, nos materiais que combina, transforma e interpreta. Assim como a palavra é uma polifonia de várias escrituras, o sonho é fabricado a partir das produções e dos processos internos do sonhador, por meio das características de seus personagens internos, do destinatário ou dos destinatários internos, dos resíduos diurnos e dos traços ou marcas alheias inscritas nas identificações do sonhador. Em outras palavras, e essa formulação é importante para nós, os determinantes intrapsíquicos responsáveis pelo caráter polifônico do sonho e pelo dialogismo interno devem, essencialmente,

---

9 Esse aspecto é brilhantemente ilustrado num artigo de M. F. Dispaux (2001) sobre um sonho de seu paciente.

ser relacionados com a grupalidade interna e com os processos primários que os regem, assim como regem o sonho: condensação, deslocamento, difração, multiplicação de um elemento similar.

O sonho é atravessado, de ponta a ponta, bem antes de ser produzido e depois de ter sido sonhado, por discursos heterogêneos que formam a matéria do próprio sonho. Construção compósita, o sonho é heterogêneo, heteromorfo, heterólogo; esta última característica é consequência da diversidade das estruturas do aparelho psíquico, das fontes do sonho, dos procedimentos de sua fabricação e dos destinatários ou dedicatórios do sonho. O relato do sonho e, *a fortiori*, sua explicação tendem a reduzir essa diversidade, mas a interpretação deve restituí-la. A análise dos sonhos em situação de grupo revela essa polifonia através da cadeia associativa e da interdiscursividade que lhe é própria. A análise dos sonhos na situação psicanalítica confirmou essa formulação. O estudo dos sonhos de grupo mostrou todos os seus componentes.

O auditório interno e a destinação do sonho

Foi Freud quem indagou se o sonho é comunicação, e sua resposta foi inicialmente negativa: o sonho não quer dizer nada a ninguém, o sonho trata qualquer mensagem com um estímulo, e, na análise, as palavras do analista agem como se fossem estímulos. Embora o sonho seja antes de mais nada uma "comunicação" intrapsíquica, nada diz que ele esteja orientado para uma comunicação intersubjetiva.

Contudo, a posição de Freud foi se matizando, sobretudo a partir dos comentários de Ferenczi sobre o destinatário do sonho. Como destaquei desde a introdução deste livro, a questão que Ferenczi levanta interroga fundamentalmente a inscrição do sonho na intersubjetividade, ou melhor, no segundo umbigo do sonho. Limitando-nos à situação psicanalítica, hoje já conhecemos melhor as ressonâncias do sonho no campo transferencial-contratransferencial. É provável que a posição restritiva de Freud expressasse sobretudo sua preocupação em constituir seu campo de investigação limitando-o ao espaço intrapsíquico e a seu aparelho, a que lhe dava acesso o tratamento analítico. Embora, para Freud, a noção de comunicação intencional deva ser descartada, suas especulações e as de K. Abraham sobre os sonhos coletivos supõem que, mais além da frequência estatística que poderia ser o critério deles, processos e materiais se comunicam (e se tornam comuns) na fábrica do sonho e na transmissão de pensamento.[10]

---

10 É o que podemos comprovar nos estudos psicanalíticos que se interessam pelo "*social dreaming*" (cf. sobretudo L. Gordon) e nos estudos sociológicos, como os de J. Duvignaud e seu

Ainda que Freud distinguisse o material do sonho, suas fontes e suas transformações pelo trabalho do sonho, ele não separava a atividade onírica do relato do sonho. Mas podemos ir mais longe ainda, a clínica nos autoriza a isso, e pensar que não é possível distinguir o sonho propriamente dito, que não teria destinatário, do relato do sonho, que teria um, pois não é possível conhecer o sonho sem ser por seu relato. A destinação do sonho se constitui ao mesmo tempo antes do sonho, na fabricação do sonho e no relato do sonho.

Se o sonho inclui o outro em seu conteúdo latente, este já seria um motivo suficiente para que a hipótese da polifonia do sonho fosse útil. A experiência desse compartilhamento e dessa polifonia pode se revestir para o sonhador de um caráter jubilatório, por vários motivos, entre os quais o de que, dessa maneira, o sonho não está mais irremediavelmente *perdido*. É por isso que o sonhador precisa encontrar, ou talvez primeiro inventar, um ouvinte.

Relatado e endereçado, o sonho não é um enunciado fechado: é um processo de transformação, é atravessado pelos enunciados ou pelas percepções dos outros, às vezes por seus sonhos. É o que acontece quando os sonhos se cruzam e se respondem, conforme os vários exemplos que dei na análise individual, no grupo e nas terapias familiares. É também o que se depreende dos estudos de E. Gaburri (capítulo 6, p. 145-147), quando ele mostra que a constelação onírica se produz pelo sonho ressonhado pelo grupo: um sonho, depois outro, sonhado por um outro sonhador, abre caminho para a polifonia do espaço onírico.

Levantei a hipótese de que a segunda "fábrica do sonho" transforma essas produções polifônicas a fim de torná-las reconstituíveis – lastreadas de uma figurabilidade inédita, pré-consciente – no discurso do grupo por intermédio do porta-sonhos. Os sonhos dos porta-sonhos são atravessados pela polifonia do espaço onírico.

Semas contextuais e polifonia no sonho das gazelas

A noção de semas contextuais pode nos ajudar a compreender esse processo: um sema contextual é uma coativação dos significantes que comportam uma quantidade suficiente de semas comuns. Eles permanecem ligados à cena durante a qual foram adquiridos, fixados ou reatualizados, permanecem ligados aos afetos e às fantasias. Apanhados na rede dos significantes que constituem o outro, trazem a marca do vínculo com os outros, aqueles com os quais o sujeito criança estava em interação no momento em que os interiorizou, depois são intercambiados nas situações intersubjetivas posteriores. O

---

ensaio de antropologia do sonhador contemporâneo (1979) ou os de Ch. Beradt (2002) sobre os sonhos dos alemães durante o III Reich.

sujeito está constituído dessas redes. Essa noção pode ser relacionada com a de intertextualidade: J. Kristeva mostrou, a partir de Bakhtin, que todo texto conserva a marca dos textos lidos pelo autor. O mesmo se aplica ao sonho.

Se retomarmos o sonho das gazelas, apresentado na introdução deste livro, poderemos entender como a polifonia e os semas contextuais funcionam nesse sonho. Notaremos, em primeiro lugar, que o sonho é elaborado no cruzamento de várias fontes: a da organização psicossomática do paciente, a dos vínculos do sonhador com sua mãe, com seu irmão, com seu pai, as dos significantes, das moções pulsionais, das emoções, das imagens e das fantasias compartilhadas com essas pessoas, a da cultura (o romance de Peisson). Essa sobredeterminação dos tecidos germinativos do sonho se manifesta na polivalência espacial e temporal da cena do sonho. As diversas vozes e personagens que são representados no espaço onírico compartilhado organizam a polifonia e o dialogismo interno do sonho. A voz do sonhador faz eco à de seus interlocutores internos, a mãe e o pai, o irmão, de maneira manifesta, mas também, num pano de fundo não simbolizado, a de seu próprio corpo, a de sua morte anunciada e a do ódio que sente pelo irmão. A cena do sonho e a voz narradora do sonhador com certeza reúnem, endereçada ao analista, essa estrutura polifônica.

Quem sonha no sonho?

Mas podemos igualmente nos perguntar, para além da simples e evidente atribuição do sonho àquele que o relata e o assume na qualidade de herói: quem fala nesse sonho, quem pensa, quem sente e, finalmente, quem sonha? O desejo do sonho, o sonho ele mesmo e a destinação do sonho originam-se daqueles dois umbigos pelos quais transita a experiência onírica singular (a do paciente) e comum (a dos dois irmãos).

A essa pergunta, Ph. Scheppens (1998) responde que o sujeito que sonha é um sujeito dividido, o sujeito do inconsciente; acrescento que é também o sujeito do grupo, no sentido em que o defini como uma dimensão do sujeito do inconsciente.

Num estudo sobre os espaços psicanalíticos e os sonhos, J. Puget (2003) faz uma apresentação diferencial do sonho em cada espaço psicanalítico: para cada espaço, um sonho.[11] Pergunta-se, além disso: a quem pertence o sonho?

> Ao sonhador ou àqueles que, ao escutá-lo, dele participam? Atribuir-se a sua posse consolida o sentimento de pertença ao enquadramento proposto, o que permite

---

11 Conferência pronunciada em Metz em junho de 2000, que será publicada num livro organizado por A. Nakov, Dunod, 2003.

pensar que o sonho pertence a quem é capaz de se ocupar dele, de nele se incorporar: para isso, será preciso trabalhar, em torno do eixo inclusão-exclusão, o efeito de presença que o sonho suscita. Dado que ele impõe um registro e postula um impossível – pôr o pensamento em palavras –, é evidente que todos os membros do conjunto participarão disso de uma maneira ou outra. Sua participação não é necessariamente associativa, às vezes é simplesmente da ordem da conectividade, afastando-nos, portanto, do determinismo. Todas essas reflexões me levam a pensar que um sonho não terá a mesma função num enquadramento ou noutro e que convém dar importância ao efeito sonho.

Dessa vez, os conceitos de polifonia e de dialogismo são interessantes por outro motivo: em literatura, eles colocam em questão a crença na unicidade do autor; na análise do sonho, eles questionam a singularidade do sonhador.

Últimas observações sobre a polifonia do sonho

Em minha introdução, eu disse que muitas questões seriam levantadas no horizonte dessa investigação. Tentei estabelecer como se constrói e como funciona o espaço onírico comum, plural e compartilhado, como ele se apoia no segundo umbigo do sonho (provavelmente também no terceiro umbigo, aquele que a cultura forma), e como o conceito de polifonia é produtivo quando se aplica à formação e à análise do sonho. Podemos supor que as conexões entre os três umbigos do sonho, as interferências entre a diversidade de suas fontes, de seus materiais e de suas funções criam a polifonia do sonho.

Será que essas proposições podem lançar alguma luz sobre os processos gerais do sonho? No término deste estudo, parece-me que a formação do sonho, muito aquém de sua destinação, traz a marca do encontro com o outro, o outro do objeto e o outro *no* objeto, porque é produzido num espaço onírico comum, um espaço poroso, estranho e às vezes inquietante. Os sonhos "de grupo" também nos mostraram alguma coisa sobre os processos de figuração do sujeito no sonho. Se certos sonhos, mais que outros, são atravessados pelos signos e pelos sonhos de desejo de um outro, em que essas proposições modificam nossa escuta da experiência onírica? E como essa escuta nos leva a pensar de outra forma os limites do espaço psíquico? Certamente não respondi a todas essas questões, mas tentei abri-las. O sonho não é apenas uma criação egoísta. Ele é egoísta, mas é também uma criação do vínculo no qual são trabalhados, na "fábrica" que singulariza cada sujeito, elementos ancorados na intersubjetividade. No sonho, uma pluralidade de vozes se faz ouvir, o que aumenta ainda mais a polissemia e a riqueza da experiência onírica. Essas perspectivas não invalidam, muito pelo contrário, a descoberta central de Freud de que o sonho é a realização alucinatória de um desejo inconsciente recalcado. Mostram, no entanto, que o desejo de sonhar no espaço onírico comum é uma realização do desejo mais antigo do ser humano.

A necessidade de uma reconstrução epistemológica

A maioria dos dados clínicos que reuni e comentei suscitam remanejamentos na formulação de alguns enunciados fundamentais da teoria psicanalítica do sonho e, mais ainda, da concepção do sujeito do Inconsciente. Ao menos é o que se espera, caso queiramos entender de que maneira e com que materiais se constitui a teoria na psicanálise. Com efeito, como dar conta dos processos da formação do Inconsciente, se mantivermos fora do campo da experiência psicanalítica as modalidades comuns e compartilhadas do recalcamento, da recusa, da forclusão ou da rejeição, modalidades diversas que derivam, todas, das exigências indispensáveis, e algumas são vitais, para estar no vínculo? Como conceber os problemas do processo de apoio da pulsão, se não levarmos em consideração que a subjetividade do outro está, desde sempre, presente no objeto e na experiência psíquica que se produz no contato com ele? Como pensar o destino dos processos de simbolização se não integrarmos na teoria o efeito das predisposições significantes que o sujeito encontra, ou não encontra, na atividade simbolizadora do outro, e sobretudo em sua atividade onírica?

A partir do momento em que os modelos do aparelho psíquico e do sonho não se superpõem mais por completo como espaços fechados e, sobre esses modelos, o da análise, a partir do momento em que novos dispositivos abrem o espaço da psique em espaços comuns e compartilhados, as condições e os conteúdos do conhecimento psicanalítico devem ser pensados de outra forma. Essa aventura, iniciada na segunda metade do século XX, será uma das grandes questões deste.

11. A polifonia do sonho compartilhado em *Peter Ibbetson*

Antes de concluir, voltemos novamente nosso olhar para a literatura. Os poetas sabem dizer o que nos custa tanto tempo e esforços para compreender e dizer com dificuldade.

O tema do sonho compartilhado ou do sonho cruzado percorre a literatura universal: relatos, contos, romances, novelas mostram o desejo de sonhar no umbigo do sonho que conduz ao outro. O sonho de Artaban, os sonhos nas *Mil e uma noites*, os contos de J.-L. Borges, o sonho dos cegos de J. Saramago são alguns de seus momentos preciosos. É, basicamente, um tema privilegiado da literatura amorosa: quantos amantes, como Anna Karenina, sonharam com que o mesmo sonho os unisse, que ele fosse seu mensageiro a milhares de quilômetros de distância? Quantas mães separadas de um filho expressaram o desejo de um encontro no mundo mágico dos sonhos? Quantas crianças, como Sílvia e Bruno em Lewis Carrol, tentaram reencontrar por meio do sonho compartilhado o berço onírico comum e seus deliciosos harmônicos, como os irmãos no sonho das gazelas? Em seu monumental estudo sobre os românticos e o sonho, A. Beguin destacou as condições culturais que, no século XIX, suscitaram esse interesse pelos sonhos. Em seguida, vieram os surrealistas, inspirados em outras referências sobre o amor e sobre o inconsciente, como mostrou o estudo de S. Alexandrian.

Peter Ibbetson ou o amor louco

A perturbadora história contada por G. Du Maurier em seu primeiro romance, *Peter Ibbetson*, escrito no final do século passado (1891), situa-se na articulação do romantismo e do surrealismo: a esse romance, mas sobretudo ao filme homônimo [*Amor sem fim*] dirigido em 1935 por H. Hathaway e interpretado por Gary Cooper, os surrealistas devotarão um verdadeiro culto. É fácil entender por quê: o romance e o filme celebram o poder do amor contra a morte, a fascinação exercida pelas figuras do duplo e dos mundos paralelos, a telepatia, a transmissão de pensamentos, e, mais que de pensamentos: dos próprios seres.

Um amor louco percorre, com efeito, toda a história de Peter Ibbetson. Na infância, ele se chama Jojo Pasquier: esse menininho sente um amor apaixonado pela mãe e pela bela senhora Séraskier, a mãe de sua doce amiga de infância, a pequena Mary, a quem ama apaixonadamente, como as crianças sabem amar. Mary, cujo apelido é Mimsey, corresponde ao amor de Jojo. Todos moram em Passy, numa espécie de comunidade feliz, num maravilhoso jardim. Todos os seus sentidos são despertados nesse "verde paraíso dos amores infantis".

A infância do pequeno Jojo é marcada por um sonho estranho, obscuro e sutil: nesse sonho repetitivo, tenta reencontrar uma mulher de cabelos brancos e rosto amarelo: esse sonho, um "santo dos santos da infância", como escreve Du Maurier, obceca-o, é para ele fonte de infinita beatitude e felicidade.

Aos doze anos, perde brutalmente o pai e depois a mãe. Tem de abandonar o paraíso e se separar de Mimsey, que então adoece e também perde a mãe. Jojo é acolhido por seu tio Ibbetson, que o obriga a mudar de nome e a adotar seu próprio sobrenome para se tornar Peter Ibbetson, seu filho adotivo. Peter vive na Inglaterra, viaja para a França, faz em Londres seus estudos de arquitetura. Essas separações brutais e essa espoliação alimentam a nostalgia de Passy, para onde retorna em sonho à noite, em devaneios de dia. Seus sonhos o perturbam, tem a sensação de que eles lhe apresentam um mundo fabuloso, mas cuja perda é inconsolável. Elabora o projeto de "transformar todos esses reinos irreais, perdidos e transitórios da ilusão num mundo real, estável e habitável, onde todos que assim quiserem poderão entrar". Tem a intuição profunda do que mais tarde chamará de "sonhar de verdade". Enquanto isso não ocorre, sente o vazio da alma melancólica daqueles que sofrem de *Weltschmerz* (da dor do mundo) e, como Du Maurier diz de modo mais fino, de *Selbstschmerz*, da dor de si mesmo. Busca consolo na arte, na poesia (Milton, é claro, e seu *Paraíso perdido*), na música e na pintura.

Um dia, encontra num concerto na casa da duquesa de Gray a duquesa de Towers, na qual ainda não reconhece Mimsey. Paixão platônica, que se superpõe sua paixão pela divina senhora Séraskier, a mãe de Mimsey. Verá a duquesa mais uma vez, por acaso, e voltará a perdê-la de vista, mas ele a recuperará em sonho, na verdade um pesadelo: o retorno à antiga morada apenas lhe provoca desolação e um sentimento de perseguição, horríveis anõezinhos impedem-no de atravessar a porta de entrada. É então que, em seu sonho, ele encontra a duquesa, ela o acolhe na entrada da casa. No sonho, em contato com essa mão que o conduz e o tranquiliza, a consciência de Peter Ibbetson desperta na de Jojo Pasquier. O sonho não é mais um sonho, mas a realização real de suas percepções mais vivas e mais agudas. O sonhador duvida dessa surrealidade ("belo demais para ser verdade", "quem sabe nos encontremos no mais além da morte?", pensa ele). Mas, no momento em que o sonho lhe aparece como uma alucinação de desejo, a duquesa lhe assegura, em seu sonho, de que ele está *sonhando de verdade*.

Peter-Jojo continua a sonhar, conduzido pela duquesa, que, de dentro do sonho, dirige seu sonho: ela está dentro do seu sonho, ele ainda não sabe que está no dela. Em sonho, encontra Mimsey, depois a mãe dela, que também segura sua mão, como a duquesa. Em seu "prazer melancólico", volta sem cessar aos lugares da infância perdida, aprende a sonhar de verdade: reencontra "o próprio êxtase da lembrança transformada em realidade", e, embora o sonho passe a ter, para ele, "o caráter de realidade feliz", ainda duvida, compara ao que lhe acontece com os sonhos "ordinários": nos sonhos verdadeiros, não há deformações, não há inconsequências e incoerências, não há censura: uma espécie de *sonho de criança*, como o do pequeno sobrinho de Freud, que não queria largar a cesta de cerejas que tinha de oferecer a seu tio como presente de aniversário e sonha que realmente as comeu todas.

Um terceiro encontro com a duquesa, no Louvre diante da Gioconda, deixa-o transtornado: fica perturbado diante dessa presença idêntica à do sonho e, de agora em diante, como Gérard Philippe no filme de René Clair *Les Belles de nuit* [*Esta noite é minha*], não poupará esforços para encontrá-la em seu sonho. De forma muito precisa, Du Maurier chama o processo que devolve seu herói à cena onírica de autoindução, auto-hipnose, e descreve sua condição como uma certa disjunção corporal e psíquica. Inicialmente espectador de cenas nas quais pode circular por desdobramento de si, por heautoscopia, Peter sente a intensa e momentânea perturbação de encontrar a si mesmo, Jojo, a criança que ele foi, atravessando-o em sua presença de espectador. Depois "aprende" a se tornar ator de seu próprio personagem.

O quarto encontro com a duquesa de Towers, na qual, por fim, reconhece Mary-Mimsey Séraskier, deixa a ambos perturbados. Revelam um ao outro suas identidades, contam suas vidas depois do grande sofrimento de seus lutos e da separação de suas infâncias. Revelam um ao outro seus encontros em seus sonhos comuns e cruzados. Confusa e assustada, a duquesa, embora fosse quem o pusera no caminho do "sonhar de verdade", pede-lhe para nunca mais sonhar assim, como se esses encontros noturnos realizassem uma impossível transgressão. Propõe-lhe um adeus definitivo ("seria melhor nos separarmos. Não sei se vos encontrarei de novo. Estareis muitas vezes em meus pensamentos, mas nunca mais em meus sonhos – ao menos no que depender de minha vontade – nem vós em meus; isso não está certo"). Desesperado, Peter medita sobre a única realidade que lhe importa, a dos sonhos verdadeiros, que fazem ele encontrar no "duplo sonho que eles compartilharam" aquela que ele ama, um sonho que os une "como nenhum outro laço pode dar acesso ao ser interior real do outro".

Passa-se um ano, na espera melancólica de um sinal de vida de Mimsey. Ocorre então um fato que vai mudar radicalmente o curso da vida de Jojo e o de Mimsey. Alguns anos antes, Peter se apaixonara por uma Sra. Deane. Encontra-a por acaso, ela lhe revela que o coronel Ibbetson fora amante de sua mãe, que ele é seu pai e que foi também seu amante.

Há muito tempo as relações entre o tio e o sobrinho estavam extremamente tensas e Peter experimentara intensos desejos de matar aquele homem violento, mentiroso e usurpador. Ao tomar conhecimento da novidade que a Sra. Deane lhe conta, Peter, fora de si, vai pedir explicações a Ibbetson: durante uma cena particularmente movimentada, ele o mata.

Peter é condenado a trabalhos forçados para o resto da vida. Em sua cela, esforça-se novamente para sonhar de verdade, não consegue, se desespera, evoca em vão a duquesa contra suas visões pesadelares. Até que, por fim, reencontra "a terra de seus sonhos verdadeiros": ali está a duquesa a sua espera. Declara diante dela que não premeditou o assassinato, que foi um acidente. A duquesa lhe anuncia a comutação da pena de banho a anos de prisão. Eles se lembram de seus "sonhos comuns", do mistério sagrado de seus encontros tão singulares.

Pouco depois, livre de seus vínculos conjugais, a duquesa lhe propõe encontros tão frequentes quanto possível, cada vez que forem dormir na mesma hora. Peter quer ter certeza de que não está tendo um sonho ordinário; a duquesa lhe promete que, ao despertar, ele encontrará em sua cela um envelope contendo uma carta com algumas violetas e a promessa de que se encontrarão no pavilhão da duquesa. No dia seguinte, com efeito, trazem-lhe o envelope com seus conteúdos.

Jojo-Peter e Mimsey-Mary se encontram durante um "quarto de século encantado", num apartamento mágico ao qual dão o nome da morada de sua infância, no qual passam de oito a nove horas em companhia um do outro. Realizam todos os seus desejos, vivem e sonham de verdade. Escolhem sua idade, viajam juntos, saboreiam os pratos mais deliciosos, frequentam os museus mais ricos, leem todos os livros de uma inesgotável biblioteca: "um mero desejo de qualquer um de nós anulava para ambos o tempo e o espaço". Vivem três anos em lua de mel nesse hipnotismo mútuo.

Continuam a viajar no tempo, a encontrarem a si mesmos em cenas de sua infância. Numa dessas viagens, surpreendem o pequeno Jojo, ocupado em colorir os brasões da família Pasquier. Para sua grande surpresa, mas também com uma deliciosa emoção, descobrem ser os bisnetos de uma ancestral comum, talentosa música, autora de um canto que encantara a ambos na infância e que voltam a cantar para celebrar a descoberta de seu laço de parentesco: "cada um de nós tem uma parte da própria individualidade em nós".

Durante essa viagem intergeracional, reconhecem em sua matriz comum a atração que os empurra e atrai um para o outro, a fonte e talvez a finalidade de sua experiência onírica compartilhada. Du Maurier explica que o princípio das "transfusões de personalidade" desfez os limites do eu deles. Desse enraizamento na noite dos tempos eles tiram uma certeza, "a certeza de que aqueles que virão depois de nós se lembrarão de ter sido nós, mesmo que seja apenas em sonho".

Pode-se pensar que o romancista tenha ficado de repente assustado com essa certeza, pois, nesse momento do relato, ocorre um fenômeno espantoso. No momento em que a exaltação de seus heróis chega ao auge, Du Maurier toma a palavra pessoalmente e compõe uma estrofe muito violenta, apocalíptica e moralizadora, dirigida diretamente ao leitor: aqueles que "transmitem no décimo grau uma face idiota, engendram corpos débeis", são rudemente advertidos de que terão de sofrer a vingança dos "descendentes poluídos", viverão apenas pesadelos persecutórios.

Em seguida, retornando ao sonho de seus protagonistas, o romancista mostra-os prosseguindo sua viagem no tempo, encontrando, através dos séculos, os grandes homens e as grandes mulheres da História universal, até o ancestral absoluto, não o macaco, mas o mamute.

É de se supor que os anos não deixem rugas no rosto dos amantes sonhadores. Durante os vinte e cinco anos que seus sonhos verdadeiros compartilhados duram, eles não envelhecem, têm sempre o mesma idade, a flor de sua idade, eles beberam da fonte de juventude, são como imortais.

Contudo, um dia, a doença irrompe subitamente. Mary desmorona, Peter fica aterrorizado. Ela morre e a casa dos sonhos se fecha para seus encontros. Louco, delirante, desesperado, Peter vive uma atroz agonia mental, perde todo desejo de sonhar, recusa todo alimento, pensa em suicídio. Mas uma noite, querendo retornar em sonho para o verde Paraíso, perto da lagoa onde brincavam quando crianças, uma mulher de cabelos grisalhos, de idade madura, com olhos magníficos, o segue: Mary Seraskier! Ele transborda de emoção, soluça. Maternal, perto da lagoa, Mary o acalma como se acalma uma criança. Eurídice retorna das terras da morte para encontrar Orfeu, Julieta reencontra Romeu.

Há aí um momento muito bonito, intenso e sagrado, que remete ao mais profundo da promessa do vínculo amoroso. Mary o insta a continuar vivendo enquanto não chegar sua hora, faz ele entender que, com a morte, a comunicação entre eles não foi interrompida: "Vim dizer-vos que somos inseparáveis para sempre... Para nós, nunca haverá separação." Com essa promessa, que é também uma espera cheia de fé, ela o deixa. Peter lhe diz simplesmente essas palavras incomparáveis: "O tempo não é nada, mas contarei as horas...". Peter ainda voltará a ver Mary sete vezes. Depois, chegada sua hora, ele morre, com a pena na mão, sobre seu manuscrito para sempre inacabado.

"Sonhar de verdade"

No romance há, decerto, passagens fastidiosas, enfáticas, um tanto melodramáticas, mas a história tem fôlego e causa muito impacto, porque fala do desejo do amor e de sua eternidade para além de qualquer separação. O desejo se realiza no e pelo sonho, e, no sonho verdadeiro, o romancista sabe que "o desejo é o pai imediato do fato". Como num conto de Borges ou de Sepúlveda,[1] a realidade do desejo é confirmada no real por um objeto que vem do sonho: é a carta e as violetas prometidas por Mary no sonho compartilhado deles que Peter recebe no dia seguinte em sua cela. O sonho é verdadeiro já que os objetos se transfundem de seu espaço para o da realidade: ele não é uma realização alucinatória. Além disso, antes de Freud, Du Maurier explora temas teóricos muito interessantes sobre o sonho como guardião da lembrança e como guardião da realidade. É provável que os trabalhos de Hervey Saint-Denis sobre o sonho e os meios de dirigi-lo, os de Maury sobre as lembranças e a memória no sonho e os de muitos outros exploradores do sonho na segunda metade do século XIX tenham modelado a sensibilidade e a cultura de Du Maurier, que pontua seu relato de elementos para uma teoria do sonho e uma psicologia dos sonhos cruzados.

O espaço materno nos sonhos comuns e compartilhados

Espero não diminuir demais a riqueza desse romance ao sublinhar que ele nos esclarece, bem antes da clínica que acabamos constituindo, sobre a dimensão materna do espaço onírico originário. Relembro aqui a observação de Racamier: "nunca dormimos sós, mas totalmente encostados no corpo difusamente investido da mãe". É nesse sono contra o corpo da mãe que a atividade onírica pode se produzir. É essa a fonte dos "sonhos compartilhados" (a expressão é de Du Maurier) de Jojo e de Mimsey, de Peter e de Mary. As assonâncias *mère* [mãe], *mare* [lagoa], Mary, Mimsey se organizam numa cadeia significante,

---

[1] Por exemplo, na novela em que Sepúlveda conta a história de um velho professor aposentado que, um dia, sonha que estava ensinando os verbos regulares do espanhol para um grupo de crianças pequenas e acorda com os dedos cobertos de giz.

na qual se forma o "segundo" umbigo do sonho. De ponta a ponta, essas equivalências vão se deslocando para as mães e para as mulheres de prestígio (as duquesas), e até o ancestral comum.

É provavelmente contra esses resvalos incestuosos que Mary se ergue no adeus definitivo que ela propõe a Peter, quando eles se reconhecem. O desejo de compartilhar o mesmo espaço onírico, sem dúvida, não é "inocente". É também no momento da descoberta de seu longínquo parentesco (mas o inconsciente ignora o tempo) que surge no próprio romancista a violenta diatribe contra os riscos da degenerescência. Todos conhecem a importância desse tema na segunda metade do século XIX. Duas advertências, expressão das defesas suscitadas pela realização do desejo. Poderíamos acrescentar uma terceira, se prestarmos atenção ao fato de que, em sua volta até a origem da espécie humana, não é um macaco darwiniano que eles encontram, mas um bom mamute, mais acolhedor, mais gordo, mais "mam".

A separação traumática precoce e o sonho compartilhado como reunião dos "membros queridos"

Na maioria dos casos que relatei, o que organiza o espaço onírico compartilhado e os sonhos comuns em sua dimensão materna está relacionado, em grande medida, com a experiência de uma separação traumática precoce. O envoltório de sonho comum à mãe e à criança, ou ao casal de irmãos e irmãs, ou à família inteira, rasgou-se: o sonho volta a tecer o espaço onírico originário, reencontra nas condições do enquadramento terapêutico as marcas até então não elaboradas da separação: os sonhos atualizam-nas e revelam o desejo de não separação, geralmente de reintegração do sonhador no espaço onírico da mãe. A clínica mostra que os sonhos se individualizam quando a problemática edipiana começa a se organizar na família, no casal e em cada sujeito.

Nesses sonhadores, esses sonhos têm a qualidade dos sonhos verdadeiros de que nos fala Du Maurier e, sobretudo, têm um valor essencial para manter o ser vivo. É por isso que tomo emprestado de Empédocles a seguinte formulação: "o ser é a reunião dos membros queridos". Somos, até em nossos sonhos, pluralidade e grupo.

O tema do encontro com o outro em sonho está sempre associado à nostalgia da infância perdida e à recusa da separação e da morte. O sonho cruzado é uma tentativa bem-sucedida de elaborar uma separação traumática precoce. Du Maurier mostra com fineza como o pequeno Peter e sua jovem amada são arrancados um do outro, tendo como pano de fundo lutos inacabados. O sonho compartilhado e cruzado é urdido sobre essas marcas, até então insensatas, sobre um profundo dilaceramento do envoltório de sonho e de jogo. Eles se encontram no mesmo sonho, que sonham ao mesmo tempo, na mesma paisagem, no mesmo espaço, unidos um ao outro por ele e nele.

Uma zona de sonho nos limites do possível

Confinar esse poema do amor louco a esses poucos comentários seria diminuí-lo. Para além da aparência da recusa da separação, da perda e do luto, do tempo e do espaço, a morte não é negada, é integrada à vida, a seu risco. E, por fim, G. Du Maurier conseguiu descrever, como destacou J.-B. Pontalis (1990, p. 23), a experiência de uma zona intermediária comum e compartilhada, de um espaço de encontro e de troca, nos limites do possível. O romance é tanto uma metáfora do impossível quanto uma abertura para o possível: indica o desejo louco que se mostra nos sonhos, e não se pode acusar o sonho de ser irracional se quisermos continuar a poder brincar, amar e criar.

Bibliografia

ABRAHAM, K. "Rêve et mythe:... Contribution à l'étude de la psychologie collective" (1909). In: Œuvres completes. t. 1. Paris: Payot, 1965.
AMATI-MEHLER, J. "Les rêves, hier et aujourd'hui". In: NAKOV, A. et al. Le rêve, cent ans après. Paris: Dunod, 2003.
ANZIEU, D. "Le Moi-peau familial et groupal". Gruppo 9, 9-18, 1993.
_____. Le Moi-peau. Paris: Dunod, 1985; edição brasileira: O Eu-pele. São Paulo: Casa do Psicólogo, 2001.
_____. "L'enveloppe sonore du Soi". Nouvelle Revue de psychanalyse, 13: 161-179, 1976.
_____. "Les esquimaux et leurs songes". Revue française de psychanalyse, XV(1): 59-64, 1976.
_____. L'auto-analyse de Freud. Paris: PUF, 1975; edição brasileira: A auto-análise de Freud. Porto Alegre: Artmed, 1989.
_____. Le groupe et l'inconscient: L'imaginaire groupal (1975). Paris: Dunod, 1999; edição brasileira: O grupo e o inconsciente. São Paulo: Casa do Psicólogo, 1995.
_____. "Le Moi-peau familial et groupal". Gruppo 9, 195-203, 1974.
_____. "L'illusion groupale". Nouvelle Revue de psychanalyse, 4: 73-93, 1971.
_____. "Étude psychanalytique des groupes réels". Les Temps Modernes, 242: 56-73, 1966.
ANCONA, L. "II sogno in gruppoanalisi". Quaderni di psicoterapia de gruppo, 1: 53-62, 1997.
AMARO, C. "Uno e molti: I sogni di gruppo". Quaderni di psicoterapia de gruppo, 1: 63-71, 1997.
AUGOYARD-PEETERS, M.-F. Le rêve en thérapie familiale psychanalytique: Comment il restitue les traumatismes infantiles, des rêves pour le dire. Lyon, Universidade Lumière Lyon 2, 1989 (Trabalho de Conclusão de Curso em Psicologia).
BAKHTIN, M. La poétique de Dostoiévski (1963). Paris: Le Seuil, 1970; edição brasileira: Problemas da poética de Dostoiévski. São Paulo: Forense Universitária, 2002.
_____. "Le discours du roman" (1934-1935). In: Esthétique et théorie du roman. Paris: Gallimard, 1978; edição brasileira: Estética da criação verbal. São Paulo: Martins Fontes, 2003.
_____. Le marxisme et la philosophie du langage: Essai d'application de la méthode sociologique en linguistique (1929). Paris: Les Éditions de Minuit, 1971; edição brasileira: Marxismo e filosofia da linguagem. São Paulo: Hucitec, 2004
_____. Le freudisme (1927). Lausanne: L'Âge d'Homme, 1981; edição brasileira: O freudismo. São Paulo: Perspectiva, 2001.

BARANGER, M.; BARANGER, W. *Problemas del campo psicoanalítico*. Buenos Aires: Kargieman, 1964.
BASTIDE, R. *Le rêve, la transe et la folie*. Paris: Flammarion, 1972.
BÉGUIN, A. *L'âme romantique et le rêve*. Paris: José Corti, 1991.
BERADT, Ch. *Rêver sous le IIIe Reich*. Paris: Payot, 2002.
BERGERET, J. "L'enfant de la nuit". *Revue française de psychanalyse*, XXXVIII(5-6): 969-984, 1974.
BERNARD, M. "La dramatique et les rêves dans les petits groupes". *Funzione Gamma*, 1, 1999. Disponível em: http://www.funzionegamma.edu.
BION, W.-R. *Éléments de la psychanalyse* (1963). Paris: PUF, 1979.
_____. *Aux sources de l'expérience* (1962). Paris: PUF, 1979; edição brasileira: *Aprender com a experiência*. Rio de Janeiro: Imago, 2003.
_____. "Différenciation des personnalités psychotiques et non psychotiques" (1957). *In: Réflexion faite*. Paris: PUF, 1983.
_____. "Notes sur la théorie de la schizophrénie" (1953). In: *Réflexion faite*. Paris: PUF, 1983; edição brasileira: *Estudos psicanalíticos revisados*. Rio de Janeiro: Imago, 1994.
BLEGER, J. *Symbiose et ambiguité: Étude psychanalytique* (1975). Paris: PUF, 1981; edição brasileira: *Simbiose e ambigüidade*. Rio de Janeiro: Francisco Alves, 1977.
_____. "Psychanalyse du cadre psychanalytique" (1966). *In:* KAËS, R.; MISSENARD, A. et al. *Crise, rupture et dépassement*. Paris: Dunod, 1979.
BOLLAS, Ch. *Les forces de la destinée*. Paris: Calmann-Lévy, 1989; edição brasileira: *Forças do destino*. Rio de Janeiro: Imago, 1992.
BORGES, J.-L. "Les Mille et une Nuits" (1979). *Conférences*. Paris: Gallimard Folio, 1985.
CAILLOIS, R.; GRUNEBAUM, D.-E. (eds.). *Le rêve et les sociétés humaines*. Paris: Gallimard, 1967.
CAILLOT, J.-P.; DECHERF, G. *Thérapie familiale psychanalytique et paradoxalité*. Paris: Clancier-Guénaud, 1982.
CASTORIADIS-AULAGNIER, P. *La violence de l'interprétation: Le pictogramme et l'énoncé*. Paris: PUF, 1975; edição brasileira: *A violência da interpretação*. Rio de Janeiro: Imago, 1979.
CORREALE, A. "Depersonalizzazione e percezione spaziale in guppo". *Gruppo e funzione analitica*, VII(1), 1986.
COUCHOUD, M.-Th. "Du refoulement à la fonction dénégatrice". *Topique*, 37: 93-133, 1986.
DADOUN, R. "Les ombilics du rêve". *Nouvelle revue de psychanalyse*, 5: 239-254, 1972.
DEVEREUX, G. *Psychothérapie d'un Indien des Plaines: rêve et réalité*. Paris: Jean-Grille Godefroy, 1982.
DIATKINE, R. "Rêve, illusion et connaissance". *Revue française de psychanalyse*, XXXVIII(5-6): 779-820, 1974.
DISPAUX, M.-F. "Polyphonie du rêve". *Journal de la Psychanalyse de l'enfant*, 28, 2001.
DODDS, E. *Les grecs et l'irrationnel* (1959). Paris: Flammarion, 1977; edição brasileira: *Os gregos e o irracional*. São Paulo: Escuta, 2002.

DRUON, C. "Observations sur le sommeil et la vie onirique en médecine néonatale". *Revue française de psychosomatique*, 14: 157-169, 1998.
DU, MAURIER G. *Peter Ibbetson* (1891). Paris: Gallimard, 1946.
DUCROT, O. *Le dire et le dit*. Paris: Les Éditions de Minuit, 1984; edição brasileira: *O dizer e o dito*. Campinas: Pontes, 1987.
DUVIGNAUD, J. *La banque du rêve: Essai d'anthropologie du rêveur contemporain*. Paris: Payot, 1979.
ENRIQUEZ, M. *La souffrance et la haine*. Paris: Dunod, 2001.
_____. *Aux carrefours de la haine. Paranoïa, masochisme, apathie*. Paris: Les Éditions de l'Épi, 1984; edição brasileira: *Nas encruzilhadas do ódio*. São Paulo: Escuta, 2000.
FERENCZI, S. "À qui raconte-t-on ses rêves?" (1913). In: *Psychanalyse II*. Paris: Payot, 1970; edição brasileira: *Psicanálise II*. São Paulo: Martins Fontes, 1992.
FOULKES, S.-H. *Psychothérapie et analyse de groupe* (1964). Paris: Payot, 1970.
FOULKES, S. H.; KADIS, A. L.; KRASNER, J. D.; WINICK, C. *Guide du psychothérapeute de groupe* (1963). Paris: Epi, 1971.
FOULKES, S.-H.; ANTHONY, E.-J. *Psychothérapie de groupe: Approche psychanalytique* (1957). Paris: Epi, 1969.
FREUD, S. "Revision der Traumlehre". In: *Neue Folge der Vorlesungen zür Einführung in die Psychoanalyse*, [s.n.t.], 1932, p. 6-31 (Gesammelte Werke, XV); tradução francesa: *Nouvelles conférences sur la psychanalyse*. Paris: Gallimard, 1962; edição brasileira: "Revisão da teoria dos sonhos". In: *Novas conferências introdutórias sobre psicanálise, op. cit.*, vol. XXII.
_____. "Traum und Okkultismus". In: *Neue Folge der Vorlesungen zür Einführung in die Psychoanalyse*, [s.n.t.], 1932 (Gesammelte Werke, XV); tradução francesa: "Reve et occultisme". *Nouvelles conférences sur la psychanalyse*. Paris: Gallimard, 1962; edição brasileira: "Sonhos e ocultismo". *Novas conferências introdutórias sobre psicanálise, op. cit.*, XXII.
_____. "Selbstdarstellung", [s.n.t.], 1924, p. 33-96 (Gesammelte Werke, XIV); tradução francesa: *Ma vie et la psychanalyse*. Paris: Gallimard, 1971; edição brasileira: *Um estudo autobiográfico, op. cit.*, vol. XX.
_____. *Bemerkungen zur einer Theorie und Praxis der Traumdeutung*, [s.n.t.], 1923, p. 301-314 (Gesammelte Werke, XIII); tradução francesa: "Remarques sur la theorie et la pratique de l'interpretation du reve". In: *Résultats, idées, problèmes II, 1921--1938, op. cit.*, p. 79-91; edição brasileira: *Observações sobre a teoria e a prática da interpretação dos sonhos, op. cit.*, vol. XIX.
_____. *Das Ich und das Es*, [s.n.t.], 1923, p. 235-289 (Gesammelte Werke, XIII); tradução francesa: "Le Moi et le Ça". In: *Essais de Psychanalyse*. Paris: Payot, 1982, p. 219-275; edição brasileira: *O Ego e o Id, op. cit.*, XIX.
_____. "Traum und telepathie", [s.n.t.], 1922, p. 165-191 (Gesammelte Werke, XIII); tradução francesa: "Rêve et télépathie". In: *Résultats, idées, problèmes*, II, 1921-1938. Paris: PUF, 1985, p. 25-50; edição brasileira: *Sonhos e telepatia, op. cit.*, XVIII.
_____. "Psychoanalyse und télépathie", [s.n.t.], 1921, p. 27-44 (Gesammelte Werke, XVII); tradução francesa: "Psychanalyse et télépathie". In: *Résultats,*

idées, problèmes II (1921-1938). Paris: PUF, 1985, p. 7-23; edição brasileira: *Psicanálise e telepatia, op. cit.*, vol. XVIII.

FREUD, S. "Ein Kind wird geschlagen", [s.n.t.], p. 197-226 (Gesammelte Werke, XII); tradução francesa: "Un enfant est battu". *In: Névrose, psychose et perversion*. Paris: PUF, 1919; edição brasileira: *Uma criança é espancada, op. cit.*, vol. XVII.

_____. "Metapsychologische Ergängungen zur Traumlehre", [s.n.t.], 1917, p. 412-426 (Gesammelte Werke, X); tradução francesa: "Complements metapsychologiques a la doctrine des reves". *In: Métapsychologie*. Paris: Gallimard, [s.d.]; edição brasileira: *Suplemento metapsicológico à teoria dos sonhos, op. cit.*, vol. XIV.

_____. *Totem und Tabu*, [s.n.t.], 1913 (Gesammelte Werke, IX); tradução francesa: *Totem et tabou*. Paris: Payot, 1947; edição brasileira: *Totem e tabu, op. cit.*, vol. XIII.

_____. *Über den Traum*, [s.n.t.], 1901, p. 643-700 (Gesammelte Werke, II- II); tradução francesa: *Le rêve et son interpretation*. Paris: Gallimard, 1969; edição brasileira: *Sobre os sonhos, op. cit.*, vol. V.

_____. *Die Traumdeutung*, [s.n.t.], 1900, p. 1-642 (Gesammelte Werke, II-III); tradução francesa: *L'interprétation des rêves*. Paris: PUF, 1967; edição brasileira: *A interpretação dos sonhos, op. cit.*, vol. IV-V.

_____. "Entwurf Psychologie" (1895). *In: Aus dem Anfangen der Psychoanalyse*. Londres: Imago Publishing, 1950; tradução francesa: "Esquisse d'une psychologie scientifique". *In: La naissance de la psychanalyse*. Paris: PUF, 1956, p. 307-396; edição brasileira: *Projeto para uma psicologia científica*. Rio de Janeiro: Imago, [s.d.] (Edição standard brasileira das obras completas de Sigmund Freud, I).

_____. *Briefe an Wilhelm Fliess 1887-1904* (1887-1904). Frankfurt am Main: S. Fischer Verlag, 1986; tradução francesa parcial: *La naissance de la Psychanalyse*. Paris: PUF, 1956; edição brasileira: *A correspondência completa de Sigmund Freud para Wilhelm Fliess – 1887-1904*. Rio de Janeiro: Imago, 1986.

FRIEDMAN, R. "Le récit des rêves comme besoin de contenance et d'élaboration dans la thérapie de groupe". *Funzione Gamma*, 1, 1999. Disponível em: http://www.funzionegamma.edu.

FRIEDMAN, R.; NERI, C.; PINES, M. (eds.) *Dreams and group psychotherapy*. Londres: Jessica Kingsley, 2002.

GABURRI, E. "Les constellations oniriques et le champ du groupe". *Funzione Gamma*, 1, 1999. Disponível em: http://www.funzionegamma.edu.

_____. "Il campo gruppale e la non cosa". *In:* GABURRI, E. et al. *Il campo gruppale*. Roma: Borla, 1998.

GARMA, A. *Le rêve: Traumatisme et hallucination* (1970). Paris: PUF, 1981.

GAUTHIER, J.-M. "Espace magique et pensée du rêve". *Cahiers de psychologie clinique*, 4: 25-46, 1995.

GINOUX, J.-C. "Répétition groupale et processus transitionnels". *In:* KAËS, R.; MISSENARD, A. et al. *Le travail psychanalytique dans les groupes, II, Les voies de l'élaboration*. Paris: Dunod, 1982.

GRANJON, E. "Rêves et transfert en thérapie familiale psychanalytique". *Bulletin de psychologie*, XXXVII(363): 43-48, 1983-1984.

GREEN, A. "La double limite". *Nouvelle Revue de psychanalyse*, 25: 267-283, 1982.

_____. "De l'Esquisse à L'interprétation des rêves: coupure et clôture". *Nouvelle revue de psychanalyse*, 5: 155-180, 1972.

GUILHOT, J.; GUILHOT, M.-A. "Une technique centrée sur l'imaginaire de groupe: la rêverie incitée de groupe". *Etudes psychothérapiques*, 20: 94-99, 1975.

GUILLAUMIN, J. *Le rêve et le Moi: Rupture, continuité, création dans la vie psychique*. Paris: PUF, 1979.

HAAG, G. "Petits groupes analytiques d'enfants autistes et psychotiques avec ou sans troubles organiques". *Revue de psychothérapie psychanalytique de groupe*, (7-8): 73-87, 1987.

HERMANN, P. "L'interprétation des rêves dans les psychothérapies analytiques de groupe". *In:* SCHNEIDER, P-B. (org.). *Pratique de la psychothérapie de groupe*. Florença/Paris: Giunti/PUF, 1972.

HERÓDOTO. *Polymnie*. Estabelecimento, apr. e trad. Ph.-E. Legrand. Paris: Les Belles Lettres, 1951 (Histoires, VII); edição brasileira: *Histórias*. Brasília: Editora UNB, 1985.

ISAKOWER, O. "Spoken Words in Dreams". *Psychoanalytical Quaterly*, 23(1): 1-6, 1954.

JANIN, C. *Figures et destins du traumatisme*. Paris: PUF, 1996.

JOUVET, M. *Le sommeil et le rêve*. Paris: Odile Jacob, 1992; edição brasileira: *O sono e o sonho*. [s.l.]: Instituto Piaget, 1995.

KAËS, R. "Rêve et utopie dans la cure d'une adolescente". *In:* NAKOV, A. et al. *Le rêve, cent ans après*. Paris: Dunod, 2003.

_____. "Rêve ou mythe. Deux formes de l'imaginaire groupal". *Funzione Gamma*, 11, 2002. Disponível em: http://www.funzionegamma.edu.

_____. "La polyphonie du rêve et ses deux ombilics. Introduction à une recherche sur l'espace onirique". *Journal de la psychanalyse de l'enfant*, 28: 39-60, 2001.

_____. "La trama polifonica dell'intersoggettivo nel sogno" / "The Polyphonic Texture of Intersubjectivity in Dream". *Funzione Gamma*, 1, 1999. Disponível em: http://www.funzionegamma.edu.

_____. "La parole, le jeu et le travail du Préconscient dans le psychodrame psychanalytique de groupe". *In:* KAËS, R. et al. *Le psychodrame psychanalytique de groupe*. Paris: Dunod, 1999.

_____. "Souffrance et psychopathologie des liens institués: Une introduction". *In:* KAËS R. et al. *Souffrance et psychopathologie des liens institutionnels*. Paris: Dunod, 1996, p. 2-47.

_____. "L'exigence de travail imposée à la psyché par la subjectivité de l'objet. Contributions de l'approche psychanalytique des groupes à la compréhension des processus et des formations de l'inconscient". *Revue belge de psychanalyse*, 27: 1-23, 1995.

_____. "Le préconscient traducteur". *Méta, Journal des traducteurs*, 40(3): 478-481, 1995.

_____. *La parole et le lien: Les processus associatifs dans les groupes*. Paris: Dunod, 1994.

_____. *Le groupe et le sujet du groupe: Éléments pour une théorie psychanalytique du groupe*. Paris: Dunod, 1993; edição brasileira: *O grupo e o sujeito do grupo*. São Paulo: Casa do Psicólogo, 1995.

KAËS, R. "La diffraction des groupes internes". *Revista italiana di gruppoanalisi*, II(1): 39-57, 1987.

_____. "Étayage et structuration du psychisme". *Connexions*, 44: 11-48, 1984.

_____. "Qu'est-ce que la groupalité psychique?" (1980). *Bulletin de la Société française de psychothérapie de groupe*, 29-34, 1981.

_____. "Point de vue économique sur la dramatisation intrapsychique et son rapport avec l'organisation du processus groupal". *In*: Exposição no Congresso da Associação Internacional de Psicoterapia de Grupo. Zagreb, ago. 1986 (8 páginas datilografadas).

_____. "L'intertransfert et l'interpretation dans le travail psychanalytique groupal". *In*: KAËS, R.; MISSENARD, A. *et al. Le travail psychanalytique dans les groupes 2: Les voies de l'élaboration*. Paris: Dunod, 1982, p. 103-177.

_____. "Analyse inter-transférentielle, fonction alpha et groupe-conteneur". *L'Evolution Psychiatrique*, 2: 339-347, 1976.

KHAN, M. "The Changing Use of Dreams in Psychoanalytic Practice". *International Review of psychoanalysis*, 57: 325-330, 1976.

_____. "De l'expérience du rêve à la réalité psychique". *Nouvelle revue de psychanalyse*, 12: 89-99, 1975.

_____. "La capacité de rêver. Note clinique". *Nouvelle revue de Psychanalyse*, 5: 283--286, 1972.

KILBORNE, B. *Interprétation du rêve au Maroc*. Grenoble: La pensée sauvage, 1978.

KLEIN, M. "Le développement précoce de la conscience chez l'enfant" (1933). *In: Essais de psychanalyse*. Paris: Payot, 1967; edição brasileira: *ibid*.

_____. "L'importance du symbole dans le développement du Moi" (1930). *In: Essais de psychanalyse*. Paris: Payot, 1967; edição brasileira: *Contribuições à psicanálise*. São Paulo: Mestre Jou, 1981.

KOHUT, H. *Le Soi* (1971). Paris: PUF, 1974.

LACAN, J. *Le Séminaire, Livre XI: Les quatre concepts fondamentaux de la psychanalyse*. Paris: Les Éditions du Seuil, 1973; edição brasileira: *O Seminário, livro XI: Os quatro conceitos fundamentais da psicanálise*. Rio de Janeiro: Jorge Zahar, 1985.

_____. "Le complexe, facteur concret de la psychologie familiale". *In: La famille*. [s.n.t.], 1938, p. 840-3, 842-8 (Encyclopédie française, VIII); edição brasileira: "Os complexos familiares". *In: Outros Escritos*. Rio de Janeiro: Jorge Zahar, 2003.

LAPLANCHE, J. "Rêve et communication", *In*: NAKOV, A. *et al. Le rêve, cent ans après*. Paris: Dunod, 2003.

_____. "Le baquet: Transcendance du transfert" (1979). *In: Problématiques V*. Paris: PUF, 1987; edição brasileira: "A tina: a transcendência da transferência". *Problemáticas Você*. São Paulo: Martins Fontes, 1993.

_____. *Vie et mort en psychanalyse*. Paris: Flammarion, 1970; edição brasileira.: *Vida e morte em psicanálise*. Porto Alegre: Artes Médicas, 1985.

LAPLANCHE, J.; PONTALIS J.-B. "Fantasme originaire, fantasmes des origines, origine du fantasme". *Les temps modernes,* 215: 1833-1868, 1964; edição brasileira: *Fantasia originária, fantasias das origens, origens da fantasia.* Rio de Janeiro: Jorge Zahar, 1988.

LAWRENCE, W. G. (ed.). *Social Dreaming at Work.* Londres: Karnak Book, 1998.

LECHEVALIER, B.; LECHEVALIER, B. "Le rêve comme champ d'action: Dialogue entre une psychanalyste et un neurologue". *Revue internationale de psychopathologie,* 23: 565-581, 1996.

LECOURT, E. *L'expérience musicale. Résonances psychanalytiques.* Paris: L'Harmattan, 1994.

_____. *La musique, le groupe et l'inconscient: Une écoute psychanalytique entre parole et musique.* Lyon, Universidade Lumière Lyon 2, 1985 (Tese de Doutorado em Letras e Ciências Humanas).

LESTER, E. *et al.* "Countertransference dreams reconsidered: A survey". *International Review of Psychoanalysis,* 16: 305-314, 1989.

LÉVI-STRAUSS, C. *Anthropologie structurale.* Paris: Plon, 1958; edição brasileira: *Antropologia estrutural.* [s.l.]: Tempo Brasileiro, 1996.

LEWIN, B. "Le sommeil, la bouche et l'écran du rêve" (1949). *Nouvelle revue de psychanalyse,* 5: 211-223, 1972.

LISSARRAGUE, N. *Peur et espace au cinéma.* Paris, Universidade Paris III, 2001 (Tese de Doutorado em Cinema e audiovisual).

MAC DOUGALL, J. *Théâtre du Je.* Paris: Gallimard, 1982; edição brasileira: *Teatros do eu.* [s.l.]: Francisco Alves, 1992.

_____. "Le rêve et le psychosoma". *In: La psychanalyse: questions pour demain.* Paris: PUF, 1990.

MELTZER, D. *Le monde vivant du rêve.* Lyon: Césura, 1993.

MILLER, P. "Le rêve est bref, mais il dure". *Topique,* 45: 11-30, 1985.

MISSENARD, A. "L'enveloppe du rêve et le fantasme de psyché commune". *In:* ANZIEU, D. *et al. Les enveloppes psychiques.* Paris: Dunod, 1987.

_____. "Rêves de l'un, rêves de l'autre". *Psychiatries,* 67(4): 43-58, 1985.

MISSENARD, A.; GUTIERREZ, Y. "'Etre ou ne pas être' en groupe: Essai clinique sur le négatif". *In:* MISSENARD, A. *et al. Le Négatif: Figures et modalités.* Paris: Dunod, 1989.

NAKOV, A. *et al. Le rêve, cent ans après.* Paris: Dunod, 2003.

NERI, C. "Fabiana's Dreams". *In:* FRIEDMAN, R.; NERI, C.; PINES, M. (eds.) *Dreams in Group Psychotherapy.* Londres/Filadélfia: Jessica Kingsley Publishers, 2003.

_____. "Introducción al sueño social y relato de dos workshop que tuvieron lugar en Raissa y Clarice Town". *Clinica y Análisis Grupal,* XXXII(2): 41-52, 2001.

_____. "Rêve, fantasme et groupalité. Le rêve du monstre". *In:* Universidade Lumière-Lyon 2. Lyon, 1997 (Conferência no Instituto de Psicologia).

_____. *Le groupe: Manuel de psychanalyse de groupe* (1997). Paris: Dunod; edição brasileira: *Grupo, manual de psicanálise de grupo.* Rio de Janeiro: Imago, 1999.

NEYRAUT, M. *Le transfert.* Paris: PUF, 1974.

NICOLLE, O. "La toute première fois... À propos de l'avènement du Je dans le dispositif psychanalytique de groupe". In: KAËS, R. et al. Le psychodrame psychanalytique de groupe. Paris: Dunod, 1999.

NICOLÒ-CORIGLIANO, A.-M. "Les fonctions du rêve dans la famille". Le divan familial, 7: 152-166, 2001.

OGDEN, T.-H. "Reconsidering three aspects of psychoanalytic technique". International Journal of Psychoanalysis, 77(5): 883-900, 1996.

OROBITG CANAL, G. Les Pumé et leurs rêves. Amsterdã: Éditions des archives contemporaines, 1998.

PAROT, F. L'homme qui rêve. Paris: PUF, 1995.

PERRIN, M. Les praticiens du rêve: un exemple de chamanisme. Paris: PUF, 1992.

PONTALIS, J.-B. "La pénétration du rêve". Nouvelle revue de psychanalyse, 5: 257-271, 1972.

_____. "Rêves dans un groupe" (1972). In: ANZIEU, D.; KAËS, R. et al. Le travail psychanalytique dans les groupes, 1: Cadre et processus. Paris: Dunod, 1982.

PUGET, J. "Espaces psychanaly tiques et rêves: Pour chaque espace un rêve". In: NAKOV, A. et al. Le rêve, cent ans après. Paris: Dunod, 2003.

RACAMIER, P.-C. "Rêve et psychose: rêve ou psychose". Revue française de psychanalyse, XL(1): 187-193, 1976.

RESNIK, S. La mise en scène du rêve. Paris: Payot, 1984.

RÓHEIM, G. Les portes du rêve (1953). Paris: Payot, 1973.

_____. "L'interprétation psychanalytique de la culture" (1941). In: MUENSTER BERGER, W. L'anthropologie psychanalytique depuis Totem et tabou. Paris: Payot, 1976.

RUFFIOT, A. "La thérapie famiale psychanalytique ou la réinscription du vécu originaire". Bulletin de Psychologie, 363: 15-19, 1983.

_____. "Le groupe-famille en analyse: L'appareil psychique familial". In: RUFFIOT, A.; EIGUER, A. et al. La thérapie familiale psychanalytique. Paris: Dunod, 1981.

_____. Thérapie psychanalytique de la famille: L'appareil psychique familial. Grenoble, Universidade das Ciências Sociais de Grenoble, 1979 (Tese de Doutorado de Terceiro Ciclo em Psicologia).

SAMI-ALI. Le rêve et l'affect: Une théorie du somatique. Paris: Dunod, 1997.

_____. L'espace imaginaire. Paris: Gallimard, 1974.

_____. De la projection. Paris: Payot, 1970.

SARAMAGO, J. L'aveuglement (1995). Paris: Éditions du Seuil, Points, 2000; edição brasileira: Ensaio sobre a cegueira. São Paulo: Companhia das Letras, 1995.

SEGAL, H. "L'interprétation des rêves, cent ans après". In: NAKOV, A. et al. Le rêve, cent ans après. Paris: Dunod, 2003.

SCHEPPENS, Ph. "Dialogue du rêve et rêve de dialogue". Cliniques méditerranéennes, (57-58): 121-138, 1998.

SCHNITZLER, A. Traumnovelle. Berlim: Fischer Verlag, 1931; tradução francesa: "La nouvelle rêvée". In: Romans et nouvelles, II: 1909-1931. Paris: Le Livre de Poche, 1996; edição brasileira: Breve romance de sonho. São Paulo: Companhia das Letras, 2000.

SCHOWALTER, J.-E. "Le rêve des infirmières et la mort dans un service de pédiatrie pour adolescents". *In:* ANTHONY. E.-S.; KOUPERNIK, C. (orgs.). *L'enfant dans la famille.* t. 1. Paris: Masson, 1974 p. 169-175.

SEPÚLVEDA, L. *Les Roses d'Atacama* (2000). Paris: Métailié, 2001.

STRADA, V. "Tra romanzo e realità: storia di une riflessione critica". *In: Tolstoj.* Introdução à edição italiana de M. Bakhtin. Bolonha: Il Mulino, 1986.

TASSIN, J.-P. "À quel moment survient le rêve dans une nuit de sommeil?". *Journal de la psychanalyse de l'enfant,* 28: 83-94, 2000.

TEDLOCK, B. *Dreaming: Anthropological and Psychological Interpretations.* Cambridge: Cambridge University Press, 1992.

VASCHIDE, N. *Le sommeil et les rêves.* Paris: Flammarion, 1911.

VILLIER, J. "Des rêves en groupanalyse". *Connexions,* 36: 43-66, 1982.

WINNICOTT, D.-W. "La première année de la vie" (1952). *Revue française de psychanalyse,* XXVI(4): 477-490, 1962.

ZWEIBEL, R. "The dynamics of the countertransference dream". *International Review of Psychoanalysis,* 12: 87-99, 1985.

Índice de sonhos

A capela (sonho de Jean-Marie), 181-82
Bela acougueira (sonho da -), 161-62, 216
Blandine (sonho de -), 186, 189
Castelete (sonho de Bernard), 192-93
Celibatario (sonho do -), 168
Celine (sonho de -), 176-80, 185, 189
David (sonho de -), 189
Defecação atrás de um grupo, 187-88
"Devo defender minha tese", 201-2
Fabiana (sonho de -), 143-45, 148-50
Florence (sonho de -), 71-2, 90, 182, 218, 221
Gazelas (sonho das -), 23-24, 70, 218, 232-33
Grupo das coelhas incestuosas, 183-84
Grupo de adolescentes atacados, 190
Grupo de meninos "A gente olhava dentro das calças uns dos outros" (sonho de Claudia), 189-89
Grupo de mulheres empurra para o incesto, 182-83, 199
Grupo dos "analistas", 195
Grupo e "jogo de dedos" (sonho de Elena), 193-94
Grupo na montanha, 184-85
Injeção de Irma (sonho da -), 161, 164
Instituto ortopédico (sonho do -), 180
Jeanne (sonho de -), 121-24, 136, 150
Jennie (sonho de -), 81-2, 191
Juan (sonhos de -), 153-58, 170, 182, 189
Julie (sonho de -), 191

Locutório interno (sonho do -), 186
Louise (sonho "iniciático" de -), 185, 191
Mãe de Cecile (sonho da -), 60-2
Mãe do bebê que berra (sonho da -), 50-6, 70, 152, 200, 216
Maria (sonho de -), 158, 160, 168-70, 181
"Meu analista coordena um grupo", 196
"Meu sonho com a filha de minha paciente", 76-81
Michele (sonho de-), 125-30, 131-32, 135, 138, 150, 216
"Num grupo, eu passava do centro para a periferia", 191
Paciente de Jennie (sonho do -), 221
Sala de espera (sonho da -), 196, 199
Senhora A. (sonho da -), 77-81, 176, 221
Sonho num grupo de psicanalistas, 139-40
Sonho prematuro num grupo (sonho de Robert), 118-19, 138, 143, 216, 219
Sonhos num casal, 65-7
Superaquecimento da inveja (sonho de Christiane), 119-21, 136, 150
"Tinha um mundo de gente", 198
Tio José (sonho do -), 162

Esta obra foi composta em sistema CTcP
Capa: Supremo 250 g – Miolo: Pólen Soft 70g
Impressão e acabamento
Gráfica e Editora Santuário